本书编委会

主　　任：李绍美

副 主 任：蓝　青

成　　员：(按姓氏笔画为序)

　　　　　白荣敏　刘德清　陈　昊　陈志勇

　　　　　陈维新　林成峰　郑　坚　高燕君

主　　编：董其勇

崳山

政协福建省福鼎市委员会文化文史和学习委◎编

海峡出版发行集团 | 海峡文艺出版社

图书在版编目(CIP)数据

崳山/政协福建省福鼎市委员会文化文史和学
习委编.－福州:海峡文艺出版社,2024.5
(福鼎文史.乡镇专辑)
ISBN 978-7-5550-3593-0

Ⅰ.①崳…　Ⅱ.①政…　Ⅲ.①乡镇－文化史
－福鼎　Ⅳ.①K295.75

中国版本图书馆 CIP 数据核字(2023)第 252946 号

崳山

政协福建省福鼎市委员会文化文史和学习委　编

出 版 人　林　滨
责任编辑　邱戊琴
出版发行　海峡文艺出版社
经　　销　福建新华发行(集团)有限责任公司
社　　址　福州市东水路 76 号 14 层
发 行 部　0591－87536797
印　　刷　上海盛通时代印刷有限公司
厂　　址　上海市金山工业区广业路 568 号
开　　本　787 毫米×1092 毫米　1/16
字　　数　320 千字
印　　张　17.75　　　　　　　　　　插页　2
版　　次　2024 年 5 月第 1 版
印　　次　2024 年 5 月第 1 次印刷
书　　号　ISBN 978-7-5550-3593-0
定　　价　80.00 元

如发现印装质量问题,请寄承印厂调换

总　序

李绍美

　　福鼎古属扬州，晋属温麻县，隋开皇九年（589）废温麻县改原丰县，唐武德六年（623）置长溪县，清雍正十二年（1734）为霞浦县辖地，归福宁府。清乾隆四年（1739）由霞浦县划出劝儒乡的望海、育仁、遥香、廉江四里设福鼎县，县治桐山。1995年10月，福鼎撤县设市，现辖10个镇、3个街道、3个乡（其中2个畲族乡）、1个开发区。

　　福鼎建县虽不足300年，但人文历史悠久，早在新石器时代就有先民在这块土地上繁衍生息，并因山海兼备的地理特征创造出丰厚和多元的文化，如滨海名山太姥山孕育了太姥文化，依海而生的马栏山先民则开辟了海洋文化。随着时代的发展，福鼎的文化愈发精彩和独特：与浙江交界的叠石、贯岭、前岐等乡镇，接受瓯越文化较为明显，其方言与温州的腔调接近；与长期作为闽东文化中心的霞浦县相近的硖门乡和太姥山镇，受儒家文化影响较深，文风盛于其他乡镇；地处山区的管阳、磻溪等镇和地处滨海的沙埕、店下等镇，在生产方式与生活习惯上均有很大的不同……新中国成立以来，特别是改革开放后，福鼎各乡镇立足各自的区位特点和地方传统，抓住历史机遇，走出了各具特色的发展之路，在经济建设、社会治理、文化繁荣等方面都取得了长足的进步，变化可谓翻天覆地。

　　基于市情，我们改变常规文史工作立足县市层面，把视角下移，提出为辖下的13个乡镇、3个街道、1个开发区编纂文史资料并合出一套丛书的思路，使得政协文史工作更细致入微、更接地气。这一思路得到了福鼎文史界和各乡镇（街道、开发区）的积极支持和大力配合。为了做好这项工作，市政协总体协调，聘请文史研究员跟踪、指导、参与丛书具体编纂事宜，努力推进这项工程量巨大的工作。各个乡镇（街道、开发区）成立工作小组具体落实，有的乡镇与高校合作，借助高校的科研力量；有的乡镇聘请当地文史工作者，借助当地"活地图""活字典"的力量……可谓"八仙过海，各显神通"，使得丛书的编纂进展顺利。

本次系统挖掘整理各乡镇的文史资料，是文史工作的一次创新，而且以乡镇为单位编纂成书，使每个乡镇零散的资料归于系统化，实乃为每一个乡镇写史纂志，对各乡镇的文化建设意义重大。在工作中，很多史料的价值以文史的眼光审视得到重新"发现"，更有不少内容属于抢救性的挖掘整理，十分难能可贵。也因此，这项工作具有开拓性，也更具挑战性。自工作开展以来，镇里、村里的老干部、老"秀才"和"古董"们，市里各个领域的文史爱好者，以及高校研究人员，纷纷热情参与其中，为完成这项浩大的文化工程付出了艰辛的劳动。大家既科学分工，又团结协作，怀抱对乡土的热爱、对家乡的厚谊及对文史的关怀，兢兢业业，埋头苦干，无私奉献，终于使煌煌几百万字的"福鼎文史·乡镇专辑"丛书与大家见面了。该丛书的出版，拓展了福鼎文史工作的广度和深度，使福鼎文史工作有了新的突破、质的提升。

文史工作是政协工作的重要组成部分，是一项有益当代、惠及后世的文化事业，在传播优秀文化遗产、繁荣发展文化事业、推进建设和谐社会等方面都具有十分重要的意义。市政协历届领导班子有重视文史工作的优良传统，以对历史负责的求实态度，尊重社会各界的意见、建议，注重文史人才的培养并发挥他们的积极作用，守正创新，破立并举，推进福鼎政协文史工作长足发展，为福鼎地方文化建设做出了积极贡献。在此，谨向所有关心和支持这项工作的各界人士表示诚挚的谢意！

读史可以明智。历史是昨天的客观存在，是我们认识现实、走向未来的前提和出发点。迈入新时代的福鼎，正孕育着新的希望，让我们紧密团结在党的领导下，一如既往地秉承"肝胆相照，荣辱与共"的方针，与全市人民一道，团结拼搏，鼎力争先，不忘初心，接续奋斗，为加快建设宁德大湾区沙埕湾生态临港产业城市发挥我们应有的作用，做出我们应有的贡献。

是为序。

（本文作者为福鼎市政协党组书记、主席）

序：漫话嵛山

董其勇

2005 年 10 月，由中国国家地理杂志社发起的"选美中国——中国最美的地方大型评选活动"全面揭榜，发布的"中国最美的十大海岛"榜单中，位于闽浙边界东海海域的大嵛山岛脱颖而出，与名闻遐迩的普陀山岛并列第七名。这次评选活动历时 8 个月，全国有 34 家媒体参与协办大嵛山岛的推文标题颇为吸引眼球："山、湖、草、海在此浓缩。"

大嵛山岛是嵛山列岛主岛，面积 21.39 平方千米，为闽东第一大岛。有大小山峰 20 余座，以红纪洞山为最高，海拔 541.4 米，为福建省海岛高度之最。

嵛山，位于福鼎东南海域，素有"小台湾"之称。《八闽通志》曰："（嵛山）在大海之中，内有三十六澳，其土地肥饶，生产繁盛。"

《八闽通志》将"嵛山"作"俞山"，又名"盂山""窑山""鹞山"。山顶有名闻遐迩的大小二天湖，群峰环绕，其状如盂是为"盂山"，"盂""嵛"谐音，衍化为"嵛山"。清人李廷钰在《海疆要略》中说："窑山埯，即大嵛山，内好抛船，打水六七托，泥地不防，上有妈祖宫。"

嵛山列岛亦称"福瑶列岛"，有人认为"福瑶"乃"福地瑶池"之喻，其实"福"乃"福宁"简称，"瑶"即"窑"，"福瑶"即"福宁州属窑山岛也"。嵛山列岛东眺台山列岛，北望七星及南北麂列岛，西临霞浦烽火岛，南濒晴川湾。由大嵛山、小嵛山、鸳鸯岛、银屿、鸟屿、观音礁、小羊鼓等 22 个岛屿组成，总面积 25.74 平方千米。海岸线总长 63.39 千米，距大陆最近点 3.56 海里。2022 年，嵛山镇设马祖、鱼鸟、东角、芦竹、灶墺 5 个建制村，有住户 1200 多户，常住居民 4808 人。居民均住大嵛山岛，大部分聚居在马祖、大使澳、芦竹、鱼鸟、芒垱、东角、灶澳等 7 个村庄。岛上居民通用闽南语。

嵛山岛的美，美得异乎寻常，有媒体称其"南人北相"。国家海洋局第三海洋研究所研究员周秋麟教授在评选"中国最美的十大海岛"时给大嵛山岛的评语是："地处东南，却有西北高山草甸的风光；身是海岛，更有天湖清澈如镜。"

纵观中国沿海诸岛，无一例外有三大特征——岛山低缓、植被稀疏、淡水匮乏。而嵛山岛却高山耸峙、林丰草密、水源充沛。嵛山岛属大陆岛，古时因地壳构造运动和海水侵蚀而成，其地质土壤主要由中生代火成岩及第四纪红壤组成，因而岛上丘陵起伏、土壤肥沃、植被茂密。旧时嵛山森林茂密，古人在此伐薪制炭，供南来北往的渔船商船炊饮取暖。在去顶峰天湖途中的柴仔栏附近，至今仍可以探到多处古炭窑，那是古人烧制木炭留下的遗迹，嵛山也因此留下一个别称"窑山"。嵛山岛上原本茂密的森林从明初居民繁盛始，因先民垦荒、恣意砍伐、台风摧毁，及至20世纪50年代已不见踪迹。但森林留下深尺许的腐殖土，加上海风水汽的蒸蔚，使绝顶之上的红纪洞山附近山坡及其大小天湖盆地形成了一片面积不下万亩的天然草甸，也就是当下闻名的"南国天山"天湖草场。这渺渺茫茫的南国草场，临水近海，如海外天山，成就了一幕绝美景致，也成就了嵛山岛的美名。如今许多人到嵛山旅游，绝大多数是奔这难得一见的南国天山美景而去的。

嵛山之奇，奇在其高山之巅有三个面积不小的淡水湖。大天湖原本是一条经年不涸的溪涧，小溪汇聚山水流向洋鼓尾旁的田澳滩。20世纪70年代初，政府在此拦河筑坝，建成蓄水量超30万立方米的小（一）型天湖水库，中有一岛，形如落日，这就是人人称羡的大天湖。小天湖则是个天然湖泊，呈弦月边之箭状，湖水长年累月保持同一水平线，不溢不涸，令人称奇。临近天湖之处，还有一湖，状若星辰，九条小山余脉环绕湖边，如九头小猪抢食，名曰"九猪拱槽"。

嵛山之美，美在岸礁。嵛山列岛沿岸属典型的海蚀地貌，岸礁因浪潮长期侵蚀、雕琢，仪态万千：鸳鸯岛上有千层岩、金猴望日，大嵛山沿岸有吊钟、海螺石、金鲤洞、五叠石、官厅，小嵛山上有蛟龙出海、龟岛、海蚀石林……沿岸泛舟，移步换景，大自然的鬼斧神工尽收眼底。

嵛山三十六澳，澳澳奇观。大使澳与沙澳并称嵛山两大金滩。大使澳水缓沙平，海潮退处，沙沟如鳞，既是天然避风良港，又为不可多得的海滨浴场。沙澳形似弯月，人称月亮湾，这里银卵千叠，金沙万顷，涨潮踩石，退潮戏沙，别有风情。银屿石滩，有五彩卵石，踏足其上，如履缤纷宝石。

嵛山还有数不清的美味。这里盛产目鱼、带鱼、黄瓜鱼、石斑鱼、鳗鱼、鲳鱼、鲈鱼、鲻鱼、梭子蟹、石蟳、黄虾、对虾、毛虾等鱼虾蟹类；沿岸礁岩遍布、崖沟纵横，藤壶、笔架、龟足、鲍鱼、辣螺、米螺、贻贝等特产众多；高山上，山坳里，时有烟雾弥漫，天湖"云雾茶"因此盛名；还有一种独有的植物海良姜，初夏开花，绿叶白瓣，黄芯红蕊，深秋结实，籽曰"香砂"，是名贵中药和香料。

嵛山是有历史温度的宝岛，千年的文明积淀了诸多名胜古迹。红纪洞、古寨岩、白莲飞瀑、明月潭、仙人坡、白鹿坑、大象岩、天涯路、海角村、观沧海、清福寺、白莲寺、妈祖宫、大使宫、古炮楼等诸多名胜，每一处皆有一段奇缘。

嵛山，扼闽东渔场咽喉，为南来北往海上交通之要道。东北濒临南、北麂渔场和台山渔场，西靠著名渔港三沙港，东南接近中国良港沙埕港，面对太姥山下的鱼米之乡太姥山镇，地理位置特殊，自古为兵家、商家竞争之地。同盟会早期成员、辛亥革命先驱朱腾芬等曾在此开创实业公司。党的十一届三中全会后，各级政府对嵛山的建设开发日益重视，改革开放的东风使嵛山各项事业特别是乡村旅游和海洋渔业蓬勃发展。如今，大嵛山岛上各类商业机构林立，海陆交通、供电供水、码头渔港、通信信息等设施齐全，文化、卫生、教育、体育等事业健康发展获评"中国最美的十大海岛""国家海洋公园""国家生态乡镇""国家特色景观旅游名镇""中国和美海岛""十大中国沿海美丽岛屿""中国青年喜爱的海西旅游目的地""福建十大美丽海岛""福建省特色景观旅游名镇"等。

（本文作者为福鼎市委党史和地方志研究室一级主任科员）

目　录

🐚往事钩沉

🐚文教卫生

民俗风情

附录：

山川故里

嵛山简志

董其勇

　　嵛山，因山顶有大小二天湖，群峰环绕，其状如盂，"盂""嵛"谐音得"盂山"，后雅化为今名。《三山志》称"榆山"。《八闽通志》作"俞山"。《方舆纪要》载："一名盂山，中有三十六澳，与邻邑海坛山同为禁地。"《海疆要略》载："窑山垵，即大嵛山，内好抛船，打水六七托，泥地不防，上有妈祖宫。"

地理方位

　　嵛山位于福鼎东南海域，介于北纬26°55′—26°58′、东经120°16′—120°23′之间。《福宁府志》载："嵛山，海中屿山，高而中坳。"《八闽通志》载："（嵛山）在大海之中，内有三十六澳，其土地肥绕，生产繁盛。"东眺七星、台山、星仔列岛，

嵛山风光（陈维新　摄）

与沙埕海域相连；西隔洋门港，近烽火岛，与霞浦三沙邻海；南对北礵岛，与霞浦相邻于东海；北濒晴川湾、里山湾，与霞浦县牙城镇，福鼎县硖门畲族乡、太姥山镇、店下镇隔海相望。

嵛山镇陆域由大嵛山、小嵛山、鸳鸯岛、银屿、鸟屿、小洋鼓等22个大小岛屿组成，称"嵛山列岛"，又称"福瑶列岛"。陆地总面积25.74平方千米，海岸线长63.39千米，距大陆最近点（硖门青屿头）3.56海里。大嵛山岛是福瑶列岛主岛，直径5千米，面积21.22平方千米，为闽东第一大岛。全岛有大小澳口36个，大小山峰20余座，最高峰红纪洞山，海拔541.4米，为福建省海岛高度之最。关于嵛山海域，《福宁府志》载："南关鼻红牵至鸳鸯屿。内为内洋，外为深水，属嵛山。外洋无专属，内洋属烽火。"及今，大致区划为：东、东北临七星列岛、日屿一线，与沙埕、太姥山镇海域连界；西至竹排岛、烽火岛与霞浦县三沙镇分属海区；北、西北濒晴川湾、里山湾与福鼎县太姥山镇、硖门畲族乡，霞浦县牙城镇共海；南眺四礵列岛，与霞浦县海岛乡相望于东海。

建制沿革

嵛山虽孤悬海外，但历史悠久。宋代以前其地历属古扬州、七闽、越国、闽中郡、汉冶县、侯官县、建安郡、温麻县、长溪县。宋沿唐制，据《三山志》载，嵛山属长溪县劝儒乡擢秀里。元至元二十三年（1286），长溪县升为福宁州，嵛山为福宁州地。明洪武二年（1369），福宁州改福宁县，属福宁县；成化九年（1473），福宁县复称福宁州，嵛山属福宁州劝儒乡擢秀里七都。清雍正十二年（1734），升福宁州为福宁府，设霞浦县，嵛山为霞浦县劝儒乡擢秀里七都辖地。清乾隆四年（1739）福鼎置县，"嵛山古水寨，半隶霞浦，为营船会哨地"（《福鼎县志》）。大、小嵛山之间的芦竹门港为福鼎、霞浦两县海界分线，小嵛山岛及西南岛屿属霞浦县，大嵛山及东北岛屿属福鼎县八都地。1914年重划福鼎、霞浦县界，嵛山列岛全部划归福鼎县辖，设福鼎县嵛山乡，归秦屿区辖；1934年秋，福鼎编保甲自治，为第三自治区大嵛山乡；1936年夏，为第二区（秦屿）之嵛山乡，辖鱼鸟、芦竹、东角、灶澳、南关、台山6个保；1939年，日寇攻占嵛山岛，嵛山沦陷；1945年夏，嵛山岛收复后归入福鼎县硖门乡，全岛编为祖竹、东灶、鱼垱3个保；1946年夏，恢复嵛山乡统管台山、七星等岛，辖芦竹、鱼鸟、东角、灶澳、山寮5个保，七星、东台、西台3个甲；1947年，嵛山乡并入硖门镇，岛内设芦竹、鱼鸟、东角、灶澳、山寮5个保，岛外兼辖七星、台山2个保。1949年10月，嵛山解放，暂归福鼎县第二区硖门乡辖；1949年11月，设大嵛山乡，

属第三区（秦屿）辖地；1952 年，嵛山分设东角、芦竹两个乡，为第五区（秦屿）辖地；1955 年 1 月，嵛山列岛划归霞浦县海岛区辖；1956 年，改属霞浦县三沙区；1959 年，设立三沙人民公社，属三沙公社；1961 年，三沙公社复为三沙区，属三沙区辖地；1962 年 10 月，嵛山从霞浦县划归福鼎县，设嵛山乡，为秦屿区辖；1968 年 6 月，成立嵛山人民公社，设马祖、鱼鸟、东角、芦竹、灶澳、带鱼澳 6 个生产大队和 1 个嵛山运输大队，辖马祖、大使澳、柴仔林、天湖（马祖大队），鱼鸟、松柏脚、芒垱、小鹿城、头湖、大仔兰（鱼鸟大队），东角、桌澳、火广澳、顶湾（东角大队），芦竹、土澳、山楼、蔡公澳、将军澳、上湖、下湖（芦竹大队），灶澳、南风湖、牛栏仔、洋鼓尾（灶澳大队），带鱼澳、竹子坑、小天湖（带鱼澳大队）28 个自然村；1983 年，改嵛山人民公社为区公所，带鱼澳大队并入芦竹，嵛山运输社改为区直机构，设马祖、芦竹、鱼鸟、东角、灶澳 5 个乡，头湖、大仔兰、火广澳、顶湾、小天湖、蔡公澳、将军澳、上湖、牛栏仔 9 个自然村因人口搬迁成为废村，小鹿城、洋鼓尾分别为砖厂、羊场所在地，无居民居住，自然村数实为 17 个；1987 年 7 月，区改乡制，设嵛山乡人民政府，辖马祖、芦竹、鱼鸟、东角、灶澳 5 个村；1992 年 11 月，嵛山撤乡建镇，设嵛山镇人民政府，镇政府驻大嵛山马祖，下辖马祖、芦竹、鱼鸟、东角、灶澳 5 个建制村，17 个自然村。20 世纪 90 年代末至 21 世纪初，岛内生产、生活条件较差的自然村村民陆续向中心村、岛外迁移，自然村数逐年减少。至 2022 年，嵛山镇户籍人口总数 1503 户、4808 人，常住人口约 3200 人，居民均住大嵛山岛，聚居在马祖、大使澳、芦竹、鱼鸟、芒垱、东角、灶澳等 7 个村庄。岛上居民通用闽南方言。

人文历史

嵛山岛有文字记载的历史逾千年。北宋时期，邱一引于至道三年（997）迁居嵛山，《邱氏族谱》载："五世祖一引公始居嵛山，姫林氏，生子大行……姫谢氏，生兆文公，墓葬嵛山东角上弯，坐卯向西。"店下关盘《陈氏族谱》记载，南宋建炎元年（1127），陈圣猎为避战乱，从福州长乐玉溪举家迁移到嵛山岛，择地关家澳（今鱼鸟村关岐）而居。明洪武二十年（1387），江夏侯周德兴入闽防倭，于烽火门（今小嵛山西侧烽火岛）设置水寨，统辖三沙、嵛山、台山一带海域。洪武二十一年（1389），江夏侯周德兴视察福宁卫，因虑嵛山岛孤悬海中，易生弊端，乃徒其民于福宁州七、八都等地。明万历《福宁州志》载："嵛山地沃，国初升平之际，居民稠密，垦土成田。江夏侯周德兴以其地之濒海而孤悬也，决计徒其民于七、八都，而荒之为不毛。"而《福宁府志》载："烽火寨，永乐年设。系水寨，北界浙江蒲门，南界连江濂澳……其后以

海岸风光（陈维新 摄）

汛地延袤三百余里，难于速及请兵，分船为二枝，一泊官澳，一泊嵛山。"嘉靖年间，嵛山为福宁沿海防倭抗倭前沿要地。《霞浦县志》载：嘉靖三十七年（1558），都御史王询"请分福建福、兴为一路，领以参将，驻福宁，自流江、烽火门、嵛山、小埕至南日山；分漳、泉为一路，领以参将，驻诏安，自南日山至浯屿、铜山、元钟、走马溪、安边馆，水陆兵皆听节制。"《明史》载："都御史王询言：'闽之势，福宁，北路之要害也，贼自台、温来者，必犯之。诏安，南路之要害也，贼自广、潮来者，必犯之。诚得专将分守兼辖，贼虽狡悍，岂能越境？请以福建福、兴为一路，领以参将黎鹏举，驻福宁；

水防自流江、烽火门、嵛山、小埕以至南日山。漳、泉为一路，领以参将王鳞，驻诏安；水防自南日山至浯屿、铜山、元钟、走马溪、安边馆。凡水陆兵皆听节制，部覆从之。'"明万历二十年（1592）朝廷设嵛山游，派参将驻守嵛山。万历二十八年（1600）朝廷在台山设游，连同嵛山游作为烽火营左右哨之两翼。万历《福宁州志》："万历二十年，改北路守备为北路参将，改中军游为嵛山游。二十八年，添设汛于台山，增把总为台山游。"《福宁府志》载："嵛山游，万历年改北路游把总于此，与台山相峙。外海为福宁门户，滋澳、西洋、沙埕、官澳，商泊所经，海寇出没，为次要地。"《霞浦县志》载："乾隆五十八、九年（1793、1794），闽浙沿海，北接诸山，东南通两粤，三面数千里皆为盗薮。其内地曰'洋匪'，蔡牵为魁，朱次之；外地曰'夷匪'，多中国奸民挟安南人为之。外地踞于凤尾洋，内地踞于水澳，一艇载数百人，夷艇至，辄数十艘，蔡牵有百数十艘，朱亦数十艘。邑东南沿海，胥遭蹂躏。"乾隆五十九年（1794）至嘉庆十二年（1807），蔡牵以大、小嵛山为根据地，聚集战船队伍，于闽浙沿海抗击清军。明末清初，闽浙沿海海盗猖獗。《福宁府志》载："嘉庆间，年月失考。海盗蔡牵入闽，泊嵛山，盘踞为巢穴，嗣因该山系禁岛，孤悬海外，无庐舍田园，难以久住，官军亦会剿甚急，一夕扬帆遁去。"1914年，嵛山解禁，当局在嵛山岛设垦殖局，守以地方保卫团。1925 年，经福建省政府批准，朱腾芬在嵛山设立"福建省嵛山垦殖有限公司"，并出任公司总经理，至 1932 年因病逝世，他在嵛山苦心经营 7 年有余，使嵛山岛经济、民生得到快速发展。1939 年 5 月，日寇攻占嵛山岛，嵛山沦陷，成立日伪政权"福建嵛山维持会"，委任蔡功为会长；1942 年，成立"闽浙边区和平救国军司令部"，蔡功兼任司令。1946 年夏，嵛山收复后，福建省政府批准恢复嵛山乡。是年，日本商人岩田幸雄化名蔡得海，经国民党福建省政府主席刘建绪同意，取得嵛山岛开发权，在嵛山从事农渔商贸活动。1947 年，岩田幸雄被逮捕，后被遣送回日本。

资源丰富

嵛山列岛雄峙闽东渔场，水生生物种类繁多，资源丰富，共有海洋鱼类 700 多种，盛产目鱼、带鱼、黄瓜鱼、石斑鱼、鳗鱼、鲳鱼、鲈鱼、鮸鱼、鲻鱼、梭子蟹、黄虾、鹰爪虾、对虾、毛虾等经济鱼类等，是福鼎主要的渔业生产基地。芦竹港湾和小嵛山海面，水温适度，海流和淡水相汇，适宜发展海上养殖业。2022 年，该海区有生态塑钢大网箱渔排近 200 口，俨若海上田园。渔业是嵛山岛传统的主导产业，80% 以上群

夏日风光（陈维新 摄）

众从事海洋、养殖及渔业相关产业。

　　嵊山列岛为中亚热带海洋性季风气候区，气候宜人，雨水充沛，常年无霜。常年平均气温15.1℃，最冷月（1月）均温5.7℃，最热月（7月）均温24.3℃。年平均降水量达1800毫米以上。高山上，山坳里，时有海雾弥漫，天湖"云雾茶"因此盛名。嵊山山场广阔，植被茂密，草质优良，草场面积14.6平方千米。岛上礁岩遍布，裸岩垒叠，花岗岩石质坚硬，储量丰富。小嵊山岛呈蛇头形，长轴横亘南北向，东部平缓，中西部山势突兀，面积3.28平方千米。20世纪90年代，岛上居民陆续迁出，现已无人居住，生态环境良好。

天湖草场（李文迪 摄）

　　嵊山岛属大陆岛，古时因地壳构造运动和海水侵蚀而成。岛上丘陵起伏，澳口遍布，主要由中生代火成岩及第四纪红壤组成。土壤肥沃，上层为腐殖土，深尺许，下层为酸性黄土，可供开发种植业。全镇有山场面积约24平方千米，其中，宜林、宜牧地近20平方千米，耕地面积1284亩，林业面积18500多亩，浅海滩涂面积693亩。整个海岛树木葱茏、绿草茵茵，构成其他海岛所没有的独特景色。

　　嵊山岛旅游资源丰富，山、湖、草、海等景观在此浓缩，风光奇特秀美，享有"南国天山""海上天湖"等美誉，为国家级生态乡镇。大使澳、月亮湾有百顷金沙，遍地金黄，咸淡水相汇，为理想的海滨浴场。海岸线上，礁石因浪潮长期侵蚀、雕琢，

嵊山

008

使岩礁仪态万千。大、小天湖，常年碧波荡漾，湖水幽蓝，清澈可见水底游鱼。天湖山上，碧草萋萋，和风过处，千顷碧波微晃，与"风吹草低见牛羊"有异曲同工之妙。除了"天涯路""海角村""白莲飞瀑""观沧海"等名胜，还有"清福寺""白莲寺""妈祖宫""古炮楼"等古迹。晨见千帆相竞，夜看渔火纷飞，好一幅壮丽的山水画作为"中国最美的十大海岛"之一，它是世界地质公园、太姥山国家级风景名胜区的重要组成部分。

发展历程

20 世纪 50 年代至 60 年代，嵛山岛被列为对台前沿阵地，未加以投资建设。60 年代中期至 70 年代，海岛建设止步不前。20 世纪 80 年代后期至 21 世纪初，各级政府对嵛山的建设开发日益重视，嵛山铺设了 10 千伏海底电缆，建成了 19.8 千米环岛公路，开辟了 4 条航线，往返嵛山与大陆的交通船舶达到近 10 艘。进入 21 世纪，嵛山岛的建设开发进入快车道，修建了陆岛交通码头、渔业生产码头、旅游专用码头 6 座；开通了嵛山至鱼井、三沙两条旅游专线，有大马力旅游客轮 12 艘；建了水库 3 座，总蓄水量达 53 万立方米，是全岛饮水、灌溉和照明的综合性工程。近年，全岛 6 个人口较为密集的村庄铺设了自来水管。管道总长 45000 米，可供 1000 多户、4000 多人饮用。

域内有小学、幼儿园、卫生院、村级卫生所、信用社、通信、广播电视等公共服务设施。新型农村合作医疗参保率 100%。全镇广播电视覆盖率 100%，手机网络信号辐射范围遍和全岛及周边广阔海域，通信便捷。两次铺设的海底电缆，使海岛与内陆电力联网联供，保障海岛各项事业发展需求。拥有完备的渔港体系和环岛交通路网，全镇建有二级渔港码头 1 座、陆岛交通码头 2 座、三级渔港码头 4 个。环岛公路总长 28 千米，实现全线闭合。

2022 年，嵛山镇实现社会生产总产值 3.26 亿元，农民可支配收入 21647 元，全年接待游客约 18 万人次。

嵛山稽古录

🌿周瑞光

嵛山初溯

嵛山，《八闽通志》作"俞山"，亦名"盂山"，又名"窑山""鹞山"。清人李廷钰在《海疆要略》一书中曾介绍："窑山垵，即大嵛山，内好抛船，打水六七托，泥地不防，上有妈祖宫。""嵛""俞""盂"均为方言谐音。又因昔时嵛山古木参天，岛上渔民兼营烧炭副业，天湖山下多发现古炭窑，故别称"窑山"。至于嵛山岛又名"福瑶列岛"，有释作"美玉福地"者，误也。其实"福"乃福宁简称，"瑶"即"窑"，"福瑶"即"福宁州属窑山岛也"。

关于嵛山的概况，20世纪30年代初期有臧励和主编的《中国古今地名大辞典》，书中作了如下介绍："'嵛山'在福建省霞浦县东海中，亦名大嵛山。周六十余里，与小嵛山隔水相望。有三十六澳，半属霞浦，半属福鼎。明初居民颇繁盛。后周德兴

大使澳（陈维新 摄）

以其地孤悬海中，徙其民而荒之。自后遂为禁山。清时人民屡请开垦不许，成为海盗出没之地,蔡牵曾以此为根据地。山有淡水湖二：一名大天湖……一名小天湖,水颇深。"

其实，关于嵛山岛历史的记载，已知有近千年之久。早在北宋初期，有名邱一引者（其先祖邱霖，原籍汀州府永定县，宋淳化五年甲午科武进士，任永春连营参将，后弃官迁泉州府永春县西门），于至道三年（997）迁居嵛山，为此地邱氏五世祖。至第九世邱择岐，因避沿海战乱，遂于祥兴戊寅年（1278）复迁回内地，定居福宁州八都塘后岐里。迨至第十三世邱日旺于嘉靖年间再迁八都邱厝里（今硖门畲族乡瑞云村）。据《邱氏族谱》载："五世祖一引公始居嵛山，妣林氏，生子大行，仁宗朝景祐丙子科（1036）举人，任福州长乐县儒学正堂，妣谢氏，生兆文公，墓葬嵛山东角上弯，坐卯向西。"考邱氏家族始迁居嵛山为北宋太宗朝，后复迁回内地为南宋王朝覆灭之前一年，恰值文天祥、陆秀夫、张世杰等扶帝昺转战浙闽粤沿海，艰苦卓绝地进行抗元斗争终至失败之时。由此约略可证：嵛山岛的盛衰和居民之聚散是与宋代共存亡的。

嵛山设防前后

明太祖朱元璋统一中国后不久，东南沿海迭遭倭寇骚扰，福建省首当其冲，人民深受其害，朝廷不得不采取防范措施。明洪武二十一年（1388），朝廷命信国公汤和行视闽粤，筑城增兵，置福建沿海福宁、镇东、平海、永宁、镇海五卫。翌年，江夏侯周德兴视察福宁卫，因虑嵛山孤悬海中，易生弊端，乃徙其民于福宁州七、八都等内地。但该岛仍为军事要塞，归北路福宁卫烽火寨管辖。

明嘉靖年间，倭患猖獗，在爱国将领俞大猷和戚继光率领下，福建沿海军民勠力同心地进行反侵略斗争，取得了辉煌的战果。此时，嵛山海面捷报频传，如明嘉靖三十八年（1559）四月间，参将黎鹏举自嵛山冲倭舟为两截，沉其一，追至三沙火焰山以火器攻击，大破之；嘉靖四十二年（1563）冬，复有倭舟十六艘流突台山仍趋烽火门，署把总朱玑督千户陈聪等舟师追至七星洋攻覆大舰一、小舰七，生擒二十有三，斩首一十三级，沉溺五百余徒。

关于明福宁州海防形势和战略部署，明人顾炎武在《天下郡国利病书·军政》概述道："至于海洋则官溪、镇下门、闾峡、大金为内地之咽喉，台山、嵛山、七星、霜山为外洋之门户……倭奴之来也，不乘南风则乘北风，然南风则入吴越为最便，北风则入闽为最便。旧制设烽火于五六都三沙海面。正统九年（1444），海面风波不便泊舟，乃移砦于一都松山……设中军游把总一名领兵哨守，往来应援各处要害，故不谓之砦而谓之游。万历二十年（1592）改守备为参将，节制水陆，改中军为嵛山游。二十八年（1600）增设台山一游，春秋二汛。参将镇嵛山，分遣陆兵守各要害，水兵则烽火砦……"同书《福建一》更清楚地阐述了嵛山设游的时代背景及经过、作用："万历二十四年（1596）夷酋关白侵朝鲜，羽书杂沓，海上戒严。巡抚督御史金学曾委分守张鼎畏、都司邓钟躬历汛地，规画万全，拟请添设嵛山、海坛、湄州、浯铜、钟台、澎湖诸游于一寨之中。以一游间之砦为正兵，游为奇兵，错综迭出，巡徼既周，声势亦猛，且砦与寨会哨……闽浙分界则烽火门为先，盖倭舡必由此南下，扼津要，守门户，诚防御之一大关键也。"

嵛山设游之举，充分显示其战略地位，于是难免不为侵略者所觊觎。据《霞浦县志》记载："万历二十九年（1601）五月，倭船三只突至嵛山，杀死哨官王某，船进泊于松山。"

由于海氛未靖，故明代的嵛山岛只能作为戍卒屯兵之边防哨所，而各地人民入迁者为数甚微。

清乾隆间关于嵛山岛弛禁和开辟之议

满族政权在取代朱明王朝的过程中，由于实行残酷的民族压迫，激起了全国各民族人民的强烈反抗。就福宁州县沿海而论，先后爆发了刘中藻、黄大焯和张煌言、张名振等领导的反清复明运动。与此同时，民族英雄郑成功的海上武装部队在北征南京与南下收复台湾的战斗中，均得到闽东各地人民的大力支持，引起了清朝贵族统治者的极大恐慌。清顺治十八年（1661），清政府采纳了黄梧、苏纳海等的建议，"将山东、江、浙、闽、广滨海人民，尽迁入内地，设界防守，片板不许下水，粒货不许越疆"，妄图断绝接济郑氏之根，并规定：滨海人民，悉迁界内，越界者斩。于是庐舍荒芜，鱼盐失利，百姓流离，惨不可言。直至康熙二十二年（1683），施琅收复台湾，郑克塽降清之后，方下诏开界，民归故土。今嵛山民谣"熊老来开界，林老来开沟"，有说是康熙朝开界之举，有说是清末同、光时福建因犯被驱遣嵛山开凿小天湖之事，待考。

至于嵛山诸岛之弛禁与开垦提案，则在乾隆十二年（1747）见载于《大清高宗纯皇帝实录》"卷二百八十二"，乾隆十二年正月大学士等议复升任福建巡抚周学健奏称："闽省沿海贫民，生计维艰，因思上竿塘、下竿塘、西洋屿、东狮、白犬、东洛、西洛、大嵛山、小嵛山、烽火術、浮鹰山、七星屿、四霜山、南关山等十四岛绵延数百里，环绕闽省长乐、连江、罗源、霞浦、宁德、福鼎各县，其间可耕之地甚多，若一经开辟，数邑贫民皆得以谋生，向虑有群盗啸聚，因加禁止。今海宇澄清，游巡络绎……应请一并弛禁，令殷实土民前往开辟等语。系为贫民生计起见，但事关海防，必须审度形势，

渔船归港（陈维新 摄）

筹酌尽善，应饬交该省督抚再加查议勘定，从之。"

该书"卷二百八十九""卷二百九十三"和"卷二百九十五"都有提及嵛山诸岛弛禁与开垦之拟议。从这些资料可知：康乾盛世，国家空前统一安定，人口户数递增，闽省沿海人民因生计维艰，陆续赴嵛山诸岛开荒捕鱼，这一自发性的垦殖运动得到时任福建巡抚周学健（周是首先把从菲律宾引进的番薯作物在福建全境栽种、推广的才吏良牧）的支持，引起清廷的重视，但封建统治阶级为了巩固其地位，再加上对郑成功等人的抗清斗争心有余悸，深虞沿海人民重新啸聚海隅，起来反抗，故对嵛山诸岛的开发一直持慎重态度，最后的批复："照旧严禁。"到了乾隆五十年（1711）以后，由于台湾发生了林爽文起义，闽省海氛骤然紧张，开发海岛之倡议亦即销声匿迹。

蔡牵与嵛山

清代中叶政治日趋黑暗，阶级压迫深重，激起了全国各族人民的强烈反抗。早在嘉庆元年（1796），有"闽贼李发枝引艇贼深入，浙贼附之。初平阳县海滨老龙头横亘于海为烽火门，其东大嵛、小嵛，兵守严密"。（《平阳县志》）

未几，又爆发了以蔡牵为首的海上渔民起义。蔡牵本福建同安人，出身渔家，后组成海上武装集团与清朝政府长期对垒，给封建统治者以沉重打击，故嘉庆皇帝不惜花费大量财力、兵力进行围歼。当嘉庆十四年（1809）九月获悉蔡牵在浙江海面被击落水身亡时，清帝览奏"欣慰之至"，并批了一通："洋盗蔡牵一犯，原系闽省平民，在洋面肆逆十有余年，往来浙、粤、闽三省，扰害商旅，抗拒官兵，甚至谋占台湾，率众攻城，伪称王号，不特商民受其荼毒，官兵多被伤亡，并戕及提督大员，该逆一日不除，海洋一日不靖……"

至今福鼎沿海还流传着一首民谣："乾隆换嘉庆，蔡牵打南镇。船泊金屿门，气死李长庚。"

笔者首访嵛山岛时，每每听到关于蔡牵和嵛山的传说。据老渔民回忆，1958 年被强台风过境时刮掉的妈祖宫，传为蔡牵手建，可惜无从凭吊，惟在鱼鸟乡梁国宝家发现一铁香炉，系光绪壬午年（1882）烽火门参将夏国安所捐赠，上镌"天后宫"。又《福鼎县志》和《平阳县志》中尚有关于蔡牵在福鼎县沿海活动的一些零星记载，如："嘉庆三年（1798）闽浙水师提督李长庚击败海盗蔡牵于嵛山洋面，盗乘夜逸去。按原志：蔡牵于乾隆末年即纠集海盗百有十，肆掠于闽浙沿海，旋以嵛山为巢穴，嘉庆三年为提督击败遁去……""嘉庆六年（1801）辛酉二月初六日，蔡牵率盗船四十余只在闽浙交界之冬瓜屿洋游弋，被福建参将兵船击败窜去。"

总之，由于嵛山列岛是蔡牵的海上起义活动重要根据地，虽然以后失败，但清政府为免盗薮之区叛逆复发，故嵛山岛仍处于严禁之状。

保障嵛山

清道光年间，中英鸦片战争前夕，福州长乐和闽南地区的人民成群结队地登嵛山谋垦，此举引起福鼎名士王学贞先生的极大忧虑（王学贞，字吉泉，秦屿人，曾任宁洋训导，系福建省清代著名的出版家，尝校刊唐以来闽中乡贤遗书十种为父王遐春祝寿，传为美谈。当英兵窜犯舟山，北指天津时，曾率乡民千百名日夜操练，并于秦屿海中插松木为椿，防止英舰入侵，太守史公誉以"媲美文长"，绘图以呈之）。为了防止外夷乘虚而入，王学贞先生遂向清政府连续呈递了《保障嵛山》和《上邑侯许公请禁垦嵛山书》，这里应该说明：囿于封建阶级的旧立场、旧观点，二书的思想内容，按现代人的眼光来衡量难免谬误种种，但其中有关嵛山古岛的历史沿革及地理形势等方面的阐述，颇有参考价值，特稍加点校附录于后。

保障嵛山

鼎海道北接温台，南联省会，江浙闽粤舟楫必经，东西南洋往来必历；然而大小嵛山，三洋四省之咽喉乎？夫嵛山一禁于洪武，再禁于隆万。国朝康熙初下迁界令，嵛山封禁之最者。逮后制府金禁贩西南洋，则于嵛山申禁之。雍正间，制府高奏准复贩而嵛山不复，岂非程制府所谓纵横数十里，孤悬海外，土沃山高，一经开辟，必成盗薮，纵设重兵以防守之，而海洋遥隔，呼应难灵。况此时亦断无议设重兵而近于好大喜功者乎？制府戒曰："嗣后有妄言开垦者以通贼论斩。"片言居要，义重词严，远迩贪大，谁敢弗服？且夫善安良者天所佑，善锄莠者人所思。方乾隆时，势要奋兴，藉增赋之虚名，肆奸欺于卿相。山联九岛，税以千金，十载经营，九重视听。非如今日之伪卷买山，假牌防海者所不可同日语也，乃井九仞而坐废，山一亏而无成；太守董公启祚功德钜然。太守曰：巍巍之嵛山，屋庐灰烬，田园荒芜，无田可耕，无地可度，所仅存者沪网之所百七十有六，渔艇千，紫菜霹石无算耳。遗俗流风，人居七八都而泛舟采捕者，岁供一其地利万有一千二百八十贯，合九岛而论，不啻十余万贯。亿万生灵，僻处陬隘，老者得寿终，孤幼得遂长，其以此也。若俾他族实迫处此，昔毁其巢，今夺其利；昔散其聚，今没其业，纷争斗讼，伊胡底耶？故曰：议垦复者，借词开山，存心占海。惟占海直欲通洋。不然，大小二嵛山在在皆接大荒，彼可以称为乐土耶？慎国事，悯人情，咨公卿，达圣主。圣主曰："钦厥惟永禁，万世其利赖之。"

上邑侯许公清禁垦嵛山书

夫霞鼎共辖禁岛嵛山，屹立深水外洋，纵横四十里，形势险要，地土肥美，最易积匪藏奸。嘉庆初，海寇蔡牵停泊于此，肆行蹂躏。霞鼎居民不大受其害乎？今山中尚有蔡牵供奉之妈祖宫可证。去年八月，风潮汹涌，海滨田禾，颗粒无收，各粮户报灾而后鲜有不典卖产业供应钱粮，以逭罪戾。而今年两收又太歉薄，加以饥疫相连，民死无算，嗷嗷残喘，束手待毙而卒不敢窥伺于禁岛嵛山，广下耕种，充补粮食，非计拙也。盖缘此山禁自前明，我朝乾隆十二年曾经奉旨永行禁止并黜妄议诸绅，天语煌煌，详载《福宁府志》霞浦山川、嵛山条下，两邑士民见而知之。今闻长乐绅耆黄春高等违背圣训，瞒耸列宪，札饬仁台，丈量、绘图以凭开垦，遂令海滨远虑之士民异议蜂起。有欲赴仁台衙门条陈利害者，有欲赴督抚司道府各衙门条陈利害者，举国若犯，殊难遏抑。贞谊属桑梓，累有知识，不欲任其放恣，却亦不忍终见其祸患，按切实详述，为仁兄敬陈之。

（本文摘编自《福鼎文史资料》第5辑）

嵛山岛史话

○白荣敏

南国天山，最美海岛

福瑶列岛由大嵛山、小嵛山、鸳鸯岛、银屿、鸟屿等22个岛礁组成，总面积25.74平方千米。列岛中以大嵛山为最大，小嵛山次之。大嵛山岛距大陆最近点3.56海里（岛西北部至硔门青屿头）。列岛原属福宁州劝儒乡擢秀里，福鼎置县后，大嵛山（含）以北地区归福鼎，小嵛山（含）以南岛屿仍归属霞浦县。《福鼎县志》说："嵛山古水寨，半隶霞浦，为营船会哨地。"20世纪30年代初期臧励和主编的《中国古今地名大辞典》也说："嵛山在福建省霞浦县东海中，亦名大嵛山。周六十余里，与小嵛山隔水相望。有三十六澳，半属霞浦，半属福鼎。"

大嵛山岛面积21.22平方千米，为闽东第一大岛。岛上有大小山峰20余座，以红纪洞山为最高，海拔541.4米，为福建省海岛高度之最。岛中部山上成盂状，形成大小两个聚水湖泊，大的名曰大天湖，可泛舟其上。令人称奇的是，两湖各有泉眼，常年不竭，水质甜美，水清如镜。因日而耀，因风而皱，时有白鸥翔集。湖四周有近万亩草场，被誉为"南国天山"。游人置身其中，恍若到了"天苍苍，野茫茫，风吹草低见牛羊"的大西北草原，间有白色芦花点缀其间。岛上还有红纪洞、古寨岩、天湖寺等景点。特别是跳水涧一处，别具风格，景点尤为集中，有明月潭、仙人坡、大使宫、白鹿坑、白莲飞瀑、大象岩、小桃源、沙洲等。乘舟环岛而行，沿着30.7千米的海岸线，便是礁石欲断还连、参差错落、嶙峋峻峭的岛链景观，还可以看到蚁舟夕照、沙滩奇纹、海角晴空等奇特景观。青山、碧水、礁石林立，你很难想象，在碧波万顷的东海之上竟有如此神奇的意境！大嵛山岛被列为太姥山国家级风景名胜区的四大景观之一，其独特壮观的美景，使人未登临之，心驰神往，游览之后，难以忘怀。"岛国天山"，实乃东海之上的神奇小岛。

小嵛山岛为一无人岛，面积3.28平方千米，沿岸因被海水冲刷剥蚀，基岩裸露，礁石林立，海蚀地貌十分突出，有金猴观日、千叶岩、海龟礁、五叠礁等众多奇形怪状的岩石景点。列岛中还有一个鸟岛（鸟屿），又叫日屿，此岛面积仅0.5平方千米，海拔不足百米，岛上植被茂密，栖息着成千上万只海鸥和其他候鸟。这里是福建唯一的黄嘴白鹭的繁殖与栖息地黄嘴白鹭全世界仅剩100只，而这里就有56只。除了黄嘴白鹭，还有黑嘴端凤头燕鸥、黑脸琵鹭、黑尾鸥、白鹭、鸿雁等，其中不少是国家二级保护鸟类。作为福建省唯一以保护鸟类资源及其栖息地为主的自然保护区，鸟岛现已吸引60多种共5000余只鸟儿在此栖息。生态专家认为，近年来这里不断发现濒危鸟类，已成为福建生态环境良好、生物多样性丰富的重要标志。

2005年，《中国国家地理》杂志对中国的景观（主要是自然景观）进行选美，把中国的景观分成17个类别，就每一类景观"谁最美"进行评比。令福鼎人感到振奋的是，大嵛山岛入选"中国最美的十大海岛"，名列第八位。专家对大嵛山岛给出的评语是："山、湖、草、海在此浓缩。""地处东南，却有西北高山草甸的风光；身是海岛，更有天湖清澈如镜。"随着近年来旅游推介力度的加大，嵛山岛的天然之美越来越受到大众的追捧，仿佛一夜之间，海风吹开了海上的迷雾，嵛山岛露出了逼人的美貌。值得一提的是，2011年12月11日，中国当代词坛"三杰"之一的台湾著名词作家庄奴做客福鼎，惊叹于嵛山岛之大美，激情澎湃，诗兴大发，一口气写出了6首歌词，成《嵛山岛组曲》。

濒海孤悬，外洋门户

关于嵛山岛的历史，至少有近千年之久。据考证，岛上早在北宋初期即有人居住，有一位名叫邱一引的人，于宋至道三年（997）迁居嵛山。据硖门瑞云《邱氏族谱》载："五世祖一引公始居嵛山，妣林氏，生子大行，仁宗朝景祐丙子科（1036）举人，妣谢氏，生兆文公。墓葬嵛山东角上弯，坐卯向酉。"据说邱姓先人于南宋王朝覆灭之前夕，为扶持大宋政权曾在嵛山进行过抗元斗争，那时正值文天祥、陆秀夫、张世杰等扶帝昺转战浙闽粤沿海。邱氏后代因避沿海战乱，多次迁回内地。

只要不是战争年代，嵛山人就能安居乐业。如明万历《福宁州志》所言："地肥产繁，中有三十六澳，居民稠密。"自宋以后，直到明朝初年，嵛山岛就不断有居民迁入，来此垦土为田，繁衍生息。

打破嵛山岛安宁祥和状态的是倭寇的侵扰。

明朝初年，东南沿海屡犯倭患，朝廷不得不采取防范措施。洪武二十一年（1388），明太祖朱元璋命信国公汤和行视闽粤，筑城增兵，置福建沿海福宁、镇东、平海、永宁、镇海五卫。翌年，江夏侯周德兴视察福宁卫，因虑嵛山岛孤悬海中，易生弊端，乃徙其民于福宁州七、八都等内地。但细考福瑶列岛，从大嵛山、小嵛山、烽火岛到大陆之间，形成福瑶门、出壁门、烽火门3个贯穿南北的航门水道，确为海防门户之咽喉，所以该岛仍部署军事力量，驻有兵船，归北路福宁卫烽火寨管辖。

嘉靖年间，倭寇更加猖獗，在爱国将领俞大猷和戚继光率领下，福建沿海军民勠力同心地进行反侵略斗争，嵛山海面曾捷报频传。明统治者考虑福宁州沿海军事战略的重要，在福宁州部署严密的海上防务，于万历二十年（1592）在嵛山正式设游，派指参将镇守嵛山，作为海上重要军事要塞，与陆上各要塞守军相呼应。

明人顾炎武在《天下郡国利病书》中清楚地阐述了嵛山设游的时代背景、经过及作用：

> 万历二十四年（1596）夷酋关白侵朝鲜，羽书杂沓，海上戒严。巡抚督御史金学曾分守张鼎畏，都司邓钟躬历汛地，规画万全，拟请添设嵛山、海坛、湄州、浯铜、钟台、澎湖诸游于一寨之中。以一游间之砦为正兵，游为奇兵，错综迭出，巡徼既周，声势亦猛，且砦与寨会哨……闽浙分界则烽火门为先，盖倭舡必由此南下，扼津要，守门户，诚防御之一大关键也。

嵛山设游之举，充分显示其战略地位，因此难免不为侵略者所觊觎。据民国《霞浦县志》载："万历二十九年（1601）五月，倭船三只突至嵛山，杀死哨官王某，船进泊于松山。"

由于海氛未靖，明代的嵛山岛只能作为戍卒屯兵之边防哨所，而各地人民入迁者为数甚微。

满族政权在取代朱明王朝的过程中，由于实行残酷的民族压迫，激起了全国各族人民的强烈反抗。福宁州县沿海先后爆发了刘中藻、黄大焞和张煌言、张名振等领导的反清复明运动，与此同时，郑成功的海上武装部队在北征南京与南下收复台湾的战斗中，均得到闽东各地人民的大力支持，引起了清朝贵族统治者的极大恐慌。顺治十八年（1661）清政府采纳了黄梧、苏纳海等的建议，"将山东、江、浙、闽、广滨海人民，尽迁入内地，设界防守，片板不许下水，粒货不许越疆……（夏琳《闽海纪要·辛丑条约》）"，试图断绝接济郑氏之根，并规定：滨海人民，悉迁界内，越界者斩。于是包括嵛山岛在内的沿海地区，庐舍荒芜，鱼盐失利，百姓游离，惨不可言。直至康熙二十二年（1683），施琅收复台湾，郑克爽降清之后，方下诏开界，民归故土。

到了康乾盛世，国家空前统一安定，人口户数递增，闽省沿海人民因生计维艰，陆续前赴嵛山诸岛开荒捕鱼，这一自发性的垦荒运动引起清廷的重视，但朝廷对前朝郑成功等人的抗清斗争心有余悸，担心沿海人民重新啸聚海隅，起来反抗，故对嵛山诸岛的开发，一直持慎重态度，最后的决定是：照旧严禁。

清代中叶政治日趋黑暗，阶段压迫深重，激起了全国各族人民的强烈反抗。嘉庆元年（1796），有"闽贼李发枝引艇贼深入，浙贼附之。初平阳县海滨老龙头横亘于海为烽火门，其东大崰、小崰，兵守严密"（民国《平阳县志》）。未几，又爆发了以蔡牵为首的海上渔民起义，他们以崰山岛为重要根据地，组织海上武装集团与清朝政府进行长达十多年的对垒，予清统治者以沉重打击。由于崰山列岛是蔡牵的海上起义活动重要根据地，清朝政府为免盗薮之区叛逆复发，故对崰山岛仍采取严禁之状。清政府的担心正"所谓纵横数十里，孤悬海外，土沃山高，一经开辟，必成盗薮，纵设重兵以防守之，而海洋遥隔，呼应难灵"（清王学贞《保障崰山》）。

道光年间，中英鸦片战争前夕，福州长乐和闽南地区的人民成群结伙地登山谋垦，因崰山岛长期笼罩于战争的阴影下，虽有垦荒，但毕竟迟缓。

蔡牵反清，据岛为巢

正是由于崰山岛"濒海孤悬"，历史上亦成为海盗集团和造反势力的觊觎之地。活跃于清中叶的海盗蔡牵就是以崰山岛这个"外洋门户"为主要据点，组成海上武装集团与清廷对抗，横行台湾海峡达十数年之久，给往来于海上的商民带来极大的灾难。

蔡牵（1760—1809），泉州同安人，流落崰山当渔工。渔工生活艰苦，每因下海捕不到鱼而为东家所嫌弃，食不得饱。他在渔工中串联，于乾隆五十五年（1790）相率下海为盗。他貌不惊人，矮小、黄瘦，但性格果敢、机变，在渔工中很有威信，被尊称为"大老板"。蔡牵下海为盗后，先在崰山马祖澳建立据点，抢劫渔船，或扣留商船，要求船主取赎，或"打单票"（发执照）。当时海禁尚严，一些走私商船常与蔡牵勾结，以土产供蔡牵，船队则以转运安南（今越南）、南洋等地私货内销。经历几年经营，海盗队伍逐渐发展，活动范围不断扩大，形成了以蔡牵为首的"凤尾帮"，最终形成纵横东南海上的海盗集团。

蔡牵的船帮以崰山为据点，驰骋于闽、浙、粤洋面，劫船越货，封锁航道，坐收"出洋税"，没有他的令旗，商船休想平安通行于台湾海峡。他还攻打台湾鹿耳门，洗劫官仓里的粮食，用来周济他的会帮。蔡牵气势如此炽盛，清政府不惜花费大量财力、兵力进行围歼，但常被蔡牵击败。他打败了浙江总兵胡振声所带领的闽浙两省水师，还用大炮打死了浙江提督李长庚，从此声威大振。嘉庆年间，蔡牵曾一度鏖兵沙埕港内金屿门，并攻占南镇半岛。至今福鼎沿海还流传着一首民谣："乾隆换嘉庆，蔡牵打南镇。船泊金屿门，气死李长庚。"

嘉庆十三年（1808），蔡牵举起反清复明的旗号，率领船只攻打台湾，占据沪尾（今台北淡水镇），奉明正朔，建元"光明"，祭告天地，散札设官，自称"镇海威武王"，全台为之震动。清政府见形势严重，命令闽浙水师提督王得禄、浙江提督邱良功，集两省兵舰，入台征剿。蔡牵战败，退驶温州的黑水洋，船底漏水（据传被张朝发潜水凿穿），无法逃脱，他不愿投降，发炮自沉坐船，妻小及部众250余人沉海而死。这支海上武装由此宣告覆灭。

关于蔡牵在嵛山岛的具体活动，由于手头史料匮乏，没办法提供具体的细节，查民国《福鼎县志》和民国《平阳县志》，尚有关于蔡牵在福鼎沿海活动的一些零星记载。

据嵛山老渔民回忆，1958年被台风过境时刮掉的马祖澳妈祖宫，传为蔡牵手建，宫共有4进，颇具规模，蔡牵把它作为大本营。周瑞光先生早年在嵛山做田野考察时，曾于梁国宝家发现一铁香炉，系光绪壬午年（1882）烽火门参将夏国安所捐赠，上镌"天后宫"，证明嵛山当年确有妈祖宫存在。我们还可以在清人王学贞的《上邑侯许公清禁垦嵛山书》中找到直接的记载：

> 夫霞鼎共辖禁岛嵛山，屹立深水外洋，纵横四十里，形势险要，土地肥美，最易积匪藏奸，嘉庆初，海寇蔡牵停泊于此，肆行蹂躏。霞鼎居民不大受其害乎？今山中尚有蔡牵供奉之妈祖宫可证。

至今在嵛山还流传着关于蔡牵的传说。蔡牵的第二任妻子吕氏，是苍南炎亭内澳人，性慧黠而貌美，放荡而不拘小节，三嫁蔡牵为"压寨夫人"。她神情严肃，多奇谋，善于应变，在同官兵战斗中出谋划策，冲锋陷阵，指挥若定，是蔡牵的得力助手，人称"蔡牵妈"。"蔡牵妈"原靠为人理发为生，一次蔡牵化妆成渔民来店理发，无意中谈起蔡牵，她一方面流露出对蔡牵的敬仰之情，另一方面也对他最近一次海上战斗谋略提出了批评。蔡牵闻言大惊，次日就派人持花红彩礼来求亲。三天后，一百人乐队浩浩荡荡接走了她。

蔡牵入海为盗，进而举起反清旗帜，与清廷及福建官府的腐败分不开，但蔡牵在反清的同时，以中国的海商为主要袭击对象，致使台湾海峡的海上贸易陷于停顿，也给沿海民众和往来商人带来了灾难，从这一点看，蔡牵的海盗活动具有破坏性，同时也直接造成了清政府对沿海开禁时间上的拖延，客观上制约了沿海经济的发展。

蔡牵为清代最后一支海上势力，此后东南海疆平靖无波，海运逐渐畅通，海上贸易也就慢慢发展了起来。

前虎后狼，美岛沧桑

1926 年，朱腾芬等在嵛山岛成立垦殖公司，引进侨资，开发渔林，人烟大集，昌盛一时。但是好景不长，抗日战争爆发，日寇军舰纵横海疆，沿海盗匪蜂起，时时骚扰甚至洗劫嵛山。海岛无法生存，岛民纷纷举家逃亡，流离失所，惨状难以尽述。

1940 年，闽浙沿海城市相继沦陷，日伪军"福建和平救国军第二集团军第一路军"司令林义和，于当年 8 月间，和蔡功率数十人持枪闯入嵛山，宣布成立日伪政权"福建嵛山维持会"。几天后，林义和离开嵛山，委蔡功为"嵛山维持会"主任，在马祖垦殖公司旧址办公，下设秘书长、民政科、财政科、建设科、警察局、税务局、庶务科和军事科等。"维持会"机构如此庞大，其经济来源除税收和抢劫外，还从事贸易活动。其时，我国陆上交通梗阻，南北货物交流多靠海运，海域为日寇所控，嵛山岛以其地理有利条件遂为南北货物集散地，"维持会"经营各种商行，东自日本和中国台湾，北至天津、上海。马祖澳至大使澳沿途搭盖简易商店、商行数百间，并设有妓院、烟馆、赌场。马祖澳日宰生猪十多只，港面常泊大船数百艘，俨然一大商埠。

据《福鼎县政府志》统计，嵛山全岛原有房屋 1500 间（多系茅屋），敌占后拆掉 150 间改建营房。原有渔户 450 户、渔民 2500 多人，大小船只 250 艘，原年产各种鱼类 2500 担，另有渔商 20 家；沦陷后，渔民搬迁，渔产减少。农业方面，年产薯丝 100 多吨，小麦、稻谷各 25 吨左右，大、小豌豆各 10 多吨，可供全岛居民半年口粮；沦陷后，日伪实行毒化政策，迫种鸦片，致粮食短缺，粮价日昂，民不聊生。

沦陷期间，嵛山日伪军在沿海一带骚扰频繁，县政府不时派人侦察嵛山日伪动态，下令硋门乡公所严密监视，至少每天一报。1941 年 6 月，嵛山日伪军 300 余人在鱼井登陆，进犯硋门。当地国民党军只有一个分队，寡不敌众，不战自退，日伪军将硋门掠夺一空后扬长而去。1944 年 6 月间，嵛山日伪军已纠集 1000 多人，配有机枪、炮、艇和无线电台等。同时，"柘荣队"（大刀会）200 多人也前去投靠蔡功，以后北礵岛余长淦部也归嵛山日伪管辖，势力范围日益扩大。7 月，匪首蔡功与秘书长林友森发生火拼，林被击毙。7 月 27 日，日伪军征集帆船四五十只，再次侵扰霞浦陇头，劫去粮食 30 吨。随后，又集中帆船 8 只，大刀会徒 80 多人，日伪军数百名，攻打浙江台州，掠回一批货物及机枪 3 挺，步枪 50 余支。日军在太平洋战争中节节失利后，我国海域渐为同盟国海军所控制，嵛山日伪军船舰不敢轻易出海，货源断绝，商店、商行逐渐倒闭，外地商人纷纷离岛。1945 年 7 月，嵛山日伪军尚有五六百人，分驻东角、芒党、鱼鸟、芦竹、马祖等澳。

1945 年 8 月，抗战胜利，日本投降，嵛山光复。11 月，福鼎县长王道纯奉令派硤门乡长孔昭经等3人前往崳山办理接管事宜，将全岛编为祖竹（马祖至芦竹）、东灶（东角至灶燠）、鱼党（鱼鸟至芒党）3个保，557户，3000人，归硤门乡管辖。

崳山光复后，日本人岩田幸雄于1946年夏天潜入崳山岛，化名蔡得海，以商人身份在崳山设立"崳山开发公司"。岩田幸雄到崳山时，召集群众集会，宣传其来崳开发"宗旨"：渔业方面要改进渔具以提高产量，农业方面采用新式农机具，设立商行及航运，为每个保建一所学校，云云。过了一段时间，果然运进几船物资，把面粉、大米、煤油、火柴、旧衣服、罐头食品等销售或赠送给群众，对当地活跃人士还赠给银圆、金戒指、金块等，还发放低息贷款。又在前垦殖公司朱腾芬先生墓前结彩膜拜，兴建墓园围墙，种植花木，寄语朱腾芬后人，前来合作开发。岩田幸雄为了取得民心，长期立足，确实煞费苦心。正当他自鸣得意之时，1948年春，福鼎县长吴锡璋奉上峰密令，亲率县保安队，声扬视察，前往崳山将岸田幸雄逮捕。事后人们才知道，蔡得海原来是日本战犯岩田幸雄。岩田幸雄被捕后在福鼎拘押了一个多月，后押解上海"日本战犯管理所"，1948年被遣返日本。

1948年11月至12月之间，霞浦牙城大刀会和平阳桥墩大刀会又先后潜入崳山岛作乱。至1949年春，大刀会首朱超高、朱超水兄弟，已聚集大刀会徒200多人，总部设马祖澳，鱼鸟、东角各澳也驻扎有少数"法兵"。大刀会四处行劫筹饷，崳山人民又一次处于水深火热之中。1949年7月，福鼎已经解放月余，国民党福建省主席朱绍良妄图挽回残局，搜罗地方军政党羽，还委任曾文光为福鼎县长，潜入崳山暗地活动，与大刀会首朱超高等狼狈为奸。

1949年10月7日，中国人民解放军21军63师188团2营，在福鼎县大队一中队配合下，一举解放崳山岛，毙敌48人，生俘曾文光、朱超高、王松惠等230人，缴获机枪1挺、步枪18支、驳克枪8支、手枪3支及大刀、梭镖100多件。

从此，崳山人民重见天日。

（本文摘编自白荣敏《福鼎史话》，题目为编者所加）

我所了解的嵛山

☞ 连 文

北纬 26° 55′—26° 58′，东经 120° 16′—120° 23′，这里是海岛，山谷里却藏着淡水湖泊；这里地处东南，却有着西北高山草甸的草原风光。这里就是嵛山岛，古称"福瑶列岛"，是我工作过的地方，是一个传奇的海岛。嵛山是福建省 12 个海岛建制镇之一，全镇下辖 5 个行政村，人口 5600 人，常住人口 3000 人左右。我来自燕赵大地，典型的内陆人，向往海洋的神秘，但骨子里，对海洋是充满恐惧的。我从未想过，我会来到这样一个神奇的海岛工作，这份经历，于我来说也是一个传奇。根据这几年的工作经历写下一篇文字，记录我对嵛山岛的了解。

自然风貌

嵛山岛位于福建省福鼎市东南海域，由大嵛山、小嵛山、鸳鸯岛、银屿、观音礁、小羊鼓等大小 22 个岛礁组成，总面积 25.74 平方千米，海岸线总长 63.39 千米，其中大嵛山海岸线 30.12 千米，距离大陆最近点 3.56 海里。大嵛山的山顶有一个闻名遐迩的天湖，群山环拱，形状似盂，嵛山之名，大概由此而来。另在嵛山岛马祖村发现很多古炭窑，是人们于此伐木烧炭留下的，故也称窑山。

嵛山岛属大陆岛，因地壳构造运动和海水侵蚀而成。岛上丘陵起伏，主要由中生代火成岩及第四纪红壤组成，共有大小山峰 20 余座，最高峰红纪洞山海拔 541.4 米。从海上看嵛山岛的风貌，岛内基岩饱受海水侵蚀剥蚀形成多种如岛礁、海蚀崖、海湾等典型海蚀地貌。大嵛山有三十六澳，也就是三十六个海湾。小嵛山受海水冲刷风化，基岩裸漏，礁石林立，构成奇特的海蚀地貌景观。还有淤泥质海岸地貌，大使澳与芒垱近海海底多为泥质沙和沙质泥，海水多呈灰色，六七月风平浪静，也有蔚蓝若翡翠般时。这里属亚热带海洋季风气候，常年平均气温 18.7℃，最冷月均温 5.7℃，最热月均温 24.3℃，四季温差不大，雨量充沛，气候宜人。多大风海雾，全年大风大雾天数达百日以上。植被茂盛，为草类和各种灌木，特别是天湖附近约有万亩草场，甚是壮观。

飞翔（陈维新 摄）

　　我国共有11000个岛屿，截至2016年底已查明有淡水存储或供应的海岛仅681个。淡水缺乏几乎是海岛的共性，一般海岛地势较低，不利于水汽的滞留、抬升，降水量偏少，又因陆域面积小、汇流面积有限。嵊山岛有嵊山岛的个性，海拔400米处有大小2座天湖及1个小型山塘，常年蓄水量达160万立方米。小天湖为天然湖泊。大天湖原为天然湖泊，1979年，人们于此建起116米长、18.5米高的拦水坝，将天然湖扩建为水库，面积1平方千米，蓄水量103万立方米。此外，嵊山岛全岛的山涧溪流也随处可见，较大的会形成瀑布，如白莲飞瀑飞流直下，极为壮观，即使最旱的天气也未曾断流。目前嵊山岛的饮用水只是汲取部分的山涧水，还无须用到湖泊及水库储水。嵊山岛地势较高，大雾天气较多，常年降水丰富，火山岩、断层裂隙发育，易于蓄水；土壤肥沃，草类茂盛，也易于涵养水分。有人说，夏天太阳暴晒在海面上，水汽蒸发，至500多米的山顶形成雾气，缭绕在天湖的周围，形成山下阳光普照、山上云蒸雾绕的景象，雾气在草叶上凝成水珠，渗入土壤及裂隙，最后汇入山谷形成天湖。

古今区位

　　嵊山列岛既是南北海路的咽喉，又是渔业资源丰富的渔场，如珍珠般散落在东海之滨。源自对大海的敬畏，嵛山自然也沉睡了数千年。嵛山岛上很早就有人类活动的足迹，但明清两代实施海禁政策，嵛山被列为禁地，国力强则是边防屯兵哨所，国力弱则成为盗匪的渊薮。最有名的海盗是清乾嘉时期的蔡牵，盘踞嵛山十余年，劫掠南来北往官私船只，颇给清廷造成了一些麻烦。据说蔡牵被击败后，还留了一笔宝藏藏在嵛山岛的红纪洞山。

道光年间，长乐及闽南地区的群众开始结群登岛谋垦，现在嵛山居民多是那个时候陆续迁来的，所以至今嵛山人还是讲闽南话。光绪年间清廷在此设嵛山垦殖局，羁押犯人来此垦殖，据岛上的老人回忆，他们见过3个大盐仓，晒盐应是垦殖局的重要业务之一。1926年，辛亥革命元勋朱腾芬于此建立嵛山垦殖公司，集资10万银圆，从内地移民800人，到1932年的6年中，开垦农亩，植树种茶，购置渔轮，引进良种牛羊，种植橡胶、果树和甘蔗等经济作物，发展渔业、商业、交通运输。抗战期间，嵛山为日本人占领，成立"嵛山维持会"，从事劫掠、贸易、征税等活动。抗战后日本战犯盐田幸雄化名蔡得海，窃居嵛山岛，成立嵛山开发公司，从事渔业、农垦、运输等活动，后被拘押遣返回日本。之后，嵛山被大刀会占据，直至解放。

解放初期，嵛山岛为前沿阵地，在羊鼓尾有驻军一个加强营，现在还保留一些当年的军事设施如营房、防空洞、碉堡、战壕等。改革开放初期，因处于东海南北交通咽喉的位置，便与三沙港、沙埕港一样，这里也曾是台湾货船停靠点。1992年，嵛山被列为台轮停泊点，对台湾渔船开放，有台湾的渔船来此收购海鲜，添加补给，雇佣本地船员。台湾船只的停靠，带动了马祖村的消费业发展。

经济发展

农牧渔业情况

嵛山岛是闽东、浙南渔场的咽喉，这里居民的主业是海洋渔业，居民的主要收入来源是海洋捕捞业。全岛共有大小船只320艘，每年中秋前后，50余艘大马力船只转场至浙江舟山群岛附近捕捞虾米，至春节满载而归，丰收年份一艘船产值达200多万元。淡水鳗鱼是个神奇的物种，于近海生长，于大洋深处产卵，幼苗又于冬季洄游至近海，可人工养殖但无法育苗。每年冬季，捕捞鳗苗出售给养殖户出口日韩。鳗苗价格逐年上升，2018年发丝大小的鳗苗每条最高可卖到32元，一条小型捕捞船在3个月的捕捞期内可收货9—10万元，这也成了嵛山群众的重要收入来源。定制网及近海拖网捕捞，供应网箱养殖的饵料及部分的日常海鲜消费，供应消费的有黄鱼、石斑鱼、鳗鱼、鲳鱼、鲈鱼、梭子蟹及各种虾、螺、贝类。紫菜、海带等藻类养殖 1800 亩，淡菜及生蚝养殖 400 亩，深水大网箱 10 口，主要养殖大黄鱼。渔业配套设施方面，共有 4 个三级渔业码头、1 个二级渔业码头，在建一级渔港码头 1 个。

根据最新开展的土地确权数据，嵛山全岛的耕地面积是 2137 亩。捕捞业比农业收入高，岛上没有大宗粮食作物生产，岛上居民零星种植一些蔬菜、地瓜、水果等供日常消费。此外，有大约 1000 亩的香砂，有香砂专业合作社一家，年产值 300 多万元。有山羊养殖，山羊年出栏数 1500 多头，产值 500 多万元。农家乐及部分农户散养一些土鸡，全岛有 1000 多只。此外，大天湖周边有 300 多亩有机生态茶园，生产高质量的生态白茶。

2018 年，嵛山镇社会生产总值 2.87 亿元，其中农业总产值 1.78 亿元；农民人均纯收入达 18914 元，名列福鼎前茅。全镇原有建档立卡贫困户 35 户、114 人，2018 年已全部实现脱贫。

但是近海渔业资源枯竭是一个不争的事实，传统渔业收入虽高，但风险系数也大、不可持续，如饵料捕捞对鱼类是毁灭性的，不可持续更不能鼓励。传统捕捞业需加快转型升级，部分渔民需转产转业。2017 年，嵛山岛的渔业生产遭遇了寒冬，虾皮及鳗苗产量不及 2016 年的三成，紫菜甚至出现绝收现象，2018 年情况才有所好转。

旅游业发展概况

2005 年《中国国家地理杂志》评选出"中国最美的十大海岛"，嵛山因有万亩草场、海上天湖及独特的海蚀地貌，以山、海、草、岛、湖交融一体的景观入选。此为嵛山的旅游业发展带来了契机。翌年，嵛山天湖景区开始对外开放接待游客。旅游开发十余年来，嵛山的旅游业发展取得了一定的成绩，宣传推介力度加大，知名度提升，来岛游客增加。2018 年，接待游客量达 15 万多人次，实现旅游经济收入 7500 多万元。现有民宿 100 多家，遍及全岛 5 个村，共有床位 1200 多张，大小餐饮酒家 40 多家，零售商店 45 家。除天湖核心景区外，海边沿线渔村发展有大使澳、阳光鼓、月亮湾、羊鼓尾等 8 个乡村旅游点，初步形成全岛旅游发展态势。旅游业将成为嵛山未来的支柱及居民主要收入来源，群众对旅游发展的期盼也与日俱增。但是目前，嵛山岛旅游开发的层次不高，发展十年并没有质的飞跃，纯观光式的景点旅游边际效益下降，发展遇到了瓶颈。嵛山的旅游淡旺季区分非常明显，旅游旺季只有半年时间，旅游高峰期如"五一""十一"日进岛游客可达 6000 人。冬季风大浪急，游客稀少。此外，旅游产品单一，基础设施薄弱，相关的配套服务如酒店、餐饮、交通、娱乐项目等相对滞后，无法满足游客需求。

突破基本的观光、游览这种传统的产品业态单一的模式，实现旅游产业的提质增

效是嵛山旅游业今后的目标。随着社会主要矛盾的变化，旅游将成为人们生活的常态和刚需，我们应推进旅游业的供给侧结构性改革，不断完善旅游配套服务，丰富旅游产品内容，提升旅游产品质量，创新旅游业态，提高嵛山岛旅游开发层次。嵛山有较好的区位优势，只是因为历史的原因，底子薄、基础差，开发多年未见成效。因此，嵛山的旅游业发展未来可期。

人居环境

村容村貌

岛上共有 5 个行政村，村庄的选址都在澳口，背山面海，依山而建，错落有致。村庄房屋结构以石头房为主，掺杂一些砖混结构的房屋。大使澳自然村、芒垱自然村、鱼鸟村、灶澳村的渔村风貌保存比较完好。渔业生产工具较多，走到各个渔村会发现，村口路边只要有一块平地，就会堆满各种渔网具，成为影响嵛山人居环境的一个重要因素。据统计，全镇有各种网类 25000 多张，锚类 7000 多个，各类浮标、浮球 17000 多个。单单东角村就有渔网 10000 多张，锚 2000 个。因地形限制，建设渔网具堆放场的难度比较大。

交通条件

进出岛主要依靠渡船，目前有两个千吨级的陆岛交通码头，11 艘快艇，主要有两条航线，分别连通三沙古镇码头和碦门渔井码头，距离都是 5 海里，航行时间半小时，每天两个往返航班，旅游高峰期会增加班次。岛内公路总长度 30 千米，除东角村 2 千米的海防路达到 6 米外，其余道路宽度都在 4.5 米以下。共有营运车辆 29 台，到天湖景区及各村庄有固定班车，可保障岛民基本出行。

污染治理

嵛山平常每天产生垃圾 3.5 吨，旅游高峰期达到 8 吨。因海岛特殊的地理环境，生活垃圾处理存在较大难度，原先的处理方式是用垃圾焖烧炉进行焚烧，污染严重，居民反应强烈。2018 年，嵛山建成一座垃圾无害化处理站，共投资 192 万元，其中厂房建设 94 万元，设备采购 98 万元。除塑料、金属等可回收物外，其余垃圾分两种方式进行处理，厨余垃圾由有机处理设备进行微生物发酵，转化成有机肥料再利用，厨余垃圾经过微生物发酵后只剩下原来的 10%；可碳化垃圾由低温碳化设备进行低温碳化处理，产生剩余物是原来垃圾的 2% 左右。生活垃圾实现市场化经营管理，由福鼎小蚂蚁物业有限公司经招投标程序中标，负责嵛山镇垃圾分类资源化减量化处理项目运作，年承包金 96.3 万元。

海飘垃圾较多，尤其是台风天过后，澳口及码头垃圾成堆。东角村民尹丽蓉自发组织成立了环保志愿者队伍，定期捡海飘垃圾，目前志愿者人数达到50人。除此外，海飘垃圾的治理也是市场化运作。除东角村以外，其余4个行政村全部完成了改水改厕，铺有污水管网，建有简易生活污水处理设施。

其他基础配套

医疗卫生方面，有一所中心卫生院，医生6名（含支医人员），护士（含支医）4名，另有3名村医。教育方面，有1所中心小学，教师18名，在校学生76名（含幼儿），各村没有学校。电力方面，1991年铺设的一条10千伏的海底电缆，能基本保障电力供应，同时正在建设一条新的10千伏的海底电缆。自来水方面，集镇有自来水厂，各村有简易饮水设施，尚未实现全镇集中供水。移动、联通、电信、广电、邮政等服务全覆盖，金融服务有一家信用社营业厅。丧葬方面，有3个公墓，但因交通限制，老人过世无法火化，全部土葬。

总体来说，岛上的居住环境及基础设施配套可满足群众的基本生活需求，毕竟是海岛乡镇，生活不便的地方还是有砂。

社会治理

管理体制

嵛山为镇级建制，设有镇级党委政府，配有边防所、司法所、国土所等管理和服务机构；另外，天湖景区又属于太姥山风景名胜区的范畴，归太姥山风景名胜区管委会管理，设有嵛山景区管理所，运营由嵛山岛旅游公司负责。

2016年，我刚到嵛山时，嵛山镇干部的总体情况是老龄化比较严重，随着工作任务加重，用人上经常会存在捉襟见肘的情况。这几年陆续有新的年轻公务员、事业干部、大学生志愿者等补充进来，且流动性增强，干部精气神儿明显提升。

2018年6月，完成村两委换届选举后，"一肩挑"比例为40%。现有村两委成员22名（12名男，10名女），平均年龄为40.04岁，整体呈现老龄化现象。本科学历3人，专科学历6人，高中学历2人，初中学历11人，受教育程度较低。在2018年换届前，村干部老化现象更加严重，后备干部严重不足。

全镇有235个党员，50岁以上的党员将近一半，初中以下学历154人，占比达65%，党员年龄偏高，文化程度不高。外出党员50多个，给党员管理带来了难度。党员参加党组织活动的积极性和意愿不高。基于这种党员结构特点，嵛山岛的农村后备干部严重不足，甚至出现过个别村选不出支部书记的现象。党支部的战斗力和组织力亟待提高。

民风民俗

2018年，全镇户籍人口5600人，常住人口3000人。外出人口比例较高，外出原因主要是就业和就学，流向地主要是福鼎市区、太姥山镇、沙埕镇、龙安开发区，部分迁居浙江苍南等地。

20世纪90年代，海岛民风彪悍，帮派林立，打架斗殴现象时常发生，治安比较混乱。大约从2000年起，民风开始明显好转，近几年随着移风易俗活动的开展，打架斗殴偷盗等行为基本消失，酗酒、赌博等现象也逐步减少，群众闲暇时跳广场舞、看电视、打牌消遣。群众法治观念淡薄，随着旅游开发深入，经济更加活跃，不排除社会矛盾加深的可能。

嵛山居民迁居来此时间只有100多年，没有特别突出的民俗文化。集镇所在地马祖村，据说与妈祖信仰有关，至于与台湾的马祖有何关系，尚需进一步考证。姓氏较多较杂，有30多个姓，没有哪家宗族势力特别强大。居民的信仰比较复杂，全镇各类民间信仰场所28个（见下页表），有1座佛寺、1座道观、1个基督教堂。群众对迷信活动的参与感相较于其他活动来说更强烈，正常宗教信仰和迷信活动之间的界限难以界定，因此，有移风易俗工作的力度应加大。

嵛山镇要发展现代化的海洋休闲度假旅游产业，打造海岛生态旅游特色，未来的发展需要解决以下几个问题：

首先，海岛生态与经济建设之间如何找到平衡点。传统海洋渔业亟须转型，群众需要转产，旅游产业亟待提升。嵛山被划为国家海洋公园，全岛在一级生态红线范围内，限制了基础设施的提升，如何突破这个瓶颈，是下一步努力的方向。

其次，社会治理如何开展。虽然海岛居民比较质朴，但是整体文化水平不够高，信仰复杂，法治观念淡薄。海岛居民原始的质朴，能否经得起新时代、新经济形势的冲击，值得关注。针对嵛山复杂的信仰，如何占领农村思想阵地，必须下一番功夫。

再次，嵛山的旅游开发一定要围绕现代化进行，这并不是单纯的建设方面，而是要从现代化的生活理念、消费观念、产业模式、生态环保理念等多方面着力，建设一个海岛休闲度假的天堂，从而缔造一个新的传奇。

2018 年嵛山镇民间信仰活动场所情况表

序号	场所名称	所在地	供奉主神	始建年代
1	杨府爷宫	芦竹村山楼	杨府爷	2001 年
2	龙头镜	芦北路杨朝册旁边	丁周李杨	1972 年
3	巡洋元帅	小嵛山	巡洋元帅	2016 年
4	澳内宫	带鱼澳	林府王帅	清朝前
5	杨府爷宫	带鱼澳	杨府爷	
6	金澳宫	带鱼澳	金口大王	明朝前
7	奶娘妈宫	芦竹村后山	奶娘妈	1970 年
8	青河镜	芦竹村带鱼澳	青河镜	1970 年
9	四使爷宫	芦竹村蔡公澳	四使爷	2001 年
10	土地宫	芦竹村土地公头	土地公	2016 年
11	红河镜	芦竹村	赵大人	1917 年
12	妈祖宫	马祖大使澳东侧	妈祖娘娘	2001 年
13	大使爷宫	马祖大使澳沙滩头	大使爷公	1950 年
14	齐天大圣宫	马祖大坑里	齐天大圣	1997 年
15	小菜堂	马祖村电台岗路边	观音娘娘	1990 年
16	白马明王	鱼鸟村芒党自然村	白马明王	
17	林府大元帅	鱼鸟村芒党自然村	林府大帅	
18	杨府上圣	鱼鸟村芒党自然村	杨府上圣	
19	齐天大圣	鱼鸟村芒党自然村	齐天大圣	2000 年
20	青龙大观	鱼鸟后山	天龙神母	2002 年
21	四海龙王宫	鱼鸟村	四海龙王	
22	白马宫	鱼鸟村	白马爷	
23	太子宫	鱼鸟村内	太子	2001 年
24	陈府候王宫	东角村	陈府候王	1975 年
25	杨府爷宫	东角村	杨府上圣	1996 年
26	灶澳宫	灶澳村	五显灵官大帝	1999 年
27	妈祖宫	灶澳村	妈祖	2001 年
28	七爷宫	灶澳村	柯七爷	清末

神奇的福瑶列岛

马树霞

福瑶列岛位于福鼎市东南海域，与名山太姥遥遥相对，包括大嵛山、小嵛山、鸳鸯岛、银屿、鸟屿、大鸡笼、小鸡笼、娘子礁、观音礁、小羊鼓等 22 个岛礁，因大嵛山为最大岛屿，又称嵛山列岛，乡镇级建制，总面积 25.74 平方千米，海岸线总长63.39 千米。海域宽广，风光秀丽，土地肥沃，山海资源极为丰富。

嵛山岛为海洋性气候，冬季平均气温为 5℃，夏季平均气温为 25℃，冬暖，夏凉，风景秀美，四季如春。福瑶列岛最有特色的自然景观和有待开发的旅游资源是浩瀚大海、奇礁异石、大小天湖与大使沙洲。

浩瀚大海

去福瑶列岛，需乘游船在海洋上遨游约一个小时，这一个小时，不是给游人带来负担，而是让人们饱览海洋风光。当游船离开大陆，驶向海洋，大陆景观渐渐消失，

云雾中的诸岛（陈维新 摄）

迎面而来的是无边无际的茫茫大海，这时你会真正体会到大海的浩瀚、伟大和威力，她使你震惊、激奋、感动。不管多么自负的人，在大海面前都会感到渺小，从而涌上一种崇敬感，这就是你的第一感受。其次是海上日出、日落、风、晴、雨、雾、晨、昏，天光海色，千变万化，时而银雾蒙蒙，白浪滔滔；时而霞光灿烂，海天一色；时而蓝天蓝海，在蓝色的世界中听浪、听涛，蔚为壮观。假如你于早晨出海，可见到无数鱼儿在船头飞跃，曙光一抹，东方破晓，一轮红日带来万紫千红，点点渔舟帆影，你会联想到印象派名画《日出印象》。假如你夜间游海，无数鱼儿发出银绿色般的荧光在你船边穿梭游弋，渔火处处，星光点点，或一轮明月照射得海面万片银光，剪影似的岛、屿、礁石在你眼前推移，更使你感到大海的神秘莫测。

奇礁异石

乘坐游艇沿着 30 多千米的海岸线游览晴川湾、跳尾湾，礁石欲断欲连，有节奏地散落在海上，特别是嵛山岛东南面海岸，由于海潮的作用，岸边林立着千百座礁石，千姿百态，奇形怪状，船移景换，变幻莫测，有五叠石、海狮石、千层岩、金猴观日、海龟、海长城……有的张牙舞爪，有的狰狞如兽，有的威严如武士，有的似古堡，岩中机理多变，色彩丰富。这些是千万年海浪的杰作，学术上称为海蚀地貌，海浪时时拥吻着礁石，喷发出无数的浪花为它洗礼，继续精雕细镂，使其更加完美、壮丽。

游艇航海，穿礁顶浪而行，时急，时隐，险中观景，别有情趣。如果遇上大风大浪，游船只好顶浪而行，一起一伏，时而在浪尖，时而在浪下，时而浪高于船，左右是浪墙，船在浪谷行，使人惊心动魄，也许你还会在心中说不该来的。可一下风平浪静，你又感到脱险之快感。听浪、听涛，观礁、观岛，领略海洋风光。特别是嵛山岛上有许多羊群出现在悬崖峭壁，独立于危崖之上观海、观天，实在意趣盎然。

大小天湖

天湖在嵛山岛海拔 500 米的高山上，有大天湖、小天湖，湖水质优，味清甜，水清见底，游鱼可数，蓄水 200 万立方米，保持一定水位，终年不枯。游人到此，见到海托山，山托水，真是鬼斧神工，奥妙无穷。在这远离大陆的海岛上，有这么大的天然淡水湖，抚育着岛上万千生灵，实在神奇。据说很早很早以前，有一年大旱，岛上绝了淡水，农作物枯死，五谷绝收，百姓死了一大半。太姥娘娘看到这情景，降伏了乌龙岗与龙珠岗两头蛟龙，要蛟龙引水到嵛山岛，太姥娘娘将这二条蛟龙投入鸿雪洞

嵛山

丹井，蛟龙入井向下钻去，穿过海底，再从嵛山岛钻出，飞向太空。这样就将太姥娘娘炼丹井的泉水引向嵛山岛，泉水流到哪里，哪里的草就枯黄转绿，流过哪里哪里的农作物就返青复活，老百姓一喝泉水就除病消灾。从此，岛上就有二湖淡水，四季不枯，人们称这两个湖为天湖。而天湖四周的万亩草场，被誉为"南国天山"。这里的山、这里的湖岸，起伏弯曲，线条优美。草场广阔，草葱绿可爱，单纯的绿，在阳光下随风，起起伏伏，风吹草低见牛羊，给静静的天湖带来动感。天湖多海雾，云雾飘飘，又给天湖山带来神秘感。这里盛产茶叶，曰"云雾茶"，叶片厚、质优、色美、清香甘醇，闻名海内外。山上黑松成林，因海风的袭击，松枝曲干，造型古怪。还有红纪洞、古塞岩、天湖寺、天涯路等诸胜，可供游人观赏。

登上红纪洞山，望茫茫东海，七星岛排列于眼下，俯瞰鸳鸯岛与海角村在你脚下延伸，曲折起伏的礁、屿、岛是那么雄伟、神奇、壮观。在这里观海上日出，眼前没有任何阻挡，可见一轮红日从海面冉冉升起的奇景。

海岸礁石以粗犷、奔放见长，而天湖以和谐、柔和取胜。如果说海岸礁石以刚见长，具有男性美，那么天湖就是以柔取胜，具有女性美。

大使沙洲

在嵛山岛马祖村附近，有个大使澳，澳口有一片沙洲，是天然的海滨浴场。沙洲内侧与跳水涧相接，天湖从跳水涧蹦跳而下，流入大使澳，漫透沙洲，此处可设淡水池，供海沐之后冲水。这里沙如金，水如银，风推水，水推沙，塑造出无数的机理美，造出美的韵律，创出幅幅新图。由于潮汐、水流、风力的作用，每次退潮后，沙滩都留下不同纹理的堆沙，弯弯曲曲，沟沟坎坎，很是壮观。真是潮涨潮落，潮留新作。水将沙分割成梦幻的世界，游人在这梦幻的世界中沐浴、踏浪、听潮、抒情。人生能有几回游？你一定会被这美丽的沙洲迷住，被这光、彩、影、点、线、面吸引，会从内心里喊出："大使沙洲，你是艺术之洲！"

沿着跳水涧而上，有大使宫、明月潭、白莲飞瀑、白莲寺、仙人坡、大象岩、八音泉、蝴蝶岩、白鹿坑等胜景，美不胜收。

今天，神奇的福瑶列岛被列入太姥山风景名胜区总体规划中，迎着八方来客。

（本文摘编自 2004 年 6 月《福鼎文史——旅游特辑》第 23 辑）

马祖村简记

✎ 董其勇

　　马祖，因旧有妈祖庙，得名妈祖，后谐音成今名。它位于北纬 26° 57'、东经 120° 19'，在大嵛山岛西北部。东北连鱼鸟村，西南接芦竹村，背靠天湖山，面对里山湾，坐拥马祖澳，怀揽大使州。《嵛山诗》唱道："嵛山烽火三个屿，马祖锭位透京城。"说的就是马祖得天独厚的地理位置和优越的港口条件。马祖澳澳口呈新月形，南北长 1 千米，东西宽 0.3—0.5 千米，面积约 0.4 平方千米，海底地势由东向西倾，大部为潮间带，高潮水深约 2—6 米，底质由泥沙组成，是渔船商艘理想的停泊地。大使澳面积约 0.12 平方千米，岸线长 1.77 千米，水深 1.2—2.8 米，沙滩平缓，风小浪轻，是嵛山最大的避风港，渔船可避 12 级以下台风，成为嵛山岛海域条件最好的港口。马祖现为嵛山镇政府所在地。

大使澳沙滩（陈维新 摄）

马祖宋代属长溪县劝儒乡擢秀里。元为福宁州地。明洪武二年（1369），属福宁县；成化九年（1473），属福宁州劝儒乡擢秀里七都。清雍正十二年（1734），为福宁府霞浦县劝儒乡擢秀里七都辖地；清乾隆四年（1739），属福鼎县八都地。1914年，为福鼎县秦屿区嵛山乡所辖；1934年秋，属福鼎县第二区（秦屿）嵛山乡芦竹保辖地；1939年，日寇攻占嵛山岛，马祖沦为日伪组织"嵛山维持会"驻地；1945年夏，归入福鼎县硖门乡祖竹保；1946年夏，为嵛山乡芦竹保辖区；1947年，为硖门镇芦竹保辖地。1949年10月，嵛山解放，归福鼎县第二区硖门乡辖；1949年11月，属第三区（秦屿）大嵛山乡辖地；1952年，划为福鼎县第五区（秦屿）芦竹乡辖地。1955年1月，划归霞浦县海岛区辖；1956年，改属霞浦县三沙区，设马祖初级合作社；1959年，属三沙公社嵛山大队；1961年，复为三沙区辖地。1962年10月，划回福鼎县，为秦屿区嵛山乡辖地；1968年6月，设立嵛山人民公社马祖生产大队，辖马祖、大使澳、柴仔林、天湖4个自然村；1983年，设为福鼎县嵛山区公所马祖乡人民政府；1987年7月，设立嵛山乡马祖村民委员会；1992年11月，为嵛山镇马祖村民委员会，辖马祖、大使澳、柴仔林3个自然村，村委会住马祖。20世纪90年代末，柴仔林自然村村民陆续向中心村、岛外迁移，柴仔林成为嵛山边防所生产基地，无常住居民。至2022年，马祖村辖马祖、大使澳2个自然村，户籍人口146户、615人，常住人口约450人。居民通用闽南方言。

马祖因得天独厚的地理条件，历史上为多数嵛山主宰者所重。明永乐年间设的烽火寨，分船二枝，一泊官澳，一泊嵛山，官船停泊之地即马祖澳；嘉靖三十七年（1558），福宁参将黎鹏举派兵驻守嵛山，官兵驻地即为马祖；万历二十年（1592），朝廷设嵛山游，派参将驻守嵛山，参将驻所设在马祖。清嘉庆初年（1781），蔡牵海盗集团全盛时期，有大小战船99艘，船泊大使澳，驻马祖村，修建妈祖宫。清末民初，当局设"嵛山垦殖局"，以妈祖宫为主管居所，羁押犯人，在此垦荒。1925年，嵛山设立"嵛山垦殖公司"，办公住所也在妈祖宫。朱腾芬在嵛山苦心经营7年有余，嵛山岛经济、民生得到快速发展，马祖因此快速繁荣。1939年5月，日寇占嵛山，成立日伪组织"福建嵛山维持会"，设"闽浙边区和平救国军司令部"，两者驻地均设在马祖澳。因东南海域为日寇所控，嵛山岛驻有"乌军"超千人，以其有利的地理条件，为南北货物集散地，东自日本和中国台湾，北至天津、上海，物资源源涌进。此时马祖澳至大使澳沿途搭盖简陋商店、商行数百间，设有妓院、烟馆、赌场等场所，嵛山岛貌似繁荣，实则乌烟瘴气、浊流涌动。1946年夏，日本人岩田幸雄化名蔡得海，取得嵛山岛开发权，筹建"嵛山开发公司"在嵛山从事农渔商贸活动，驻地也设在马祖。1949年10月，嵛山解放，马祖一直为嵛山乡、人民公社、区公所、

双乳峰（陈维新 摄）

乡政府、镇政府驻地，是嵛山的政治、经济、文化和商贸中心。

　　马祖曾是传统渔业村，改革开放前，居民大部分从事渔业生产，有部分村民兼事农业产生。1982年，全大队有68户、326人；有耕地171亩，其中水田67亩；有机帆船1艘，小舢板6艘。到1989年，全村人口发展到123户、646人；有耕地270亩，其中水田70。村民主要从事以定置网为主的渔业捕捞，兼种植地瓜、蔬菜等农作物。村内民宅依山而建，多石头、砖木结构。1990年，政府投资拓宽改造集镇500米街道和渔业码头至村中广场1200米连接线，集镇形象有所改观。1991年，嵛山岛被福建省政府列为鼓励外商投资农业综合开发试验区，批准设立对台小额贸易点、对台劳务输出点、台轮停泊点，大批台轮停泊马祖港，马祖村内酒店、菜馆、旅店、卡拉OK厅、美容美发厅等服务业态发展迅速，各类服务设施达50多家。20世纪90年代，马祖还驻有水产站、粮站、供销社、运输社、中学、中心校、卫生院、税务所、供电所、边防所等机构。2005年，嵛山岛被评为"中国最美的十大海岛"之一，旅游业在嵛山异军突起，发展迅猛。马祖村旅游资源丰富，风景秀美，聚集了诸多胜景，有大使沙洲、白莲飞瀑、明月潭、仙人坡、大象石、八音泉等自然景观，有历史悠久的妈祖庙、大使宫、白莲寺等人文景观。马祖得天时地利，沿街两旁、码头路边，居民纷纷将居家改造成小旅馆，门店改成菜馆、商店；政府招商引资鼓励投资兴建、改造规模较大的旅馆酒店，马祖初步具备一定下的旅游接待能力，部分居民转产转业成为旅游服务业从业人员。2015 年，部分村民集资在大使澳沙滩前投资建设小木屋，改造旧发电站为旅馆，特色民宿在马祖开始兴起，并持续发展至今。2022 年，马祖村有常规小旅馆 9 家，床位 86 个；成规模酒店 3 家，接待床位 156 床；特色民宿 2 家，床位 22 床；菜馆、渔家乐 8 家，日均可接待游客量达 1000 人次；建成游客服务中心 1 座，面积 1200 平方米；办客运公司，

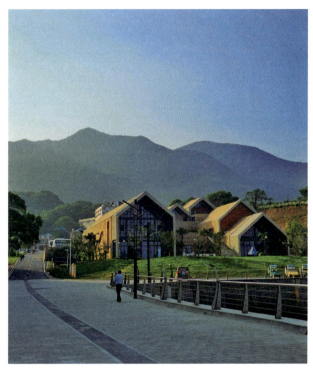

游客中心（陈维新 摄）

有旅游客运快艇 12 艘；建运输车队，通达全岛各村及天湖主景区，形成嵛山岛旅游集散中心。

嵛山经济社会发展进入快车道，马祖作为镇政府所在地，各项基础设施建设日益完善。1980 年以来，相继建成渔业码头、陆岛交通码头、旅游专用码头 3 座；开辟嵛山到沙埕、秦屿、渔井、三沙等多条航线，航行班船最多时超过 20 艘；建设马天公路、环岛公路，客运通达全岛各地、各景区；铺设海底电缆，实现与大陆电网联网；修建自来水厂，解决居民饮用水问题。2019 年以来，镇村投入 5000 多万元，先后完成村内饮用水管网改造、路灯亮化工程、雨污管网铺设、水渠水沟硬化、垃圾分类点、网具堆放点、休闲栈道等工程；建成嵛山一级渔港（马祖段）；改建游客码头至集镇、集镇至大使澳段柏油路；清理陈年垃圾、海漂，拆除村内临时搭建；统一集镇房屋立面装修，改装沿街、沿码头路段店牌店招；建设马祖特产一条街、福瑶商业步行街、嵛山文创综合体；修复大使澳防潮堤，建设福瑶文化微公园；建成临海栈道、观景平台，形成步游闭合圈；推进智慧体育公园规划，美丽乡村提升，促进乡村振兴。

2022 年，马祖村集体经济收入 36 万元，村民可支配收入 23000 元，年接待游客 18 万人次，旅游产业收入超亿元。

鱼鸟村述略

🖊董其勇

　　鱼鸟，因村澳口有一礁石，处于海流湍急处，成群海鸟在此处觅食捕鱼而得名；另有一说村里环境好，鱼儿满澳，引来许多鸟类在此栖息觅食，鱼多鸟多，故名鱼鸟。它位于北纬26°58'、东经120°20'，在大嵛山岛正北面，西南接大使澳与马祖村为邻，东南经芒垱与东角村相连，背靠尖山顶联通天湖山，面临里山湾远眺晴川湾。鱼鸟村扼嵛山岛中部，是海岛渔村往来的必经之地，地理位置十分重要。辖下芒垱自然村，有滩曰沙澳，金沙万顷，银卵千叠，形如弦月，人称月亮湾。

　　清乾隆四年（1739）前，鱼鸟村建置隶属同马祖等村，福鼎置县后属福鼎县八都地。1914年，为福鼎县秦屿区嵛山乡所辖；1934年秋，设福鼎县第二区（秦屿）嵛山乡鱼鸟保；1939年，日寇攻占嵛山岛，鱼鸟沦为日伪组织"嵛山维持会"辖区；1945年夏，嵛山岛收复，设福鼎县硖门乡鱼垱保；1946年夏，复为嵛山乡鱼鸟保；1947年，为硖门镇鱼鸟保，辖小鹿城、大鹿城、水流白、三湖、头湖、鱼鸟、芒垱等村。1949年10月，嵛山解放，归福鼎县第二区硖门乡辖；1949年11月，属第三区（秦屿）大嵛山乡辖地；1952年，福鼎县第五区（秦屿）所属的嵛山，分设东角、芦竹两个乡，鱼鸟、头湖、大坑内、小鹿城等自然村划入芦竹乡，芒垱、松柏脚等自然村划归东角乡。1955年1月，随嵛山岛划归霞浦县海岛区辖；1956年，改属霞浦县三沙区，设鱼鸟、芒垱两个初级合作社；1959年，属三沙公社嵛山大队；1961年，复为三沙区辖地。1962年10月，划回福鼎县，为秦屿区嵛山乡辖地；1968年6月，设立嵛山人民公社鱼鸟生产大队，辖鱼鸟、芒垱、头湖、松柏脚、水流白、大坑内、小鹿城7个自然村，其中小鹿城为公社砖瓦厂驻地；20世纪70年代末80年代初，头湖、大坑内、松柏脚等自然村村民陆续向鱼鸟、芒垱等村或岛外迁移，小鹿城砖瓦厂停产废弃，水流白则建起了道观，这些村庄再无常住居民。1983年，设立福鼎县嵛山区公所鱼鸟乡人民政府；1987年7月，设立嵛山乡鱼鸟村民委员会，辖鱼鸟、芒垱2个自然村；1992年11月，为嵛山镇鱼鸟村民委员会。至2022年，鱼鸟村下辖鱼鸟、芒垱2个自然村，辖区面积4.2平方千米，户籍人口265户、975人，其中，主村鱼鸟自然村202户、752人，芒垱自然村63户、223人。居民通用闽南方言，但鱼鸟村民讲的是

鱼鸟村俯瞰（陈维新 摄）

三沙腔调闽南语，芒垱村民则讲平阳腔调闽南语。

　　店下关盘《陈氏族谱》记载，南宋建炎元年（1127），宋室南迁，陈圣猎为避战乱，从福州长乐玉溪举家迁移到嵛山岛，择地关家澳（今嵛山镇鱼鸟村关岐）而居，玉溪陈氏在鱼鸟关岐繁衍5世，生活了150余年。宋元之变，海氛不靖，陈圣猎五世孙陈开三兄弟于宋祥兴元年（1278），大哥陈开外迁，迁居内地福宁州育仁里十三都关盘（今店下镇阮洋村关盘自然村）。为什么把迁居地称为关盘呢？《关盘陈氏宗谱》载："谓不忘关家澳之旧，并有取磐石之安，且砌石为堡，可以卫室家，亦古者为关意也。"这一支陈氏迁居内地后，家族繁盛，名人辈出，福鼎城关的阮洋陈，就出自这个支脉。清代中叶，福鼎阮洋陈氏有"阮洋十八坦"之称（十八个陈氏坦字辈皆有功名）。二哥陈旭迁居育仁里十二都澳腰（今沙埕镇澳腰村）。老三陈升迁居遥香里二十都东湾（今点头镇观洋村）。20世纪70年代，鱼鸟村在关岐一带开荒造田，曾挖出不少宋代铜钱和瓷器碎片；不少村民在改建房屋挖地基的时候，也挖出瓷器、铜钱等宋、明时期的古物。如此算来，鱼鸟村有人文历史已近千年，算得上是真正的千年古村。

　　鱼鸟位居嵛山岛中部，地理位置独特，奠定了它在嵛山的重要地位。鱼鸟临近马祖，村里的鼓鼻（现在称"阳关鼓"）是嵛山岛最北端。这里视野开阔，登临鼓鼻，东至台山七星、西至烽火洋门港，来往船只和海上活动状况尽收眼底，是瞭望观察的最好处所，明代在此设有烟墩。嵛山解放，部队撤防后，为加强海防力量，1962年，嵛山沿海的每个村庄都修建起民兵哨所，鱼鸟炮台就建在鼓鼻下方山岗上。当时的民兵哨所，每天有民兵站岗巡逻，还配备有枪支弹药，是个准军事组织。村民不分男女，适龄者都要参加民兵组织，平时参加生产队劳动，农（渔）闲时备战作训。这种民兵海防战备活动持续到1979年全国人大常委会发表《告台湾同胞书》后，至2005年沿海民兵海防哨所撤销才停止活动。目前，鱼鸟炮台成为嵛山3个保存比较完好的军事设施之一，见证了那段峥嵘岁月。

鱼鸟人历来有敢为人先的精气神。1955年，嵛山划归霞浦县管辖后，约在1957年，鱼鸟村经省水产厅叶泉生科长牵线，引进一个魏（音，下同）姓日本人来村投资开办织网厂，这在中华人民共和国建立后的嵛山是第一个外商投资项目。鱼鸟织网厂大部分用工是当地妇女，也聘请几位织网技师做技术指导，魏姓投资商任命鱼鸟人何爱玉为第一任厂长，织网厂生产网具的尼龙绳的货源由魏姓投资商组织采购，编织的网具质量上乘，大部分外销，也有部分销给岛内各村，曾经红极一时。后来因为形势变化，魏姓投资商撤走，但织网厂仍在鱼鸟，鱼鸟大队将织网厂收归集体所有，任命阮欢治为织网厂厂长，继续生产经营，直至"文化大革命"初期才停产。鱼鸟曾是传统渔业村，清末民初，内陆居民迁居岛内以来，大部分从事以定置网捕捞海产品为主的渔业生产，有专业技师和妇女则兼做织网、补网等行业，也有部分村民兼事农业产生。20世纪70年代，鱼鸟村建造了嵛山第一艘机帆船，载重10吨，安装一台20匹大连机，风靡一时。鱼鸟村子弟李敬平是嵛山"文革"前第一位考上大学的大学生。嵛山第一座政府投资建设的直立式码头也于1975年7月在鱼鸟建成投用。

1982年，鱼鸟全村185户、860人，辖鱼鸟、芒垱、松柏脚、头湖4个自然村，6个生产队。有耕地358亩，其中水田82亩。有机帆船11艘，小舢板12艘。村内设有水产购销站、供销社经营部、卫生所和1所完小校。到了1989年，鱼鸟村有人居住的自然村仅剩鱼鸟、芒垱2个，设村民小组4个，人口发展到276户，1188人（其中畲族230人），有耕地400亩，有各类渔船70多艘。一段时期以来，由于近内海渔业资源日益枯竭，渔民使用渔业生产工具和捕捞技术落后，产业结构单一，生产成本高，捕捞效益低下，增收门路单一等主客观原因，鱼鸟成为嵛山镇贫困面比较集中的建制村。近几年，在脱贫攻坚、乡村振兴强有力的政策支持下，鱼鸟村全面融入嵛山岛全域旅游大局，村两委发动群众，创办农民专业合作社，开发山海资源，美村容，靓村貌，修民宿，造景点，一跃成为嵛山镇旅游业态最丰富、旅游效益最明显、村民转产转业最成功的金牌旅游村。

鱼鸟有嵊山岛最具特色的海岛民居——石头房子。在福建、浙江的沿海和海岛地区，石头房子并不鲜见，用粉红色花岗岩、红砖和红瓦砌成的房子，我们称之为"闽南红房"。嵊山的石屋在流派上仍然属于闽南石屋，但多了一些江南民居风韵。这种一层用灰色花岗岩块石浆砌，二层用黑色条砖，屋顶盖灰瓦，低楼小窗的房子，为嵊山所特有，尤以鱼鸟村的石屋最为整齐、漂亮。走近村内见家家门墙洁净，阶石清幽，四旁花台拱卫，清新雅洁，是摄影爱好者的最爱，也是户外写生的绝佳外景地，鱼鸟因此成为嵊山一个网红打卡地。

鱼鸟村的网红打卡点，不只石头房子，"鱼鸟客栈"也是。2016年，叠石乡青年沐沐，将嵊山岛鱼鸟村一座因台风废弃的民房改造成鱼鸟客栈，保留了原始的海岛石房、青砖黛瓦。游客在这里不仅可以净心地在书吧阅读，还可以欣赏他创作的海漂艺术品，享受海岛的静好时光。

其实，鱼鸟村最让人津津乐道的是阳关鼓。阳光鼓位于鱼鸟村东北面的一座小山上，因为山形似鼓，清晨阳光最先撒落，日暮晚霞最后隐归，故名阳关鼓。游客朋友在这里，晨看东海日出、星岛错落、渔帆点点，暮迎彩霞满天、落日余晖、波光粼粼。草坪上，石鼓旁，游人穿梭，热闹非凡。新建的星宿旅店，由十二星座管屋组成，临崖而建，设计精巧，令人流连。日暮时分，村内灯光依次点亮，石屋内的渔家灯火，码头上的星星渔火，在点点繁星映衬下，鱼鸟更加妩媚动人。

2022年，全村有耕地面积800多亩，大部分为园地，少有水田；林地面积1000多亩；有大小船只75艘。目前的常住人口中，从事渔业生产的已为数不多，从事旅游及其相关行业的占大多数。全年村集体经济收入28万元，村民可支配收入24800元，年接待游客8万人次，旅游相关产业收入超亿元。

东角村简述

🌿董其勇

　　东角，位于北纬 26° 57'、东经 120° 21'，因坐落于嵛山岛东部一角，故名。东临大海眺七星列岛，东南经桌澳与灶澳村相连，西北至芒垱与东角村相邻，西逾东角山邻近天湖。辖区面积约 4.7 平方千米。东角曾经是嵛山岛人口最多的建制村，渔业生产、商品贸易、海上运输等居嵛山前茅，是嵛山曾经的经济强村。

　　东角宋代属长溪县劝儒乡擢秀里。元、明时期累属福宁州、福宁州劝儒乡擢秀里七都地。清雍正十二年（1734），为福宁府霞浦县劝儒乡擢秀里七都辖地。清乾隆四年（1739），福鼎置县，属福鼎县八都。1914 年，为福鼎县秦屿区嵛山乡所辖；1934 年秋，设福鼎县第二区（秦屿）嵛山乡东角保；1939 年，嵛山沦陷，东角落入日伪组织"嵛山维持会"辖区；1945 年夏，嵛山岛收复，设福鼎县硖门乡东灶保；1946 年夏，复为嵛山乡东角保；1947 年，为硖门镇东角保，辖东角、里湾、鸳鸯山等村。

　　1949 年 10 月，嵛山解放，东角归福鼎县第二区硖门乡辖；1949 年 11 月，属第三区（秦屿）大嵛山乡辖地；1952 年，设福鼎县第五区（秦屿）东角乡，辖东角、芒垱、

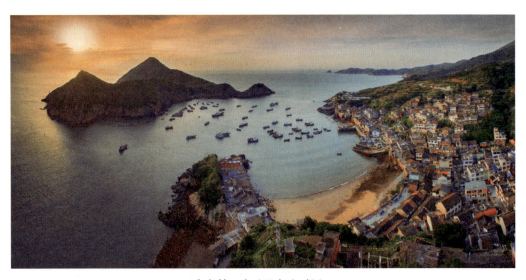

东角村日出（冯木波　摄）

松柏脚、桌澳、火广澳、灶澳、南风湖、牛栏仔等村。1955 年 1 月，随嵛山岛划归霞浦县海岛区辖；1956 年，改属霞浦县三沙区，设东角高级社；1959 年，属三沙公社嵛山大队；1961 年，复为三沙区辖地。1962 年 10 月，划回福鼎县，为秦屿区嵛山乡辖地；1968 年 6 月，设立嵛山人民公社东角生产大队，辖东角、桌澳、火广澳、里湾 4 个自然村；20 世纪 70 年代末 80 年代初，火广澳、里湾等自然村村民陆续向东角中心村或岛外迁移，上述村庄再无常住居民。1983 年，设立福鼎县嵛山区公所东角乡人民政府；1987 年 7 月，设立嵛山乡东角村民委员会，辖东角、桌澳 2 个自

东角渔村一角（陈维新 摄）

然村；1990 年前后，桌澳村大部分搬迁到东角中心村；1992 年 11 月，为嵛山镇东角村民委员会。至 2022 年，东角村民全部在中心村聚居，户籍人口 475 户、1650 人，常住人口约 680 人。居民通用闽南方言。

北宋初期，邱一引于至道三年（997）迁居嵛山，至其后裔邱择岐因避沿海战乱，于祥兴元年年（1278）复迁回内地，定居福宁州八都塘后岐里，后裔邱日旺于嘉靖年间再迁八都邱厝里（今属硖门乡瑞云村）。据《邱氏族谱》载："五世祖一引公始居嵛山，妣林氏，生子大行，仁宗朝景祐丙子科（1236）举人，任福州长乐县儒学正堂，妣谢氏，生兆文公，墓葬嵛山东角上弯，坐卯向西。"由此可证，东角村史已有千年。元明清时期，东角与嵛山其他各村一样，大部分时间是作为国家的海防重地，派兵驻守的海岛村落。

据东角村林氏、朱氏、杨氏、陈氏、董氏各姓家谱记载，该村居民有从闽南、莆田湄洲岛迁入，有从浙江平阳县（今苍南县）迁入，有从福鼎管阳、点头、店下迁入。1926 年，朱腾芬先生在嵛山设立"嵛山垦殖公司"的时候，从老家管阳、点头招收民工数百人，这些人有相当于一部分住在东角、芦竹等村，现在嵛山东角、

芦竹的朱姓岛民其祖上大致是这个时期移居嵛山并定居下来的。东角村民也有一部分是 1948 年前后大刀会作乱嵛山的时候带来会众的后裔。当时，一部分大刀会会众获得自新留住嵛山，分散各村，以东角居多。

1949 年 10 月，嵛山解放。东角已然是嵛山大村，人口超千人。1952 年，东角设乡，辖区面积进一步扩大；1955 年嵛山划归霞浦管辖，东角、芦竹因为原是乡级建制，因而在搞合作化运动的时候，东角和芦竹都设立高级社，其他村只设初级社。1958 年由东角、芦竹两村 9 艘木帆船 37 人合作，组建成立嵛山运输小组，这在当年相当了不得。但是，就在当年，船队遭受强台风袭击，有 4 艘船沉没，职工死亡 7 人，经济损失 5 万余元，震惊岛内外。

1982 年，东角全村 235 户、1151 人，辖东角、桌澳、火广澳、里湾 4 个自然村，8 个生产队。有耕地 290 亩，其中水田 82 亩。有机帆船 18 艘，小舢板 27 艘。村内设有水产购销站、供销社经营部、卫生所，有 1 所完小校并附设初中班，在校学生超过 200 人。到了 1989 年，东角村有人居住的自然村仅剩东角、桌澳 2 个，设村民小组 4 个，人口发展到 316 户、1331 人，有耕地 340 亩，各类渔船 86 艘。

东角村民宅多为砖混结构，少量砖木和石板房，基本在 1990—2000 年间建设。2018 年 6 月，东角村将一处原先废弃的鱼露仓库改造为乡村振兴大礼堂，该项目由当地政府和清华大学师生团队历经 9 个月建成，于 2019 年 3 月 24 日启用，是清华大学首个正式启用的运用社会实践助力乡村振兴的基层工作站。

东角是个自然风光优美的海岛渔村，鸳鸯岛横亘村前，与东角澳形成一个天然港湾。鸳鸯岛上的千层岩、金猴望日景点极其壮观。港内渔舟点点，渔灯闪烁，与澳上民居灯光交相辉映，是嵛山夜景最为梦幻渔港景观。2017 年，镇政府在东角岗上投资修建了一个 360 度玻璃观景平台，既可俯瞰东角湾全景，亦可在此拍摄日出日落，成为嵛山新晋网红打卡点。2020 年，清华大学和嵛山镇在原里湾东角小学校址上修建清华大学乡村工作站，一期已经完工投用。嵛山、清华大学、福建天湖茶业三方合作，投资新建的清嵛书院，也进入软装收官阶段，不久将对外营业。东角村的旅游开发事业可谓风生水起。2022 年，东角被福建省评为省级金牌旅游村，村集体经济收入 38 万元，农民人均可支配收入 26000 元，年接待游客 10 万人次。

灶澳村简况

王可信

灶澳，因该村澳口下有两块大礁石形如灶台，故名灶澳。它位于嵛山镇东南方向，东临大海，西靠天湖山，北连东角村，南与芦竹村接壤，距集镇12千米，距天湖景区3千米，村域面积4.2平方千米。灶澳，宋代属长溪县劝儒乡擢秀里。元、明累属福宁州、福宁州劝儒乡擢秀里七都。清雍正十二年（1734），为福宁府霞浦县劝儒乡擢秀里七都辖地。清乾隆四年（1739），福鼎置县，属福鼎县八都地。1914年，为福鼎县秦屿区嵛山乡所辖；1934年秋，设福鼎县第二区（秦屿）嵛山乡灶澳保；1937年，落入日伪组织"嵛山维持会"辖区；1945年夏，设福鼎县硖门乡东灶保；1946年夏，复为嵛山乡灶澳保；1947年，为硖门镇灶澳保，辖水庸澳、顶湾、南峰

灶澳村（陈维新 摄）

河、牛栏仔、倒澳、下灶澳、上灶澳等自然村。1949年10月，嵛山解放，归福鼎县第二区硖门乡辖；1949年11月，为第三区（秦屿）大嵛山乡辖地；1952年，属福鼎县第五区（秦屿）东角乡。1955年1月，随嵛山岛划归霞浦县海岛区辖；1956年，改属霞浦县三沙区，设灶澳初级合作社；1959年，属三沙公社嵛山大队；1961年，复为三沙区辖地。1962年10月，划回福鼎县，为秦屿区嵛山乡辖地；1968年6月，设立嵛山人民公社灶澳生产大队，辖灶澳、南风湖、牛栏仔、洋鼓尾4个自然村；1983年，设立福鼎县嵛山区公所灶澳乡人民政府；1987年7月，设立嵛山乡灶澳村民委员会；1992年11月，为嵛山镇灶澳村民委员会，辖灶澳1个自然村。居民通用闽南方言。

2022年，全村户籍人口115户、433人，85%村民从事渔业生产，拥有渔船45艘。该村原来还下辖南风湖、牛栏仔2个自然村。南风湖因其坐卧个面朝东南的山窝，夏天吹南风而得名。1977年，分上下两排统一规划建设民房。1984年，该自然村有15户、80余人。1990年前后，南风湖村民逐步搬迁合并至灶澳中心村或东角村。2018年南风湖被外地商户改建成特色民宿，成为嵛山独具特色的网红民宿。牛兰仔原有吴、卢、章等4户人家，因为征为嵛山天湖电站站址，1978年2月迁移到400米外的南风湖自然村。1990年前后，村民随南风湖自然村搬迁至灶澳或东角村。

灶澳村是革命老区，1942年至嵛山解放期间是浙闽边区委开展"保存实力，隐蔽精干"的后方，主要负责人是后来任福鼎县副县长的林乃珍，他以当鱼工为掩护，开展引导、解救革命同志等工作。后在嵛山岛设防，逐步驻扎到嵛山岛海防前沿——洋鼓尾，建成完备的军事战备基础设施。人民公社化期间，灶澳大队民兵营是嵛山公社的一面红旗，在洋鼓尾驻军的指导下，军事素质各项指标非常突出，常代表嵛山公社到福鼎县参加军事比武。驻军于1970年春夏之交撤防。之后，为保障嵛山海防前线海防安全，全岛基干民兵轮换入驻洋鼓尾部队驻地，担负周边海域海防值班。1971年间，有1个排的海军守备部队奉命进驻洋鼓尾，不久撤防。1972年，上级武装部开始在全岛建设民兵夜间站岗值班炮台，由于灶澳地处海防前沿，炮台建设要求高，成为全岛最高等级炮台。部队撤防留下完整的营房等战备基础设施，现保留有战壕、哨所、防空洞等军工设施，地下还有错综复杂的防空隧道，是体验军旅生涯的绝佳场所。

灶澳村具有闽浙沿海海岛特有的建筑风格，民房错落有致，村容整洁，环境优美，适宜休闲度假。村内基础设施日臻完善，有三级渔港码头1座，全村实现了"五通"（通水泥公路、通电、通电话、通有线电视、通自来水）。灶澳村是嵛山岛海洋鱼类和礁岩贝类最丰富的一个渔村，主要盛产鲈鱼、鲳鱼、虾皮、丁香鱼、红虾等经济类海产品，每年春天，黄瓜鱼、目鱼都在此产卵繁殖。村民主要以海上捕捞为经济来源，少量种植地瓜等农作物。2014 年夏天，灶澳村一回乡创业青年利用网络推广嵛山岛渔村旅游，引领嵛山岛渔村旅游发展。村中有民宿、旅馆等旅游设施 3 处，日接待游客能力超百人。2022 年，灶澳村集体经济收入 19 万元，农民人均可支配收入 24800 元，年接待游客量超 8 万人。

芦竹村概况

董其勇

　　芦竹，因村内溪流两侧曾经生长如竹林般旺盛的芦竹而得名。村前有良港，称芦竹港。它位于北纬 26°56'、东经 120°19'，在嵛山岛西南方，东越山至小天湖，西经海至小嵛山隔洋门港与霞浦三沙烽火岛临海相望，南经带鱼澳与灶澳村相邻于田澳，北过土澳与马祖村接壤于嵛山边防所边上山沟。

　　清乾隆四年（1739）属福鼎县八都地。1914 年，为福鼎县秦屿区嵛山乡所辖；1934 年秋，设福鼎县第二区（秦屿）嵛山乡芦竹保；1939 年，日寇攻占嵛山岛，芦竹落入日伪组织"嵛山维持会"辖区；1945 年夏，嵛山岛收复，设福鼎县硖门乡祖竹保；1946 年夏，复为嵛山乡芦竹保；1947 年，设硖门镇芦竹、山寮两个保，芦竹保辖芦竹、马祖、人使澳等村，山寮保辖望船岭头、带鱼澳、竹子坑、山寮、柴仔林、大坑里等村。1949 年 10 月，嵛山解放，归福鼎县第二区硖门乡辖；1949 年 11 月，属第三区（秦屿）大嵛山乡辖地；1952 年，设福鼎县第五区（秦屿）芦竹乡，辖鱼鸟、马祖、芦竹、

芦竹村航拍（谢闽东 摄）

山楼、带鱼澳等村。1955年1月，随嵛山岛划归霞浦县海岛区辖；1956年，改属霞浦县三沙区，设芦竹高级社、带鱼澳初级社；1959年，属三沙公社嵛山大队；1961年，复为三沙区辖地。1962年10月，划回福鼎县，为秦屿区嵛山乡辖地；1968年6月，设立嵛山人民公社芦竹、带鱼澳两个生产大队，芦竹大队辖芦竹、山楼、土澳、蔡公澳、将军澳、上湖、下湖7个自然村，带鱼澳大队辖带鱼澳、竹子坑、小天湖3个自然村；20世纪70年代末80年代初，小嵛山内的蔡公澳、将军澳、上湖、下湖等自然村村民陆续向芦竹或岛外迁移，上述村庄再无常住居民。1983年，设立福鼎县嵛山区公所芦竹乡人民政府，原带鱼澳大队并入芦竹乡，辖芦竹、带鱼澳、山楼等村；1987年7月，设立嵛山乡芦竹村民委员会，辖芦竹、带鱼澳、山楼、土澳、竹子坑5个自然村；从20世纪80年代开始，带鱼澳、山楼、土澳、竹子坑的居民陆续向芦竹或岛外迁移；1992年11月，为嵛山镇芦竹村民委员会，村委会驻芦竹村芦中路10-2号。至2022年，芦竹村辖区面积9.81平方千米，居民全部集中在主村芦竹，设3个村民小组，户籍人口469户、1443人，常住人口800多人。居民通用闽南方言。

芦竹全村有耕地面积698.26亩，其中基本农田213.4亩；有林地10804亩。芦竹港前有小嵛山作为屏障，小嵛山面向芦竹方向有多个天然的澳口，澳内有大片的滩涂，盛产贝类、紫菜、海带等海生生物。渔业生产是村主导产业，全村现有大小船只91艘，村民主要以捕捞和海上养殖为经济来源，多数村民从事海洋捕捞，生产虾皮、红虾、丁香鱼、虾姑等经济类海产品。海湾上、澳口边有深水生态大网箱158口，养殖大黄鱼、鲈鱼、鲵鱼等水产品。村内有1家海产品加工厂，加工紫菜、虾皮。

芦竹村位于嵛山岛西南端，拥有最佳的观日落点，借此特点芦竹村将沿海打造为日落酒店及渔人餐厅。芦竹村以"一心、一轴、三区"的结构进行规划，打造"碧海长天、滨水风情、乐享生活"的形象，建设成为融合优美环境和特色风情的乡村，成为休闲度假的好地方。

2013年，芦竹村被列为福鼎市新农村建设示范村；2016—2018年度获福鼎市文明村称号。2022年，芦竹村村财收入77.5万元，农民年均可支配收入27880元，年接待游客超5万人次。

带鱼澳忆旧

🖋 郑修喜　董其勇

　　带鱼澳因附近海域盛产带鱼而得名，位于北纬26°55'、东经120°20'，居嵛山岛正南面，西北距芦竹主村3.15千米，背靠天鹅山，隔海面对银屿岛，东南接天澳岗与灶澳村为邻。

　　宋、元、明和清代前期，带鱼澳历属长溪县劝儒乡、福宁州劝儒乡擢秀里、福宁府霞浦县劝儒乡擢秀里七都辖地。清乾隆四年（1739），福鼎置县，属福鼎县八都地。1914年，为福鼎县秦屿区嵛山乡所辖；1934年秋，属福鼎县第二区（秦屿）嵛山乡芦竹保；1939年，日寇占嵛山，沦为日伪组织"嵛山维持会"辖区；1945年夏，为福鼎县硖门乡祖竹保辖地；1946年夏，复为嵛山乡芦竹保辖区；1947年，为硖门镇山寮保辖地。1949年10月，嵛山解放，归福鼎县第二区硖门乡辖；1949年11月，为第三区（秦屿）大嵛山乡辖地。1952年，设福鼎县第五区（秦屿）芦竹乡带鱼澳村。1955年1月，随嵛山岛划归霞浦县海岛区辖；1956年，改属霞浦县三沙区，设带鱼澳初级合作社；1959年，属三沙公社嵛山大队；1961年，复为三沙区辖地。1962年10月，划回福鼎县，为秦屿区嵛山乡辖地；1968年6月，设立嵛山人民公社带鱼澳生产大队，辖带鱼澳、竹子坑、小天湖3个自然村，有农业、渔业、竹仔坑3个生产队；1983年，带鱼澳为福鼎县嵛山区公所芦竹乡人民政府辖村；1987年7月，设立嵛山乡芦竹村民委员会，带鱼澳村撤销，并入芦竹村。1992年11月，为嵛山镇芦竹村辖区。

　　带鱼澳设保、建村、设大队时期，曾辖带鱼澳、竹仔坑、小天湖3个自然村，面积约5.5平方千米。有耕地面积202亩，其中水田48亩，约有松林面积150亩。村民以农为主，生产水稻、甘薯的等粮食作物；以渔为辅，有舢板船8艘，其中带鱼澳6艘、竹仔坑2艘。早期渔船是小舢板，靠摇橹出海打鱼，主要进行季节性拖目鱼、小围缯、定置网生产。1970年，开始有一艘木帆船。1973年，建造一艘80匹马力的机动渔船，村民开始闯浙江大陈岛、南北麂渔场和闽东台山岛渔场搞渔业生产。当时，渔业生产主要渔具是定置网，定桩的根脚用篾包稻草。1978年，带鱼澳实行联产承包责任制后，农业粮食大丰收，群众新造12—20匹马力渔船6艘，搞定置网生产，网具用塑料和乙烯编织成。

带鱼澳夫妻树（陈维新 摄）

　　带鱼澳村内有一片橘林，面积虽只有 20 余亩，仅有橘子树（福橘）上百株，却是嵊山当时规模最大的水果基地。每到初冬，橘子成熟采摘时节，树上红彤彤挂满一片，很是好看，嵊山岛上居民纷至沓来购买橘子。这数日，便成为带鱼澳村每年最热闹的时光，人们往往在这个时节宴请宾朋，顺带捎几斤橘子让亲朋好友带回家。

　　早年，带鱼澳建有 1 座大队部，为大队办公场所。建有 1 座农村学校，开办一至四年级复式班，最多的时候有学生 20 多人。创办 1 所乡村合作医疗站，有赤脚医生 1 人。1965 年，全村只有 7 户人家住瓦房，其余都住茅草房，点煤油灯。1975 年后，全村开展新农村建设，把原来茅草房改建成瓦房。1981 年，开始用上电灯。村庄下方海岛突出部，建有民兵哨所 1 座，村里的民兵每天在此站岗放哨，唱歌搞娱乐活动。带鱼澳的山顶有个小天湖，原先是个自然湖泊。1970—1972 年，带鱼澳人民自力更生，开山凿洞，当时没有机械，靠一锤一钎掘进 70 多米山洞，把小天湖建成储蓄量 60 万立方米的小水库，将清水引到带鱼澳村，供村民饮用、灌溉田地。带鱼澳半山腰建有 5 间石头羊棚，有一大片美丽的草场，有户人家几代人在这里放羊。带鱼澳曾建宫庙 3 座，其中建于明代的金澳宫，供奉金口大王；建于清代的澳内宫，供奉林府元帅；建于清末的杨府爷宫，供奉杨府圣王。

1982 年，带鱼澳村有村民 58 户、302 人。1987 年，嵊山区改乡，带鱼澳大队被撤销，并入芦竹村，带鱼澳成为自然村。1989 年，带鱼澳、竹子坑两个自然村仍有居民 53 户、200 余人，村民改以渔业为主、农业为辅。由于机构体制的变化，加上带鱼澳澳口不便停船等原因，从 20 世纪 80 年代末开始，带鱼澳、竹子坑的居民陆续向芦竹、东角、马祖等村或岛外迁移。至 2000 年前后，带鱼澳、竹子坑村民几乎全部迁徙他乡，两村无村民居住，成为废村。2012 年，嵊山镇开展旧村复垦，带鱼澳、竹仔坑两个自然村的宅基地全部复垦为耕地，带鱼澳村再无民房、居民。2022 年，有原带鱼澳村民兄弟俩，在此搭个简易房上山牧羊。

带鱼澳村虽再无人居住，但是他的海岸线沿岸风光秀丽，海蚀地貌突出，是嵊山海岸线上海蚀景观最为集中、最为神妙、最为靓丽的岸段，有五叠石、官厅、石厝、石阜头等美丽景观景点。嵊山有句民谣："带鱼游水好街市，阜头出在洋船壤。"随着嵊山环岛公路的开通，海岛全域旅游的深入推进，带鱼澳必将华丽转身，以不同以往的新姿，再次呈现在人们面前。

芒垱纪略

✍ 董其勇

芒垱，位于北纬 26° 55'、东经 120° 20'，居嵛山岛南部正中，东距东角村 1.5 千米，西至主村鱼鸟 2.5 千米，背靠尖山顶，隔海面对日屿岛，村域面积约 1.8 平方千米。旧时因五节芒繁衍成荡，得名"芒荡"，闽南话谐音演化成今名。如今，芒垱有一个更响亮的名字叫"月亮湾"。站在村东西两边的山岗上俯瞰芒垱，两条山脉徐徐入海，成环抱状，月牙形的沙滩、石滩镶嵌在岸边，环抱中的港湾如一轮蓝月跌入大海，这应该是最像"月亮"的月亮湾了！

宋、元、明和清代前期，芒垱历属长溪县劝儒乡、福宁州劝儒乡擢秀里、福宁府霞浦县劝儒乡擢秀里七都辖地。清乾隆四年（1739），福鼎置县后，为福鼎八都辖地。1914 年，归福鼎县秦屿区嵛山乡所辖；1934 年秋，属福鼎县嵛山乡鱼鸟保；1939 年，沦为日伪组织"嵛山维持会"辖地；1945 年夏，属福鼎县硖门乡鱼垱保；1946 年夏，改属嵛山乡鱼鸟保；1947 年，为硖门镇鱼鸟保属地。1949 年 10 月，嵛山解放，归福鼎县第二区硖门乡辖；1949 年 11 月，属第三区（秦屿）大嵛山乡辖地；1952 年，嵛山分设东角、芦竹两个乡，芒垱划归东角乡管辖。1955 年 1 月，随嵛山岛划归霞浦县海岛区辖；1956 年，改属霞浦县三沙区，设芒垱初级合作社；1959 年，属三沙公社嵛山大队；1961 年，复为三沙区辖地。1962 年 10 月，划回福鼎县，为秦屿区嵛山乡辖地；1968 年 6 月，曾设嵛山人民公社芒垱生产大队；1969 年，为鱼鸟大队辖并，设渔业、农业两个生产队。20 世纪 80 年代中期，尖山顶、顶寮、内寮、外寮、中岗、松柏脚等居住点村民陆续迁移到芒垱主村，上述居住点荒废。1983 年，为嵛山区公所鱼鸟乡人民政府所属；1987 年 7 月，鱼鸟村民委员会设立，芒垱属之。此后，一直为鱼鸟村辖区。居民通用闽南方言。

芒垱地域开阔，是嵛山岛所有沿岸澳口中地势最为平缓，腹地最大的一个海岛渔村。宋代以降继有民众居住，早年村民在修建房屋，开荒造地时，曾经挖到不少宋明时期的瓷器、铜钱。我们小时候在村内挖土坑戏耍时，也常常挖到外形图案精美的青花瓷片。现在居民的祖辈则大部分是民国时期从内陆的硖门、秦屿、浙江平阳（今苍南）灵溪、马站等地陆续搬迁而来。1956 年，芒垱成立初级社时，有人口近 300 人；1968 年，芒

月亮湾全景图（嵛山镇 供图）

垱设立大队，人口曾超过 70 户、300 多人。1982 年，芒垱有居民 62 户、271 人，散居在内寮、外寮、中岗、松柏脚、寮基内、垱中、刘厝里、岗子头、三叉路、澳里等居民点内。1989 年，芒垱有居民 70 户、265 人，村民大部分聚居在芒垱主村。有畲族人口 53 人，丁姓回族人口 26 人，少数民族人口占村民总数的三分之一，是嵛山唯一一个少数民族聚居村。芒垱村子虽小，但姓氏构成复杂。据不完全统计，全村 60 余户就有张、林、李、刘、杨、叶、董、池、陈、吴、丁、雷、黄、欧阳等 10 多个姓氏。

历史上，芒垱曾是一个以渔为主、以农为辅、渔农兼营的海岛渔村。全村有耕地面积 111 亩，其中水田 18 亩；有林地面积近 800 亩，主要林业品种为松树、杉木、樟树等。改革开放前，村内有机帆船 1 艘、小舢板 7 艘，主要从事定置网作业。渔船基本上在近岛澳口从事定置网作业，捕捞小杂鱼、虾蟹类海产品。1971—1978 年，秋冬两季，村里渔业队的机帆船随公社渔业转场指挥部到浙江大阵岛、北麂岛、南麂岛、石浦、沈家门和闽东的台山岛、北霜岛渔场转场生产。农业队则以种植地瓜为主，由于水田稀少，水稻种植面积不大，粮食不能自给自足，村内大多数渔民靠渔销粮票、回销粮证到东角粮站籴米过日子。1979 年开始，实行承包责任制，农业队、渔业队先是成立互助组，进行小范围合作生产。1982 年，全面推行家庭联产承包责任制后，村内土地、林地，渔船、网具承包到户，家家户户各自单干。此后，大部分村民从事渔业生产，山上园地少有耕作，渐次摞荒。渔业则逐年发展。1998年，全村渔船发展到16艘，其中，80匹马力以上渔船有4艘。2014年1月，芒垱村民成立福鼎市嵛山蔓丹农业专业合作社，村内的所有土地、林地流转到合作社统一经营管理。2022年，芒垱有林地800多亩，其中海良姜基地面积260亩，苗木花卉面积80亩，有桃、枇杷、杨梅、桑葚等果园面积60亩。村民拥有渔船13艘，均为120匹马力以上船只，使用轻网、鳗苗网等渔具，捕捞毛虾、鳗苗、虾姑等海产品。

芒垱村民历来重视教育。1951年秋，芒垱就办起民办初小和扫盲班，成为中华人民共和国成立后嵛山第一批办学的自然村。村校设在部队留下的营房内，村民称之为"瓦厝里"，开办一至三年级复式班，招收适龄儿童入学。学生读至三年级后，到3里外的东角小学继续求学。村小只有一个教师，白天教学生读书，夜间办扫盲班，教青少年男女认字。20世纪60年代后期，适龄儿童增加，芒垱村小最多的时候有学生30多人。1998年，芒垱村小尚有在校学生22名。后来，小孩随父母出岛求学，家人随之陪护，因而生源骤减。2000年，芒垱村校停办。

芒垱村校规模虽小，师资力量也弱，但村民擅于用榜样激励孩子成长，入校学童也励志求学，常常以取得优异成绩的大哥哥、大姐姐为榜样，发奋读书。曾经有一段相当长的时间，嵛山高考、中考成绩位列前茅的都是芒垱学子。从这个不足100平方米的渔村小校中，走出了嵛山第一个博士、第一位嵛山籍嵛山学区校长、嵛山籍《福鼎市志》和《福鼎年鉴》主编。据不完全统计，至2022年，芒垱有大专以上学历人才70多名，几乎每家每户都有一名以上大学生；在行政、事业、国企就职人员超20人，成为嵛山名副其实的"状元村""人才窝"。

芒垱因人口不多，居住相对集中，邻里之间关系密切，村庄祥和，民风淳朴，和谐相安。"路不拾遗，夜不闭户"是芒垱村的常态，成为嵛山和谐邻里的典范。受传统道德思想影响，芒垱村民历来遵纪守法、守土敬业、热情好客。改革开放以后，涌现出了一批先模人物，如全国优秀教师丁振清、享受国务院特殊津贴人物杨为城、中国好人榜爱岗敬业好人丁国龙、全国食用菌先进工作者董其勇等。

月亮湾风姿秀丽，资源丰富。村东高尖隔与村西狮头山状若雌雄二狮，海湾中的娘子礁似一绣球，成双师抢球之势。沙澳银卵金滩是月亮湾的主景点。岸沿处，鹅卵石聚堆成线发出闪闪银光；近海段，千顷细沙金黄一片。濯足岸边，嬉水浅滩，惬意非常。海岸上岸礁奇峻，无石不景，有神雕鼻、潜龙洞、千尺崖、神獭屋、金犀角、一线天、神龟送宝、玉玦壁、情侣峡等诸多景点。芒垱有四季花海，春来桃花怒放，夏至月桃盛开，秋临丹桂飘香，冬到漫山叶红。建有情侣木屋，露营宿地。绿荫下，

月亮湾度假民宿（林昌峰 摄）

清溪旁，玲珑木屋海景房；推窗海风轻拂面，举目碧海入眼帘；晨起掀帘赏初日，夜来静卧听涛声。芒垱物产丰富，鱼虾螺贝，山果野蔬，不一而足。

2014年，该村村民自发创建嵛山蔓丹农业专业合作社，立足海岛生态和旅游资源，以发展现代态生休闲农业，做大乡村旅游为主题，带动全体村民共同富裕。全体村民自筹资金近千万元，流转土地林地1000多亩，建乡村休闲旅游项目。建有特色木屋船屋、露营平台、海景餐厅；观景木栈道、风景桥、淋浴房、旅游公厕、候车厅、服务部等。村民还自发集资整修岸堤、河道、溪坝，清理村旁历年垃圾杂物、溪涧杂草、海漂物，修建村内公厕，村旁植树栽花，绿化美化村道公路。如今的芒垱民风淳朴、四季花香，环境优美，生态和谐，是嵛山岛最大的露营基地和新兴旅游目的地，为游客到嵛山必游之地。月亮湾的全村投资、人人入股、全员参与发展旅游、振兴乡村模式，得到了主流媒体的强力推介。这里，上过央视财经频道，登过新华社客户端，举办过中央广播电视总台"山海有歌声·海岛音乐会"，荣获福建省水乡渔村，成为福建省级农民专业合作社示范社，入选全国休闲旅游乡村。

2022年，芒垱自然村有户籍人口63户、223人，人均可支配收入28980元。月亮湾景区接待游客6万多人次，实现旅游各项收入超5000万元。

嵛山海域海岛地名录

✎ 董其勇

　　嵛山，处东海之滨，孤悬海外，扼闽浙海域咽喉，海域面积辽阔。根据《国家海洋局民政部关于公布我国部分海域海岛标准名称的公告》（2018 年第 1 号），国家将海洋地理实体分为海域与海岛两大类，海域地理实体包括海、海湾、海峡、水道、滩、半岛、岬角、河口，海岛地理实体包括群岛（列岛）、海岛（含岛、屿、礁）。本文介绍嵛山辖区的一些海域海岛。

海湾

　　晴川湾　　晴川湾介于北纬 27° 02'—27° 06'、东经 120° 15'—l20° 22' 之间，位于福鼎市东南部，北起店下筻笿一带沿岸，东北至沙埕上黄岐，西至太姥山镇，南连里山湾与嵛山海域相接。因地处秦屿山川外域为"秦川"，与唐代诗人崔颢《黄鹤楼》中"晴川历历汉阳树"首词"晴川"谐音，雅韵而名，别名晴湾。海湾陆域及其沿海分别隶属太姥山、店下、沙埕镇管辖；海域南面与嵛山辖域相接，特别是跳尾至日屿一线以南，历史上区域划分多变，也为嵛山渔民传统捕捞、缥钓等渔业作业区域。海湾因远古地层陷落、海水入侵形成，呈喇叭形，东西长约 10 千米，南北宽约 0.8—11 千米，面积约 40 平方千米，海岸线长约 2 千米。沿岸属基岩海岸，多火山岩、花岗岩组成的丘陵。湾内岐头宫、番岐头分列南北，形成隘口；湾口朝东南，福瑶列岛、日屿环峙湾外。水深多超过 3 米，最深 9 米，西浅东深，底质为淤泥、沙。西北为潮间带海滩，两岸山丘隔海对峙，多为岩石陡壁，局部为沙滩。海湾内无大的河流，只有小溪山涧注入，海水表层温度多年平均 18.9℃。盐度较为稳定，累年平均 28.30‰。潮流畅通，透明度 1 米多，海水多呈湖绿色。属规则半日潮，潮流为往复流，沿岸大于外海，涨潮流向西北，落潮流向东南，流速约 0.8—2 节。西北小筻笿水面大潮升 6.2 米，小潮升 4.9 米，平均海面 3.6 米，年平均潮差 4 米左右。

　　晴川湾气候温和，降水充沛。年均气温 18.2℃，最冷月（1 月）均温 8.4℃，最热月（7 月）均温 28℃。无霜期 289 天，年均降雨量约 1471 毫米，雨量以 5—6 月为大。冬季多西北风，夏季多东南风，年平均风力 3—4 级。台风主要发生在夏秋，尤以 8、9 月见多，风力最大可达 12 级以上，台风时多伴有大雨或暴雨，全年大风天数在百日以上。1—4 月为雾季，海雾兼有平流雾和辐射雾性质，年均约 13 天，浓雾时能见距约 50 米，一般约半日消散。

海湾海域辽阔，东南水域与闽东渔场相连。海底地势平缓，水质较好，饵料充足，适宜各种鱼、虾、蟹、贝、藻类的生长、繁殖，也是多种经济鱼类越冬的好场所，盛产鳗鲡、鮸鱼、真鲷、鲈鱼等鱼苗，是福鼎市重要的浅海养殖和水产品、鱼苗捕捞基地之一，主要水产品有海带、紫菜、贻贝、龙头鱼、梭子蟹、鹰爪虾、鲳鱼、鳗鱼、鲈鱼及其他鱼类。

沿岸主要集镇太姥山（秦屿）镇，附近聚集十数个乡村，区域人口数万人，居民繁盛，经济发达，社会繁荣，是福鼎经济次中心。西北茶塘港筑有海堤，建有码头，是福鼎东南区域主要的物资集散地，也是连接福瑶列岛、七星列岛的物资中转枢纽，小型船只乘潮出入，可避 10 级左右大风。附近渔区的水产品多经此地销往内地，为福鼎主要渔港。东北角上黄岐附近设有航标。地处国家级风景名胜区太姥山下，遗有明代抗倭城堡多处，有牛郎冈、筻笃、蒙湾等沙滩，是不可多得的海滨旅游开发区域。

里山湾 里山湾介于北纬 26° 57'—27° 00'、东经 120° 16'—120° 20' 之间，位于福鼎市东南部、霞浦县东北部，跨福鼎、霞浦两县海域，南邻福宁湾，北接晴川湾，西至牙城湾，东联七星海域，东南起于福瑶列岛，西北抵至硖门沿岸，西南延

里山湾（沫沫 摄）

至烽火诸岛，东北东南通外海。因硖门、牙城一带旧属福宁州七八都，俗称"里山"。该水域为福鼎市嵛山镇、硖门畲族乡及霞浦县牙城镇共辖。

海湾因远古地层陷落，海水入侵形成，呈斜长方形。东西长约 10 千米，南北宽约 6 千米，面积约 60 平方千米。东南大嵛山耸立为天然屏障，小嵛山横亘于南，仅留芦竹门港、出壁门两条水道。西部沿岸为高山峻岭，西南多岛屿礁石。海底十分平坦开阔，整个地形呈和缓斜坡，自西向东缓倾；海水由西南至东北渐深，约 5—9 米，海底地质以泥沙为主。里山湾区域气候温和，降水充沛。冬季多西北风，夏季多东南风，台风多见于夏秋，风力常达 10—12 级，台风时常伴有大雨或暴雨。冬季风浪较大，浪高常达 1.5—2 米。3—8 月份，海面除台风季节外，均较平静，多为涌浪。海雾主要发生在 1—4 月，兼有平流雾和辐射雾性质，年均约 13 天，浓雾时能见距小于 15 米。

海湾内溪流多经文渡湾、硖门湾、牙城湾汇入。海水多呈湖绿色，透明度较大。海水表层水温累年平均 18.9℃，盐度多年平均约 30.86‰。潮汐为正规半日潮，潮流为往复流，涨潮流向西北，落潮流向东南。中部海域流速缓和，在 0.63—0.9 米／秒之间，水深 2—5 米，最大深度 6 米；出壁门中部为八卦流，海流湍急，流速 1.33—1.5 米／秒，水深 23.5—15 米，平均深度 18.2 米。大嵛山附近海面大潮升 6.1 米，小潮升 4.7 米，平均海面 3.4 米。

海湾水面辽阔，海底地势平缓，水质良好，气温、水温适宜，有机质含量高，浮游生物甚多，为鱼类提供了良好的生存环境，福鼎、霞浦沿海渔民常在此进行流缲、垂钓、设定置网等海洋捕捞作业。这里产龙头鱼、目鱼、鱿鱼、石斑鱼、鲳鱼、鲈鱼、大黄鱼、鳗鱼、真鲷、梭子蟹、毛虾、鹰爪虾及小杂鱼类，是闽东重要的渔业生产基地之一。该海域扼海上咽喉，水深港阔，地理条件优越，能通万吨级轮船，成为闽浙海上交通要道。

马祖澳　位于北纬 26° 57.4'，东经 120° 19.2'，在福鼎市东南部大嵛山西北侧马祖村，澳因村而名。澳口呈新月形，南北长 1 千米，东西宽 0.3—0.5 千米，面积约 0.4 平方千米。面濒里山湾，海底地势由东向西倾，大部为潮间带。高潮时水深约 2—6 米，底质由泥沙组成，海岸为泥滩及石岸。属海洋性气候，降水充沛，常年平均气温 15.1℃。

台风主要发生在夏秋季，最大风力达 12 级以上，台风时多伴有大雨或暴雨。全年大风日数在百日以上，大风季节海面风浪较大。海雾多发生在 1—4 月，兼平流雾和辐射雾性性质，平均约 13 天，浓雾时能见距小于 15 米。海水多呈湖绿色，透明度较大，海水表层水温累计平均 18.9℃，含盐量多年平均约 30.86‰。潮汐为正规半日潮型，潮流为往复流，涨潮流向东，落潮流向西，大潮升 6.1 米，小潮 4.6 米，平均海面 3.4 米。

陆岸马祖为嵛山镇政府驻地，是嵛山镇的政治经济中心，平时中小型船只可乘潮进出停靠港内。港口分别建有渔业生产码头和旅游码头各一座，是嵛山镇主要的物资集散地、重要渔港和游客服务中心。

水道

东角门港水道　位于北纬 26° 57.6'、东经 120° 22.2'，在大嵛山东北部东角村，介于大嵛山与鸳鸯岛之间，因东角村而名。水道呈西北—东南走向，长约 900 米，西北部最窄处宽约 226 米，中部两面凹进为东角澳宽约 560 米，东南部宽约 250 米，高潮位最深处水深 8.6 米，底质为淤泥、沙，海岸为岩岸。潮流为往复流，顺水道流向。

芦竹门港水道　位于北纬 26° 56.4'、东经 120° 19.2'，在嵛山镇芦竹村南约 1 千米处，介于大嵛山与小嵛山之间，因芦竹村而名。水道长约 2 千米，宽约 0.5—0.8 千米，水深大部分在 8—12 米之间，但山楼鼻至鸟岛一线中间海域，水流特殊，水深超 20 米，最深处达 37 米，为一般危险海域。水道底质为淤泥，海岸为岩岸。潮流为往复流，顺水道流向。

出壁门水道　位于北纬 26° 55.7'、东经 120° 16.3'，在小嵛山岛与霞浦县烽火岛之间，距嵛山镇芦竹村西 4.5 千米。北接里山湾，南通福宁湾，出入口狭窄如门，故名，别名"洋门港"。水道处福鼎市、霞浦县海域交界，南北长 3 千米，东西宽 1—2 千米，水深 15—23.5 米，高潮位平均深度 18.2 米。年均水温 20℃，年均盐度 30‰。半日潮，年平均潮差 4 米。往复流，顺水道流向，涨潮流向北，落潮流向南。海流喘急，中部为八卦流，流速 1.33—1.5 米／秒。大潮升 6.1 米，小潮涨 4.7 米，平均海面 3.4 米。南部被竹排礁分为东、西两支道，主航道在东。海底地质以沙泥为主，海水呈湖绿色，透明度大，海岸为岩岸。主航道中分布竹排岛、圆礁屿、扫帚礁、大小鸡笼等岛礁，竹排岛设有灯桩。这里是霞鼎两地商贸往来的必经之地，也是闽浙沿海海运的交通要道。

银屿门港水道　位于北纬 26° 55.5'、东经 120° 18.6'，在嵛山镇芦竹村小嵛山岛原下湖自然村南 1 千米处，介于小嵛山与银屿之间，因银屿而名。水道长约 0.3 千米，宽约 0.2 千米，水深 8.6 米。底质为淤泥，海岸为岩岸。潮流为往复流，顺水道流向。

滩

大使澳沙滩　位于北纬 26° 57.4'、东经 120° 19.6'，在大嵛山岛西北部，嵛山镇马祖村东北侧大使澳自然村东 700 米处，高潮位时为海湾，退潮露出为沙滩。澳滩总面积 107550 平方米，岸线长 1.55 千米，由大使澳溪淤积和海浪冲击而成。澳滩由泥滩、沙滩两部分组成。西侧靠近大使澳自然村部分为泥滩，面积约 32500 平方米，高潮位水深 1.2—2.4 米，可供小吨位渔船避 10—12 级大风，是嵛山岛主要的避风港。东侧靠大使爷宫下方部分为沙滩，面积约 75050 平方米，水深 0.8—2 米，沙滩平缓，浪小风和，沙质洁净细柔，产沙蛤、小海蚌等海洋生物，是天然的海水浴场。2020 年，因修建马祖一级渔港，在澳口筑防浪堤，海水不能充分循环，致淤泥堆积，沙滩面积逐年退缩。

打水澳滩　位于北纬 26° 56.8′、东经 120° 19.4′，在大嵛山岛西南，嵛山镇芦竹村北 150 米处，面对观音礁，因澳滩大部分为泥土，又名"土澳"。面积 101500 平方米，岸线长 1.12 千米。澳滩潮间带以上部分为砾石滩，下半部分为泥滩。风浪较小，可避 11 级以下大风，泥滩可养殖。2020 年，修建马祖一级渔港，在澳口筑长 250 米防浪堤，成为可避 12 级台风的避风港。

田澳滩　位于北纬 26° 55.6′、东经 120° 22.3′，在大嵛山岛东南，嵛山镇灶澳村南面，洋鼓尾西南方，距天澳岗东 1.05 千米，因澳滩形如田畦而名。系田澳溪流夹带泥石和海浪冲刷形成。澳滩总面积 145000 平方米，岸线长 1.61 千米，由卵石滩和海湾两部分组成。潮间带以上部分为卵石滩，面积 6800 平方米，卵石大小较均匀，黑白相杂，起伏铺陈，十分壮观。石滩下部为海湾，面积 138200 平方米，面向东海，风高浪急。

柴桥湾　位于北纬 26° 56.3′、东经 120° 22.6′，在大嵛山岛东南，嵛山镇灶澳村北偏南 320 米处，因湾上柴桥溪而名。柴桥湾面积 38790 平方米，岸线长 760 米，湾内有一小岛，岸线曲折，面向大海，前无遮挡，风浪较大。

桌澳湾　位于北纬 26° 56.8′、东经 120° 22.4′，在大嵛山岛东，嵛山镇东角村桌澳自然村东 250 米处，因邻桌澳村而名。桌澳湾面积 45980 平方米，岸线长 792 米，海湾呈凸字型，面向大海，东北方为七星岛。港湾上部为卵石滩，面积约 2600 平方米。

月亮湾　位于北纬 26° 57.4′、东经 120° 21.3′，福鼎市大嵛山岛北，嵛山镇鱼鸟村芒垱自然村前，因细沙聚拢而称沙澳，又因澳口形如弦月，雅名"月亮湾"。月亮湾海湾面积 216471 平方米，岸线长 1349 米，海湾呈弯月形，面向大海，正对蚕仔礁，东北眺日屿。港湾由三个部分组成，陆岸下潮间带上层由卵石滩组成，系溪流和海浪冲击而成，长约 876 米，平均宽约 32 米，面积约 28032 平方米；卵石滩下方至地超威海平线段为沙滩，长约 655 米，平均宽约 48 米，面积约

月亮湾金滩（刘学斌 摄）

31440 平方米；沙滩外部为海港，水深 2—5 米，面积 292065 平方米，可避 10 级左右大风。

列岛

福瑶列岛介于北纬 26°55.2′—26°58.4′、东经 120°16.8′—120°23.7′，位于福鼎市东南部海域，沙埕港口西南约 22.5 千米处。东望七星列岛，西眺霞浦县烽火岛，是福鼎最大群岛。因主岛大嵛山"山高而中坳如钵盂"（《福建通志》），故旧名"盂山"，后谐音雅为"嵛山"，福瑶列岛取义"福地、美玉"，相传是由西王母送给东海龙王的蟠桃变成的。因列岛主要由大嵛山、小嵛山构成，又名"嵛山列岛"。最大海岛大嵛山，也是闽东最大海岛，面积 21.3865 平方千米。属大陆岛，岛上丘陵盘踞，主要由中生代火山岩及第四纪红壤组成。有大、小山峰二十余座，最高峰在大嵛山红纪洞山，海拔 541.4 米。植被密，多杂草、灌木。大嵛山天湖水库、小天湖为岛上居民提供充足生活用水，并兼发电、灌溉之利。海岸线曲折多湾澳，为基岩陡岸，总长 51.09 千米，均由岩岸组成。因海水侵蚀，岩石裸露，海岸复杂弯曲，坡度较陡。属中亚热带海洋性季风气候，年平均气温 15.1℃，1 月平均气温 5.7℃，7 月平均气温 24.3℃，年降水量约 1850 毫米，夏秋之交受台风影响，最大 12 级，多大风天气，春季多雾。海域产墨鱼、带鱼、梭子蟹等，是福鼎市重要渔业生产基地。

清新嵛山岛（王富军 摄）

福瑶列岛地处闽浙海上交界交通要塞，扼沙埕港咽喉，控南北交通要道，海防位置重要，历来为兵家必争之地。岛上土地富饶，条件优越，气候宜人，四周海域水产丰富，极具渔农业及旅游开发潜力。

列岛中大嵛山和小嵛山为有居民海岛。2022年总人口4808人。大嵛山为福鼎市嵛山镇人民政府驻地。1949年设嵛山乡，1992年撤乡建镇，辖马祖、鱼鸟、东角、芦竹、灶澳5个村委会，镇政府驻马祖村。岛上有天湖水库。清嘉庆年间蔡牵据此抗清，1934年中共闽东特委在此组织海上游击队。

小嵛山有渔民在周边养殖海带、紫菜，岛上设有养殖管理房，并有1座白色灯塔。鸳鸯岛立有"鸳鸯岛生态保护区"和"福鼎市鸳鸯岛海岛特别保护区"石碑，有一小型码头及1座测风塔。鸟屿岛上有1座小型庙宇。

海岛

鼓礁　位于北纬26°58.3'、东经120°20.3'，在大嵛山北部海域，距大陆最近点7.55千米。《福建省海域地名志》（1991）载："形似鼓，故名。"面积约50平方米。基岩岛，无植被。属福瑶列岛海洋特别保护区。

猴头　位于北纬26°58.3'、东经120°21.2'，在大嵛山北部海域，距大陆最近点8.98千米。岛体形如猴头，当地群众惯称猴头。岸线长193米，面积2127平方米。

基岩岛，岛体由火山岩构成，岸坡陡峭，基岩裸露，顶部植被茂密。属福瑶列岛海洋特别保护区。

蚕仔礁岛　　位于北纬 26° 58.1'、东经 120° 21.6'，在大嵛山东北部海域，距大陆最近点 9.83 千米。因形如蚕，故名。岸线长 149 米，面积 1377 平方米，最高点高程 9.9 米。基岩岛，岛体由火山岩构成，岸坡陡峭，基岩裸露，仅岩石缝隙中长有少量杂草。属福瑶列岛海洋特别保护区。

蚕仔礁（陈启云　摄）

布丁岛　　位于北纬 26° 57.9'、东经 120° 21.8'，在大嵛山东北部海域，距大陆最近点 10.28 千米。因其面积较小，第二次全国海域地名普查时命今名。面积约 3 平方米。基岩岛，无植被。属福瑶列岛海洋特别保护区。

鸳鸯岛　　位于北纬 26° 57.6'、东经 120° 22.7'，在大嵛山东部海域，距大陆最近点 10.94 千米。该岛形如鸳鸯，故名。岸线长 5.33 千米，面积 0.5781 平方千米，最高点高程 170.2 米。基岩岛，岛体由火山岩构成。中部高耸，两端低垂，岸坡陡峭，表层覆盖红壤，植被茂密。岛上电力通过海底电缆由大嵛山接入。建有 1 座陆岛交通码头。有 1 个测风塔。岛上设置 2 块石碑，一块刻有"鸳鸯岛生态保护区"（福鼎市海洋与渔业局 2008 年 1 月设立），另一块刻有"福鼎市鸳鸯岛海岛特别保护区"
（福鼎市人民政府 2008 年 3 月设立）。属福瑶列岛海洋特别保护区。

小鸳鸯　　位于北纬 26° 57.4'、东经 120° 22.4'，在大嵛山东部海域，距大陆最近
点 11.38 千米。该岛位于鸳鸯岛旁，面积较小，故名。岸线长 510 米，面积 0.0112
平方千米。基岩岛，岛体由火山岩构成，岸坡陡峭，基岩裸露，顶部有少量植被。
属福瑶列岛海洋特别保护区。

观音礁岛　　位于北纬 26° 57.1'、东经 120° 18.9'。在福鼎市大嵛山西部海域，距
大陆最近点 6.79 千米。该岛形如观音塑像，故名，又名"观音岩""观音礁"。岸
线长 179 米，面积 2285 平方米，最高点高程 13.3 米。基岩岛，岛体由火山岩构成，
中部突起，岸坡平缓，上部覆盖红壤，植被茂密。属福瑶列岛海洋将别保护区。

观音礁（陈维新 摄）

大嵛山　　位于北纬 26° 56.8'、东经 120° 20.9'。在福鼎市东南部海域，距大陆
最近点 6.59 千米，东第一大岛。岸线长 37.63 千米，面积 21.39 平方千米，最高点红
纪洞山高程 541.4 米。基岩岛，岛体由花岗岩和火山岩构成，地貌以低山为主，东南
与南部山势陡峭，北半部较平缓，中部凹陷，成天然湖泊，为山涧、小溪发育地。
岸线曲折蜿蜒，北半部多礁石湾澳，南半部岸坡陡峭。岛上表层土多红壤、棕壤和
水稻土，适宜种植作物有甘薯、水稻等。植被茂密，主要类型有常绿针叶林、灌木、

草丛等。年均气温 15.1℃，年均降水量 2068.8 毫米。多大风天气，春季多雾。周边海域有墨鱼、石斑鱼、带鱼、黄鱼等。

该岛为嵛山镇人民政府所在海岛，隶属福鼎市。岛上有 5 个行政村，即芦竹、马祖、鱼鸟、东角、灶澳。2020 年户籍总户数 1514 户，人口 4885 人。大嵛山开发较早，据硖门瑞云邱氏、店下关盘陈氏族谱记载，宋代就有邱氏、陈氏先祖在嵛山东角、鱼鸟等地繁衍生息。岛上现有镇政府、村委会、小学、卫生院、海防所、供电所等机构入驻。水、电、通信、交通等设施齐全。建有自来水厂，各村均有自来水管网供应，水源主要来自岛上天湖水库。1991 年，架设全长 13.9 千米 10 千伏海底电缆，实现与大陆电网并网。2007 年，电力部门又架设 10 千伏海底电缆，保障岛上供电。建有环岛公路和天湖旅游公路，与大陆往来便利，每天有通往硖门、三沙的班轮。经济以渔业为主，兼营农业、工业、旅游业等。工业相对落后，几家小企业以食品和建材加工业为主。海岛旅游业已初具规模，滑草场、天湖等景点每年吸引众多游客。

显门礁岛　位于北纬 26° 56.5'、东经 120° 17.8'，在小嵛山北部海域，距大陆最近点 5.53 千米。因与小嵛山相峙成门户，故名。又名"向门屿"。中称向门屿。岸线长 214 米，面积 2223 平方米，最高点高程 11 米。基岩岛，岛体由火山岩构成，地势东高西低，岸坡平缓。东侧顶部长有杂草。属福瑶列岛海洋特别保护区。

大猪礁　位于北纬 26° 56.3'、东经 120° 17.5'，在小嵛山北部海域，距大陆最近点 4.99 千米。《福建省海域地名志》（1991）载："形似猪，故名。"面积约 20 平方米。基岩岛，无植被。属福瑶列岛海洋特别保护区。

猪仔礁　位于北纬 26° 56.3'、东经 120° 17.5'，在小嵛山北部海域，距大陆最近点 5.02 千米。《福建省海域地名志》（1991）载："因与大猪礁相邻，面积小，故名。"面积约 20 平方米。基岩岛，无植被。属福瑶列岛海洋特别保护区。

芦竹岛　位于北纬 26° 56.1'、东经 120° 19.2'。在小嵛山东部海域，距大陆最近点 7.81 千米。因其位于芦竹门港水道西侧，第二次全国海域地名普查时命今名。岸线长 596 米，面积 114 平方千米。基岩岛，岛体由火山岩构成，岸坡陡峭，四周基岩裸露，顶部覆盖少量红壤，长有灌木、草丛，以草丛为主。属福瑶列岛海洋特别保护区。

小嵛山　位于北纬 26° 56.0'、东经 120° 18.0'，在大嵛山西侧 500 米，距大陆最近点 3.83 千米。与大嵛山相邻，面积次之，故名。岸线长 15.56 千米，面积 3.6239 平方千米，最高点高程 238.9 米。基岩岛，岛体由火山岩构成，中部山高陡峭，东部相对平缓，山间有天然湖泊小天湖。表土以红壤为主，多草丛、灌木，岸线曲折多湾澳。2011 年，户籍人口 83 人，常住人口 2 人。2020 年，岛上已无居民居住，原岛上居

小嵛山（陈启云 摄）

民全部迁往大陆或大嵛山居住。山顶建有 1 座白色航标塔。属福瑶列岛海洋特别保护区。

芦竹仔岛　　位于北纬 26° 56.0'、东经 120° 19.3'，在小嵛山东部海域，距大陆最近点 7.98 千米。因其位于芦竹岛东侧，面积较小，第二次全国海域地名普查时命今名。岸线长 122 米，面积 846 平方米。基岩岛，岛体由火山岩构成，岛呈球形，岸坡陡峭，顶部长有灌木和草丛。属福瑶列岛海洋特别保护区。

小羊鼓岛　　位于北纬 26° 55.9'、东经 120° 23.6'，在大嵛山东部海域，距大陆最近点 14.43 千米。因与陆岸大羊牯对峙，谐音而名，又名"小羊鼓尾"。岸线长 636 米，面积 0.0213 平方千米，最高点高程 44.3 米。基岩岛，岛体由火山岩构成，呈椭圆形，岸坡陡峭，土层稀薄，上半部长有灌木、草丛，以草丛为主。属福瑶列岛海洋特别保护区。

小鸡笼岛　　位于北纬 26° 55.8'、东经 120° 17.0'，在小嵛山西部海域，距大陆最近点 4.27 千米。因与大鸡笼岛相邻，面积次之，故名。岸线长 103 米，面积 745 平方米，最高点高程 4 米。基岩岛，岛体由火山岩构成，岸坡较缓，无植被。属福瑶列岛海洋特别保护区。

大鸡笼岛　位于北纬 26° 55.8'、东经 120° 16.8'，在小嵛山西部海域，距大陆最近点 3.93 千米。因形如鸡笼，故名，又名"大鸡笼"。岸线长 261 米，面积 3989 平方米，最高点高程 18.1 米。基岩岛，岛体由火山岩构成，呈椭圆形，岸坡较缓，植被稀少，仅岩石缝隙中长有少量草丛。建有 1 座灯塔。属福瑶列岛海洋特别保护区。

清湾岛　位于北纬 26° 55.4'、东经 120° 18.7'，在小嵛山南部海域，距大陆最近点 7.08 千米。原与银屿统称"银屿"，因位于清湾村附近，第二次全国海域地名普查时命今名。岸线长 278 米，面积 4097 平方米。基岩岛，无植被。属福瑶列岛海洋特别保护区。

正然岛　位于北纬 26° 55.4'、东经 120° 18.6'，在小嵛山南部海域，距大陆最近点 6.94 千米。因位置佳，岛体耸立，如有浩然之气，第二次全国海域地名普查时命今名。岸线长 247 米，面积 3714 平方米。基岩岛，岛体由火山岩构成，岛呈圆形，岸坡陡峭，上半部长有灌木、草丛，以草丛为主。属福瑶列岛海洋特别保护区。

银屿　位于北纬 26° 55.3'、东经 120° 18.7'，在小嵛山南部海域，距大陆最近点 7.06 千米。相传岛上岩石含银，因而得名。岸线长 1.38 千米，面积 0.083 平方千米，最高点高程 125.6 米。基岩岛，岛体由火山岩构成，岸坡陡峭，表层覆盖红壤，植被茂密。属福瑶列岛海洋特别保护区。

银屿岛（冯木波 摄）

银屿仔岛　　位于北纬 26° 55.2'、东经 120° 18.7'，在小嵛山南部海域，距大陆最近点 7.31 千米。因位于银屿南侧，面积较小，第二次全国海域地名普查时命今名。面积约 55 平方米。基岩岛，无植被。属福瑶列岛海洋特别保护区。

嵛山海域海岛地名表

类别	标准名称	地理位置	岸线（米）	面积（平方米）	属地
群岛	福瑶列岛	北纬 26° 55'—26° 58'，东经 120° 16'—120° 23'	63388	25727963	嵛山
海岛	鼓礁	北纬 26° 58.3'，东经 120° 20.3'		50	鱼鸟
海岛	猴头	北纬 26° 58.3'，东经 120° 21.2'	193	2127	鱼鸟
海岛	蚕仔礁	北纬 26° 58.1'，东经 120° 21.6'	149	1377	鱼鸟
海岛	布丁岛	北纬 26° 57.9'，东经 120° 21.8'		3	鱼鸟
海岛	鸳鸯岛	北纬 26° 57.6'，东经 120° 22.7'	5330	578100	东角
海岛	小鸳鸯岛	北纬 26° 57.4'，东经 120° 22.4'	510	112	东角
海岛	观音礁岛	北纬 26° 57.1'，东经 120° 18.9'	179	2285	马祖
海岛	大嵛山	北纬 26° 56.8'，东经 120° 20.9'	37630	21388600	嵛山
海岛	昱门礁岛	北纬 26° 56.5'，东经 120° 17.8'	214	2223	芦竹
海岛	大猪礁	北纬 26° 56.3'，东经 120° 17.5'		20	芦竹
海岛	猪仔礁	北纬 26° 56.3'，东经 120° 17.5'		20	芦竹
海岛	芦竹岛	北纬 26° 56.1'，东经 120° 19.2'	596	11400	芦竹
海岛	小嵛山	北纬 26° 56.0'，东经 120° 18.0'	15560	3623900	芦竹
海岛	芦竹仔岛	北纬 26° 56.0'，东经 120° 19.3'	122	846	
海岛	小羊鼓岛	北纬 26° 55.9'，东经 120° 23.6'	636	21300	灶澳
海岛	小鸡笼岛	北纬 26° 55.8'，东经 120° 17.0'	103	745	芦竹
海岛	大鸡笼岛	北纬 26° 55.8'，东经 120° 16.8'	261	3989	芦竹
海岛	清湾岛	北纬 26° 55.4'，东经 120° 18.7'	278	4097	芦竹
海岛	正然岛	北纬 26° 55.4'，东经 120° 18.6'	247	3714	芦竹
海岛	银屿	北纬 26° 55.3'，东经 120° 18.7'	1380	83000	芦竹
海岛	银屿仔岛	北纬 26° 55.2'，东经 120° 18.7'		55	芦竹
海湾	里山湾	北纬 26° 58.3'—27° 02.9'，东经 120° 17.5'—120° 20.8'			福鼎嵛山、硖门，霞浦牙城、三沙
海湾	马祖澳	北纬 26° 57.4'，东经 120° 19.2'			马祖
水道	东角门港水道	北纬 26° 57.6'，东经 120° 22.2'			东角
水道	芦竹门港水道	北纬 26° 56.4'，东经 120° 19.2'			芦竹
水道	出壁门水道	北纬 26° 55.7'，东经 120° 16.3'			福鼎嵛山，霞浦三沙
水道	银屿门港水道	北纬 26° 55.5'，东经 120° 18.6'			芦竹
水道	七星水道	北纬 26° 41.3'，东经 119° 57.6'			福瑶列岛、七星列岛

注：本表根据国家海洋局 2020 年编修的《中国海域海岛地名志·福建卷》记载的嵛山所属辖区海域海岛标准名称编列。按照该志所列海岛岸线、面积数据计算，福瑶列岛海岸线总长 63388 米，即 63.388 千米；22 个海岛总面积 25727963 平方米，即 25.7280 平方千米。但该志福瑶列岛条目记载，福瑶列岛总面积 25.7416 平方千米，两者相差 0.0136 平方千米，待进一步考证。本书记载福瑶列岛总面积，采用《中国海域海岛地名志·福建卷》福瑶列岛条目记载数据。

嵛山海域海岛现名与原名、别名、曾用名对照表

标准名称	类别	1:5 海图原名	别名	曾用名
福瑶列岛	群岛		嵛山列岛	
蚕仔礁	海岛	娘子礁		娘子礁
观音礁岛	海岛	光英屿	观音礁	观音岩
昱门礁	海岛		向门屿	
芦竹岛	海岛		鸟屿	
小羊鼓	海岛	宁屿	小洋鼓尾	
芦竹门港	水道	福瑶门	福瑶港	
出壁门	水道		洋门港	

嵛山

嵊山景区与景点

董其勇

天湖景区景点

九猪拱槽　从嵊山游客中心一路乘车而上，山道逶迤，两旁景色宜人，极目所至，一派山野风光。进入此间，如置身于大山之中，这是海岛旅游极难见到的景致。车至山顶过湾处，一块碧玉坠落眼前，这就是游客进天湖的第一道景观——九猪拱槽。一湾碧水，四周九道山梁蜿蜒入湖，如九头小猪入槽抢食，形态逼真，惹人喜爱。

日落瑶池（大天湖）　大天湖面积1000多亩，位于大嵊山岛中部山顶，水绕山环，一岛居中，如日中天，曰"日湖"，为岛上日月星三湖之最大者，如一块碧玉镶嵌在嵊山之上。粼粼波光倒映着周边茶园、山体和天空，碧澄雅静，若天上瑶池，传说为王母娘娘东海宴仙之所，七仙女常登临沐浴。这里是中国海岛上最大一片没有河流注入的湖泊，曾经有位诗人这样描写天湖景色："太姥遥对嵊山岛，波平浪静牵扶摇。三足鼎立日月星，云雾低处是人间。"这首诗说出了嵊山三大湖名称的由来，也道出了云雾升腾时美如仙境、妙不可言的景色。

六象归一（小天湖）　离大天湖约1000米，有一湾小巧玲珑的湖水，水面约

小天湖（陈维新 摄）

天湖（陈维新 摄）

200亩，常年清澈见底，四周被广袤平缓的山坡草场所围绕，这就是小天湖。湖呈箭状，似弯弓之弦，故称"月湖"。随着季节的变换，湖周草的颜色也在枯荣间变换色彩，将小天湖的湖面映照得美轮美奂。从观景步道放眼望去，蔚蓝的大海仿佛跟湖、草相连，清澈隽永的水，风姿绰约的山，翩翩起舞的草，白云飘浮的天，构成了绝无仅有的山、湖、草、海、天、岛"六绝同框"的画面，形成了"六象归一""大象无形"的天下奇景。

天湖泛彩（万亩草场）　　除了天湖，万亩草场是嵛山岛又一奇观，据植物学家介绍，在海蚀地貌条件下大面积、密密地生长这样的芒草在全国海岛来讲是绝无仅有的，在世界上也是少见。嵛山岛的草场集中生长在日月两大湖边平缓的坡地上，茂盛而绵柔。季节变换，草木枯荣，四时之间，或青或绿或灰或黄，百般颜色，适时转换，美不胜收。海风吹拂，草儿连波起伏，蓝天、碧水、绿波，色彩浮动，相映成画；偶尔有羊群从草波中探出头来，让人有一种"天苍苍，野茫茫，风吹草低见牛羊"的感觉。"海上天山"名不虚传！

神龟出海　　在小天湖观景步道尽处山岗俯瞰，可以清晰看到离岛海面约500米处有一个小岛，貌似一只刚刚浮出水面的海龟，惟妙惟肖。传说东海龙王把他心爱的龟丞相派出来保护嵛山人民，龟丞相春夏秋冬都静静地守候在那里，只要看得到他，基本上都是风平浪静的日子。

红纪洞山　　因山有红纪洞而名，是嵛山岛最高峰，海拔541.3米，登临峰顶可俯瞰整个天湖和海岛东面美景。相传清末海盗蔡牵在嵛山结寨，留一碣语暗示其藏宝地点，曰"大瑶南，小瑶北，打水淹不着，小水四角淹三角"。有人猜测这蔡牵藏宝之地就在红纪洞内，曾引无数人进洞探险寻宝。

清福禅寺　　又叫"天福寺""天湖寺"，坐落在美丽的大天湖畔，介于元宝山之间，占地约3000平方米，始建于1933年，寺院翘角飞檐，古朴庄严，香火鼎盛，广结善缘，是嵛山岛上唯一的佛教寺院。

大使澳景区景点

大坑溪　　大坑溪是大嵛山岛上最大溪流，因涧中多巨石，涧水奔腾其间，就像跳跃前进，因而又名"跳水涧"。跳水涧源自天湖山，沿涧有白莲观、白莲飞瀑、明月潭、大使宫、蝴蝶岩、八音泉等景观，景点比较集中。

大使沙洲　　大坑溪入海处因溪水夹带泥沙，形成一片平缓沙洲，在风力作用下，承受着风向、水势、潮汐的变化而变化，日新月异，塑造成千种美丽的花纹图案，造就了"沙滩奇纹"胜景。这里沙滩平缓，潮位低浅，满潮时水位高度不超过1.5米，适宜嬉水游乐、沙滩拾趣、挖蚶拾贝，其乐无穷。

大使爷宫　　始建于清代，位于福鼎市嵛山镇，坐东向西，属一进合院式砖木结构。通面阔8.1米，通进深14.8米，面积140.94平方米，大使宫中轴建筑由大门、前厅、

大使澳（陈维新　摄）

天井和后厅组成。大门宽1.75米，前厅面阔8.1米，进深6.5米，供台上供奉着杨五爷像。天井宽8.1米，长2.6米，旁边放置一个大烧纸炉。后厅依山，面阔8.1米，进深5.7米，供台上供奉着大使像，属抬梁式硬山顶。

小嵛山景区

　　小嵛山岛总面积3.22平方千米，为无人岛，与大嵛山岛相邻，是一对孪生姊妹岛，距离大嵛山岛芦竹村最近处仅600多米，周边水深达30多米，与大嵛山岛形成嵛山最优良的海港——芦竹港。岛上地势平缓，生态植被完好，四周绵延的是天然的碧绿草甸，面积有1800亩，山丘线条柔美，海拔最高处203米。岛上的布袋澳呈喇叭布袋形，肚大口小，澳阔水深，澳内水域面积达500多亩，平均水深6.5米，澳内还有2处小沙滩。银屿岛形如海龟，岛上有漂亮精致的鹅卵石滩，岸礁边有形如"蛟龙出海"的海蚀地貌奇观；五叠岩是五块花岗石由下而上自然叠加一起，整体像一座惊险即倒的风动石柱。

夕映小嵛山（刘学斌 摄）

鱼鸟景区景点

　　鱼鸟村独具丰富的旅游资源，这里不仅拥有金钟山、后澳石滩、鹿城飞瀑等自然风光，还有碉堡、石头房、太子宫、百年榕树、香樟园等人文景点。

嵛山

阳光鼓　　鱼鸟村内有一个天然形成石头山岗，形似鼓，名石鼓。因阳光晨昏照射，雅称"阳光鼓"。近几年，村民在此铺草坪、种紫薇、桂花、三角梅、杜鹃等花木，修十二星座管屋，吸引成双成对情侣入住，又添一个浪漫别名"情人鼓"。登临鼓顶，晨观东海喷薄日出，昏赏海岛瑰红落日，又可 360 度尽览无敌海景，成为嵊山新晋网红打卡之地。

石头房　　嵊山居民祖籍大都出自闽南，近现代岛民又大部分自浙南来迁，其房屋建筑形制十分接近闽南特色，又兼具浙南民居风格，石头房是嵊山民居的典型传统建筑。不同于闽南以红色为基调的建筑色彩，嵊山的石头房屋以本地花岗岩为主要建筑材料，色彩素雅，防风防潮。在嵊山的所有村庄中，石头房屋最多、最集中、最整齐的要数鱼鸟村。自村头到村尾，自岸沿到澳顶，鱼鸟村的石头房自下而上，依山而建，前埕后屋，旁路边渠，整齐布列。鱼鸟石头房每间建筑占地不超过 35 平方米，三五成排，两层建筑，正墙墙体为花岗岩人工采面块石砌筑，石灰泥勾缝，一层高不过 3.2 米，二层高 2.8 米左右，窄门双扇，小窗对开。边墙一般用毛石砌筑，看似散乱，实则牢靠。鱼鸟石头房历经百年风雨袭击、海雾侵蚀，依然保存良好，宜居宜家，成为嵊山传统建筑的活样本，是户外采风写生的绝佳样板。

鱼鸟客栈　　位于鱼鸟村中部，创建于 2015 年，是一处由海岛民居改造而成的渔村民宿，因坐落鱼鸟村而名。客栈占地约 420 平方米，建筑面积约 300 平方米，改建自村民的 2 座石头民房。鱼鸟客栈主人之所以爆红于网络，得到诸多青年游客的热爱，得益于客栈主人独具匠心的创意设计和开放性经营。客栈主人原是位年轻的背包客，旅行至嵊山岛，发现了鱼鸟石头房的美及其独有的旅游价值，决心放下背包，在嵊山创建民宿。他租用了 2 座村民闲置的石头房，稍加改建后，利用嵊山丰富的海漂资源，把海上飘来的木头、渔具、塑料进行富有创意的设计制作，对客栈内外进行装饰、点缀，又将岛上独具特色的植物

月亮湾金银滩　　月亮湾是嵊山岛知名的旅游景点之一，位于嵊山岛芒垱村，村东西部各有一条龙脉延伸入海，中间是娘子礁，形似双龙抱珠，形成蓝色半月海湾，美其名曰"月亮湾"。在湾内，清晨可观雄壮的东海日出，夜晚可赏清丽的海上明月，每月中旬可见日月同辉之奇特天象。湾内还有金沙洲、银石滩、奇礁异石、军事防空洞等景观，有大雕观日、琴海玉璧、石室听涛等景点。景区配有特色船屋酒店、海景观日木屋、百亩露营地、综合游客中心等旅游配套设施，还可参与体验渔歌篝火晚会、特色海鲜烧烤、沙滩携手拉网、特色果蔬采摘等休闲活动。月亮湾山海一色，水天一线，风景秀丽，生态优良，是岛上美丽的海滨休闲度假渔村。

灶澳村景区

南风湖民宿　位于灶澳村南风湖自然村。该自然村原建有石瓦房屋23榴，2017年初，全体村民以旧宅基和土地为股本，引进福鼎南风湖农业发展有限公司进行开发。2018年3月，已完成入庄基坑路950米，平整2个帐篷区广场4000平方米，修砌挡墙600平方米，环庄路铺石1000平方米，两栋23个房间38个床位，150平方米大堂。配套有公厕、淋浴房，水、电管网和水暖设施。

海上天湖度假村　坐落于嵛山灶澳村牛郎仔自然村，距离天湖主景区仅1千米，交通方便，是集餐饮、住宿、露营、娱乐、烧烤为一体的度假场所。3幢青石结构房子，设有30个房间、50个床位可供游客享受舒服、安全的住宿。1000多平方米的草坪露营地，可搭100多个帐篷，个个都对着东海日出，是名副其实的看日第一村。山庄房屋前面场地宽阔，有仿古木葡萄架、美人靠背、茶桌、棋牌、荡秋千等，可供牧客休闲、娱乐。

洋鼓尾新景 nomi 酒店（沐沐 摄）

洋鼓尾军事遗址　嵛山岛羊鼓尾军事基地原为福建对台斗争的前沿阵地，驻扎有守备一师的一个加强连和福建空军地面雷达分队，总兵力200人左右；那里堑壕纵横、坑道连绵、火力点、掩体、观察所随处可见；该军工遗址修建于1959年，20世纪并于80年代初撤防，虽历经56年风风雨雨，但目前尚保留有较完全的营房8栋，弹药库和粮食仓库6栋、厕所4个，水井3口（储量约100立方米），同时，一条条道路、一层层菜园、一句句的留言都诉说着当年战士生活的艰辛和保家卫国的决心。在这里可以探寻红色足迹、感受红色人文、触摸红色记忆。

嵛山

福瑶列岛国家级海洋公园

姚宝龙

保护区简介

福瑶列岛国家级海洋公园位于我国东南沿海福建省的最北部福鼎市嵛山镇，旅游风景融山海川岛于一体，位于正在建设的中国宁德世界地质公园的太姥山园区内。福瑶列岛具有独特的自然景观和人文景观，旅游资源十分丰富，具有很高的景观价值、游赏价值和生态价值；与太姥山景区隔海相望，具有组团开发旅游线路的潜力；与大陆最近处仅 3.56 海里，交通极为方便。

2012 年 12 月，国家海洋局批准建立福瑶列岛国家级海洋公园。福瑶列岛国家级海洋公园为国家级海洋特别保护区的一种类型，侧重建立海洋生态保护与海洋旅游开发相协调的保护、开发模式，在开展生态保护工作的同时，合理发挥特定海域的生态旅游功能，从而实现生态环境效益与经济社会效益的双赢。福瑶列岛海洋特别保护区原属宁德市级海岛生态特别保护区。

保护对象

福瑶列岛国家级海洋公园重点保护大嵛山岛上的大天湖、小天湖自然景观，九猪拱槽饮用水源，以及周边海域的生物资源及其生态环境，适度保护大嵛山岛的天湖草场自然景观及白莲飞瀑、羊鼓尾遗址等自然和人文景观，从而促进该地区资源环境和社会经济的协调、健康发展。

生态环境

福瑶列岛属中亚热带海洋性季风气候区，冬暖夏凉，气候温和湿润，季风特征十分明显。主要表现为：夏季盛行偏南风，秋冬季盛行偏北风，夏末秋初风向由偏南风转向偏北过渡，春季风向由偏北转向偏南过渡。受太平洋影响，海洋性气候特

小嵊山岛夕照（陈维新 摄）

征明显，沿海地区气候冬暖夏凉。

福瑶列岛的大小嵊山海岛植被覆盖较密，嵊山山顶天湖中有较多淡水鱼，湖中蛙声一片，湖畔多有野生乌龟出没。在嵊山岛不远的鸟岛栖息着数以万计的海鸥，是重要的海鸟栖息繁殖基地。

根据林业部门调查资料，1998 年嵊山岛的森林覆盖面积达 12.63 平方千米，其主要树种为马尾松人工林，其次为黑松 0.02 平方千米、樟树 0.023 平方千米及其他阔叶树 0.045 平方千米。而近几年来受火灾烧山、砍伐以及台风影响，树林面积急剧下降。目前树种多为幼中期型。集中分布于山坡中下部。山坡中部往上基地覆土层薄，树林逐渐稀疏，树种矮化，以大面积草坡为主，岩石裸露多，生态情况亦不良好。

目前嵊山岛大天湖边有局部地块开发为茶园，村庄附近坡地分散有菜园外，其余区域自然植被分布呈现以下特征：在山顶，海拔 350—500 米之间的丘陵坡地，草种类繁多，覆盖率在 90%—100%，主要草种有白茅、五节芒、狗尾草、双穗雀稗、鸭嘴草等。局部散生有稀疏的阳性乔木如马尾松、木麻黄和相思树等矮树丛或幼树的灌丛（稀树灌丛）；在山坡中下部，以及北面山坡，出现以中熟型马尾松、木麻黄和相思树为主的树林；在丘陵山坳地，土层深厚，环境条件好，出现树形较大的中亚热带常绿阔叶林。

福瑶列岛海洋生物资源十分丰富,是闽东的最重要渔场,是福鼎的渔业生产基地。在这里繁衍的游泳生物共有 136 种,其中鱼类 96 种,甲壳类 36 种,头足类 4 种。经济鱼类约 70 种,其中优质鱼类有大黄鱼、四指马鲅、鲥鱼、黄姑鱼、鲳鱼、笛鲷、鳗鱼和马鲛鱼等,优质种有日本鳀鱼、中华小沙丁鱼、三疣梭子蟹、哈氏仿对虾和杜氏枪乌贼等。贝类有藤壶、佛手、龟足、鲍鱼、厚壳贻贝等,福瑶列岛海岛生态保护区也是墨鱼等鱼类的产卵场。底栖生物有中蚓虫、棒槌螺、纵肋织纹螺、绒毛细足蟹、红狼牙虾虎鱼等,潮间带生物有坛紫菜、小石花菜、铁丁菜、小珊瑚菜、海葵、响螺、日本笠藤壶、美女白樱蛤、等边浅蛤等。

福瑶列岛海岛资源丰富,由 22 个岛礁组成。由于地处外海,常年受海风侵蚀和海水冲刷,海岛沿岸海蚀地貌明显,海岛地质地貌珍稀独特。根据最新海岛地名普查数据,福瑶列岛主要包含:大嵛山、小嵛山、鸳鸯岛、银屿、鸟屿、大鸡笼岛、小鸡笼岛、芦竹岛、小羊鼓岛、猴头、猪仔礁、观音礁、蚕仔礁、显门礁、银屿、清湾岛、正然岛等。

景观资源及历史民俗

大小嵛山海岛的自然景观、地质地貌珍稀独特,既有很高的保护价值,又具有较高的旅游价值。大嵛山岛上有天然形成的大、小天湖和九猪拱槽 3 个高山湖泊,山湖相映。湖四周山坡平缓,绿草如茵,万亩草场如至天山,其生态乃南国之罕见。海岛岸线曲折绵长,海蚀地貌明显,岩礁具有很高的审美价值。乘舟环岛而行,沿岸礁石纷呈,若断若续,参差错落,嶙峋峻峭,形成一条"礁石宝链"。许多礁石在长期风力、海浪冲击作用下,塑出各式景观,令人百看不厌。著名的有大嵛山的金猴观日、千叶岩、海龟礁、五叠石等众多奇形怪状的岩石景点。小嵛山岛沿岸因被海水冲刷风化,基岩裸露,礁石林立,海蚀地貌十分突出,构成奇特的景观。鸳鸯岛上植被覆盖条件良好,地形复杂,从羊鼓尾远看,形似一人仰卧,地质地貌景观独特。鸟岛上栖息着数以万计的海鸥,是重要的海鸟栖息繁殖基地。总的来看,福瑶列岛国家级海洋公园范围内自然景观资源丰富,按类型可分为天景、地景、水景、生景四类。

福瑶列岛不仅自然风光美不胜收,而且还有地域的文化特色,有独具风味的海上民居及当地的民俗风情,更有结合传说的特色景观,这些都给景区增添乐趣。如大使宫、天湖寺、洋鼓坑道、营房、炮位、战壕等。其中,羊鼓尾景区位于大嵛山

冬季嵛山岛（刘学斌 摄）

岛东南部，是一处军事设施红色人文遗址，工事修建于 1959 年，原为中华人民共和国成立后福建对台斗争的前沿阵地，驻扎有兵力 200 人左右，驻军约于 1972 年撤防。现保存有完整的战壕、坑道、火力点、掩体、观察所、营房、防空洞等军工设施，是一处开发军旅体验的绝佳景点。

保护区管理

保护区基础设施建设现状　嵛山镇党委政府高度重视海岛公共设施建设，不断加大投资力度，逐步完善各项设施建设。目前全镇拥有较完备的渔港体系和环岛交通路网，岛上建有 1 座二级渔港码头、3 座陆岛交通码头（其中芦竹 1000 吨码头即将竣工验收）、4 座三级渔港码头，进出岛交通便捷，有固定航班轮渡和旅游快艇；全岛现有芦竹村至东角村约 11 千米长的水泥硬化公路，实现村村道路互通。

保护区管理工作现状　嵛山镇党委政府高度重视海岛公共设施建设，不断加大投资力度，逐步完善各项设施建设。目前全镇拥有较完备的渔港体系和环岛交通路网，

未来拟沿海岸线内侧修建环岛一周的环岛路，游客可乘车环岛游，出行可坐旅游巴士或小面的。

　　福鼎市林业局已在嵛山镇开展森林培育2000多亩，投入资金累计1000多万元，用于恢复嵛山岛的植被生态及其景观功能。

　　岛上水、电、通信等设施一应俱全，逐步与城市接轨。镇上有老年人活动中心3座、文化活动中心站1座、农家书屋3处、青少年校外体育活动场所1处，较好地丰富了群众的业余生活。

　　嵛山岛上现有嵛山镇马祖码头为二级渔港码头；渔鸟村、东角村、芦竹村、中灶村码头分别建有三级渔港码头。在硖门乡渔井村建设有渔井二级陆岛交通码头一座，年客流量4万人次。在三沙古镇码头有二级陆岛交通码头一座，年游客量16万人次。它们共同承当嵛山岛海上交通对接口。天湖景点至马祖村有7千米长、4.5—5米宽水泥道路，目前是游客通往天湖草场的唯一通道。芦竹村至东角村有11千米长、5米宽环岛水泥公路，是村镇间主要交通线。天湖草场内留有一条海上边防部队留下的军用交通路基。

　　根据《福鼎市嵛山镇总体规划（2009—2030）》，大嵛山岛拟修建一条嵛山镇—灶澳村南北连通的环岛路，从而方便海岛的观光旅游及岛上居民生活。

乡土百业

嵊山供电事业发展简述

丁国龙　董其勇　郑修喜

嵊山地处海岛，与内陆隔海相望，宽广的里山湾，隔的不只是那片海，还有海岛民众翘首以盼上百年的那份光明。

清末民初，嵊山解禁，内陆居民陆续迁居嵊山岛，嵊山渐次繁荣。那个年代海岛民众的照明，靠的是点桐油灯、松油灯。民国时期，"洋油"（煤油）通过各种途径也"飘"到了嵊山，但洋油灯只是部分富人、船东、财主才能点得起，大部分渔民家庭还是靠原始材料照明。中华人民共和国成立后，煤油成了岛民供应物品，岛民才纷纷点起不太冒黑烟的煤油灯。村里开大会、晚上集体加班时，还会点上白光耀眼的汽灯。但是，无论是煤油灯还是汽灯，日常照明可以，要发展渔农业生产，没有电却完全不行。

海岛旧貌（欧阳后梅 供图）

1968 年，嵛山自霞浦复归福鼎管辖后，成立了嵛山人民公社，公社要办社办企业，没有电办不成。于是嵛山公社党委下定决心修建一座水电站，自己发电供照明、办企业。1971 年，公社在县水电部门的支持下，请来技术员勘察设计，最终选址在大使澳大使爷宫斜对面，建造嵛山第一座水电站——马祖水电站。1972 年，马祖水电站建成投用，嵛山有了第一束电光。马祖水电站装机容量 40 千瓦，架设低压直供线路 1 千米至马祖村，白天发电供公社办公、渔农具修配厂和部分社直单位、社属企业商店使用。夜间发电 2—3 个小时，供马祖大队马祖、大使澳两个自然村村民照明。由于发电量有限，嵛山公社其他大队都没办法供电。

1981 年 1 月，嵛山天湖水库电站建成投用，嵛山居民奔走相告，期盼数十年的电，终于走进海岛渔村的家家户户。天湖电站站址设在灶澳村南风湖，引天湖水铺压力管至发电厂房，装机 160 千瓦，架设架空高压线路 15 千米至全岛各村，在岛上设马祖、鱼鸟、芒垱、东角、芦竹、带鱼澳、柴仔林、天湖 8 个变压器，容量约 200 千伏安。灶澳村因靠近电站，架低压线路 2 千米，由电站直供电源。彼时，天湖电站年均发电量 7—8 万度，丰水期每天晚上供电 3—5 小时，嵛山群众夜间照明至此有了基本保障。

天湖电站发电峰谷不平，丰水期全岛供电可达 5 个小时左右，可是一遇枯水期，一天 2 个小时供电都无法保障，有时候甚至接连十天半个月发不了电。遇上台风天，供电线路出故障，安全更无保障。嵛山民众时时期盼哪一天能铺设海底电缆，一天 24 小时都能用上电。

1991 年 8 月，在省、地区、县各级计委、对台、水电、财政、建委等部门的大力支持下，嵛山岛成功铺设海底电缆；12 月 20 日，嵛山 10 千伏海底电缆供电工程通过竣工验收，正式通电，海岛民众期盼百年的光明使者终于来到眼前。嵛山 10 千伏海底电缆供电工程起点于福鼎硃门水电站 10 千伏电源点接线，架空线路途经下池澳入海，用海缆铺设至嵛山马祖村西北澳。线路实际施工长度 17.44 千米，其中，硃门段陆架线路 4.8 千米，海底电缆 8.14 千米，马祖四回路高压出线（东角、芦竹、天湖、马祖）4.5 千米。在马祖设露天开关站和简易供电管理房一座，占地 800 平方米，并有硃门侧高压出线装置及两滩部建设、安全警示牌等辅助配套工程，项目总投资 160 万元。与此同时，嵛山乡设立供电所，安排职工 5 人，负责全岛供电线路维护、电费收缴、处置供用电应急事项，全岛的用电需求和用电安全有了基本保障。1992 年，嵛山岛年用电量达到 40 多万度，是上年用电量的 5 倍多。此后，嵛山经济、社会各项事业快速发展，每年用电量呈急速递增态势。

2007 年，鉴于嵛山旅游开发和渔业生产发展迅猛，1991 年架设的一回路 10 千伏海底电缆供电量满足不了全岛用电需求，省、市供电部门决定增设一回 3×150 千伏海底电缆。该回路海底电缆长 8.6 千米，总投资 1500 万元。同时，从嵊山灶澳出线，铺设海底电缆 12 千米至七星岛，解决七星岛长期缺电问题。当年，嵊山岛设变压器 12 台，总容量 1000 千伏安，全年用电量达到 170 万度。

2019 年，鉴于 1991 年架设的 10 千伏海底电缆超过了原定 15 年使用年限，已超期服役多年，且频频发生故障，加上嵊山各项事业发展迅速，用电量剧增。省、市供电部门又一次对嵊山海底电缆进行改建，报废 1991 年铺设的海底电缆段，新设一回 3×300 千伏有 12 对光纤的光电混合缆，与移动、电信、广电等通信光缆实施共缆传输，总投资达 2900 万元，嵊山的供电设施有了质的飞升。

2022 年，嵊山岛有 0.4 千伏低压供电线路 33 千米，10 千伏海底电缆 29.82 千米（含七星 12 千米），10 千伏陆上架空线路 23 千米，完成绝缘化改造线路 15 千米。设公用变压器 23 台，总容量 8540 千伏安；专用变压器 4 台，总容量 1000 千伏安。全岛共有供电用户 1600 户，全年用电量 400 万度。嵊山完备的供电设施，为嵊山人民群众的生产生活和海岛全域旅游、乡村振兴事业发展，提供了更加稳定的保障。

嵛山海底电缆供电工程建设始末

⟨➋⟩董其勇

项目背景

　　1989年的嵛山岛，设5个行政村，有27个自然村，在籍总户数1076户、5486人，暂住人口468户、2437人，全岛常住人口近8000人。但是，全岛仅靠装机容量160千瓦的天湖水电站发电，每天晚上7点到10点，供电3个小时。电力对嵛山岛经济社会发展制约极大。20世纪80年代，随着改革开放的进一步深入，福建省加大对沿海岛屿、突出部的开发建设各项基础设施投入较大，特别是在供水、供电、码头、公路等方面的投入密集。到1989年，全省建制乡以上海岛，仅余福鼎县嵛山岛未与内陆电网联网。实现嵛山与内陆电网联网，是嵛山岛干部群众心中的光明工程，也是宁德地区、福鼎县急需解决的德政工程。彼时，福鼎县和嵛山乡历届领导班子，对争取实现嵛山与内陆电网联网下过很多功夫，只要一有机会就会多方呼请。奈何嵛山距大陆最近点达3.56海里，内陆对嵛山供电，必须通过海底电缆才能解决，电网联网难度之大出乎想象；嵛山海缆供电工程预估建设资金超过150万元，投资规模之大，已经超出当时福鼎县级财政能够承受的能力。福鼎县委、县政府几度提及又几度放下，海岛光明之旅前路茫茫。

　　转机来自1989年5月。这一年的5月16—17日，宁德地区新闻工作会议在福鼎召开，时任宁德地委书记习近平亲临会议并作重要讲话。5月18日上午，习近平乘渔政船前往嵛山岛调研考察，绕岛一周，视察了马祖、芦竹、鱼鸟、东角、灶澳等村后，登上嵛山岛，在嵛山乡会议室主持召开座谈会。时任嵛山乡党委书记、乡长张克伙向习近平简要汇报了嵛山乡相关情况，提出请求解决的困难和问题：一是嵛山与大陆电网联网，二是修建环岛公路，三是嵛山岛开放开发，四是乡级财政困难，五是海岛干部待遇。习近平非常关心岛上居民和驻岛干部的生产生活，赞扬并鼓励大家继续发扬艰苦奋斗的建岛、守岛精神；十分关注海岛建设，表示将尽力帮助嵛山解决实际的困难和问题。

前期工作

在习近平的关怀和谋划下，1989年9月，福鼎县人民政府向宁德地区行署上报《关于要求铺设我县嵛山海底输电线路的报告》（鼎政〔1989〕综174号），揭开了海缆工程建设的序幕，嵛山海底电缆供电工程前期筹建工作自此正式开始。

项目报批　　1990年5月7日，福鼎县计划委员会、县水利电力局分别向宁德地区计委、地区水电局上报建设嵛山海底电缆供电工程立项报告和嵛乡供电工程项目建议书。1990年7月24日，宁德地区计划委员会下达《关于嵛山乡海底电缆供电工程计划任务书的批复》，批复嵛山海底电缆供电工程建设内容与规模为从闽东电网的霞浦三沙至嵛山乡10千伏海底电缆13.5千米，其中海底电缆3.2千米；总投资包括设备、线路及供电所等控制在120万元以内；资金来源县财政补助10万元，乡财政自筹24万元，不足部分请求上级有关部门拨款补助。此后，嵛山乡政府委托宁德地区水电局设计室承担嵛山10千伏海缆供电工程设计任务，委托国家海洋局第三海洋研究所对嵛山海缆路由区进行勘测和调查。根据海域勘测调查和设计方案比对，经福鼎、霞浦县有关部门沟通协调，设计单位对嵛山海底电缆供电工程提出两个初设方案：一、三沙方案，线路起点霞浦三沙拆船厂，经小古镇、烽火岛，跨小嵛山至马祖，线路全长13.26千米，其中海缆4.7千米；二、硖门方案，线路起点硖门电站，经下池澳至马祖，线路全长13.9千米，其中海缆8.6千米。1991年3月9日，宁德地区建设委员会下达《关于福鼎县嵛山岛10千伏海缆供电工程初设的批复》，批文认为经审查两个方案技术上均可行，但为便于今后的工程管理，根据福鼎县的要求，同意选择硖门方案。线路起点于福鼎硖门10千伏线路接电，架立线路途经桥头店、坑里门，从下池澳入海用海缆敷设至大嵛山岛西北澳上岸，终端在大嵛山的马祖村。陆上架空线路5.3千米，导线为LGT-70毫米；海缆8.6千米，采用截面ZQD41G-10/3×50平方毫米海底电力电缆，在马祖村设露天开关站和供电管理房一座。核定概算总投资160万元。5月17日，地区建委下达一个补充批复，同意初设中马祖开关站的设计规模与概算编制原则，工程核定投资仍为原批复的160万元。也是在1991年3月9日，宁德地区计划委员会下达《关于福鼎县嵛山乡10千伏送电线路设计任务的批复》，批复同意将原霞浦三沙至福鼎嵛山线路方案改为福鼎硖门至嵛山线路，全长13.9千米，其中海缆8.6千米；同意地区建委关于线路路径及导线截面选择；工程总投资控制在160万元以内，建设资金除争取上级补助115万元外，不足部分县、乡自筹解决。至此，嵛山海底电缆供电工程项目报批工作基本完成。

线路勘测与方案设计　　1990年3月13日，嵛山乡人民政府委托宁德地区水电局设计室承担嵛山 10 千伏海缆供电工程设计任务。同年 8 月，委托国家海洋局第三海洋研究所对嵛山海缆路由区进行勘测和调查。国家海洋三所派出水文组曾潮生副研究员、地质组谢在团副研究员为正副组长，组织 17 位专家、工程师，于 1990 年 9 月 5—17 日，在霞浦烽火岛至小嵛山猪仔笼之间海域和大嵛山马祖村西北澳至硖门下池澳之间海域、岸滩之海缆路由区进行多滩点、多方案的海洋环境勘测调查。调查主要项目有：水深测量、海底地形地貌探测、海底表层底质采样与分析、海缆下海和登陆岸段岸滩的地质地貌调查、路由区海域海流测验等。海缆路由区勘测时，指挥部全体同志与技术人员一道迎狂风、战恶浪，26 个小时坚守海面，圆满完成水文调查任务。根据国家海洋局第三海洋研究所海缆路由区海域勘测调查报告：三沙海域海缆路由从霞浦烽火岛下海至福鼎小嵛山猪仔笼，全长 4.7 千米，此段路由海底地质以沙泥为主；海流湍急，流速 1.33—1.5 米／秒，水深 23.5—15 米，平均深度 18.2 米，海缆上下登陆岸滩多暗礁，需进行水下炸缆沟等深水作业，施工程序复杂繁多，但海缆铺设还是可行的。硖门海域路由从大嵛山马祖村西北澳口至硖门下池澳，全长 8.6 千米，此段路由海域海底地质以泥沙为主；流速缓和，在 0.63—0.9 米／秒之间；水深 2—5 米，最大深度 6 米；海底十分平坦开阔，整个地形呈和缓斜坡，自西向东缓倾；海缆上下岸段滩部海沙层达 1 米以上，是理想的海缆岸滩登陆点。国家海洋三所详尽的勘测调查报告，为海缆工程的设计和施工提供了科学依据。与此同时，嵛山乡还委托霞浦电力公司、福鼎县水电局对两个线路方案的陆上架空线路进行勘测调查。宁德地区水电局设计室、国家海洋三所对嵛山海缆路由区及敷缆方案做了大量而又详尽的调研工作。1991 年 1 月，海缆工程的两个初设方案，在宁德地区水电设计室和福鼎水电局技术人员的辛勤努力下设计完成。同年 3 月，由宁德地区建设委员会主持，在宁德市（现蕉城区）召开了嵛山海缆工程初步设计方案论证会。宁德地区计委、水电局、台工部，国家海洋三所，福鼎县政府、县计委、水电局、县委台工部、嵛山乡等有关单位的领导和技术人员参加初设审查会议。会议对两个线路设计方案进行详细比对、论证，最终一致建议选择硖门方案，出具嵛山海底电缆供电工程初设方案审查论证结果。1991 年 3 月 9 日，宁德地区建委、计委分别下达《关于福鼎县嵛山岛 10 千伏海缆供电工程初设的批复》《关于福鼎县嵛山乡 10 千伏送电线路设计任务的批复》，对嵛山岛 10 千伏海底电缆供电工程的初步设计方案作正式批复。批文确定选择硖门方案，批准初设线路路由和导线截面，核定概算总投资 160 万元。明确该工程列入 1991 年度农电建设项目，要求地方政府抓紧资金筹集，抓紧施工，在当年台风季节来临之前，海缆铺设完工并投产。

　　领导重视　　嵛山海缆工程自项目提出以来，一直受到各级领导的重视和关怀。

嵛山

1989年5月，时任宁德地委书记习近平考察调研嵛山后，布局、谋划嵛山海底电缆项目，要求宁德地区水电、计划、对台、建设等部门全力以赴，支持嵛山海缆工程建设，并在宁德地区财政十分困难的情况下，指示地区财政局率先拨款5万元，补助嵛山海缆项目建设。1990年，时任省委书记陈光毅、省长贾庆林到福鼎视察台风灾情期间，听取嵛山海缆工程筹建情况汇报，当场拍板，由省财政拨款30万元，支持海缆工程建设，并对建设海缆工程作了专门指示。宁德地委、行署，福鼎县委、县政府把建设嵛山海缆工程列为1991年地区、县两级为民办的主要实事来抓，福鼎县政府为此专门成立工程指挥部，指定林立慈副县长具体抓工程建设工作。海缆通电时，县政府在嵛山岛主持举行了隆重的通电典礼，宁德行署副专员林平、福鼎县长李元明、县人大常委会主任董东堡、县委副书记马潞生、副县长林立慈等各级各有关部门领导亲临嵛山，参加通电仪式。嵛山乡党委政府更是倾极人、财、物力投建海缆工程。

部门支持 嵛山海缆工程一开始筹建，就得到了省、地区、县水电、计委、对台、财政、建委、建行、审计等各部门的大力支持和全方位关照。水电部门作为工程建设的主管单位，为工程的技术设计、资金落实、调查勘测、工程把关、质量检测等工作倾注了极大的热情。计委部门为工程的项目立项审批、设计方案论证、资金计划与安排、开工报告审批、建设材料分配等，给予支持和帮助；对台部门急海岛建设之所急，为海缆五程投资建设牵头接钱，多方争取。并于1990年底，率先将25万元工程建设补助资金一次性下拨工程指挥部。财政部门为本工程的资金安排与运转出谋献策，出了大力；建委系统在开工审批、项目论证、验收前准备等方面为工程大开方便之门。此外、建行、审计、硖门乡等单位也为本工程的各项工作提供了极大方便。

力量组织 嵛山岛10千伏海底电缆供电工程批准立项后，福鼎县人民政府即于1990年8月8日，正式成立福鼎县嵛山海底电缆供电工程指挥部，由福鼎县人民政府副县长林立慈任指挥，嵛山乡党委书记王孙明、副乡长欧阳厚梅为副指挥，县水电局工程师李健民为技术主管，县委台工部林周炎和嵛山乡党委董其勇为办公室副主任，县水电局、计委、财政局、交通局、县委台工部等有关部门的11位主要领导为指挥部领导成员，县水电局主任工程师施世雄、电力股长潘道广为工程技术顾问；与此同时，嵛山乡党委、政府成立海缆工程领导小组，抽调5名骨干干部充实到指挥部办公室，县水电局抽调3名技术人员，加强工程技术力量。在海缆工程的前期勘测和施工建设全过程中，指挥部全体人员全力以赴、精心组织、艰苦奋战、辛勤奔波、勤奋工作，在海缆勘测铺设、陆架线路勘测施工、设备材料采购等具体业务上，以一当十，顶骄阳，爬高山，驻工地，不怕舟车跋涉，不畏艰辛险恶，不分内勤外业，精诚团结，共同奋斗，竭尽心力，尽心尽责。同时做好工程的信息反馈、汇报、协调工作，理顺各方关系，妥善解决各阶段、各方面出现的难点难题，圆满完成工程的建设任务，为海缆工程顺利建成奉献自己的辛勤汗水。

资金筹集　嵛山海缆工程筹建期间，得到了省、地、县党政领导和水电、计委、对台部等有关部门以及嵛山乡广大干部群众的大力支持和帮助。1990年底，嵛山乡成立"海缆集资领导小组"，广泛开展群众性集资活动；对台、财政、水电、计委等部门，急海岛建设之所急，先后将工程承诺款提前下拨到工程指挥部。到1991年5月上旬，海缆工程建设资金共到位75万元，具备开工条件。

工程施工

1991年5月25日，福建省计划委员会、福建省建设委员会联合发出《关于下达福建省一九九一年第六批新开工项目的通知》，同意嵛山10千伏海底电缆供电工程正式开工建设。自此，嵛山海缆工程进入实质性施工阶段。

施工安排　根据宁德地区计委、建委对工程设计方案和概算编制的批复精神，结合初设方案和概算编制说明，指挥部采取积极、慎重的态度，对工程施工队伍进行认真的组织安排。为抢在台风来临之前完成海缆敷设施工，使工程尽早产生效益。项目采取"分项施工，择优选队，同步进行"的办法，将整个工程分成5个施工项目：其一硖门10千伏高压侧出线设备安装，核定资金2.32万元；其二硖门段10千伏陆架线路，长5.3千米，导线采用截面为LGJ-70平方毫米裸铝线，核定资金9.6475万元。此两项工程由福鼎县水电安装队承担。其三海缆工程（包括海缆设备材料、运输、敷设等）。海缆全长8.6千米，选用湖北红旗电缆厂生产的ZQDAIG-10/3×50毫米海底电力电缆，技术要求按国家部颁规定的技术标准生产，8.6千米长的海缆中只允许一个软接头，并注有明显标志，该项核资115.02万元，委托福建省电器工业总公司以管理型总承包；海缆敷设施工由浙江省舟山市电力安装公司承担。其四马祖露天开关站（包括承制三面低压配电屏、高压侧三路出线），核定资金8.959万元，由福鼎县水电安装队和嵛山水电站承建。其五建筑工程（包括800平方米平台土地平整，200平方米供电管理房，两滩部建设等），核资10.216万元，由福鼎县第二建筑工程公司承建。工程施工组织由福鼎县嵛山海底电缆供电工程指挥部负责。

海缆运输与敷设　海缆选购、运输、测试与敷设是整个供电工程中，造价最高，技术要求最严，施工难度最大的控制性项目。1991年3月20日，指挥部成员召开会议决定：海缆选用湖北红旗电缆厂生产的ZQD41G-10/3×50毫米海底

海底电缆铺设（欧阳后梅 供图）

电力电缆；海缆接运、敷设施工、电缆头制造、海缆交接试验均由省电器工业总公司以及舟山市电力安装公司承担，指挥部派员到厂方督货并进行技术性协调。同年8月9日，浙江舟山"舟电2号"铺缆船，克服长江洪水等困难，将海缆从湖北宜昌红旗电缆厂安全运抵福鼎嵛山岛海面。与指挥部联系后，铺缆船便进行实地试航，熟悉施工现场。8月10日，继续试航并进行施工前的各项准备工作。各级有关部门领导亲临施工现场，召开铺缆施工会议，成立海缆铺设施工现场指挥部，检查落实各个环节的准备情况。一再要求在8月11日的海缆铺设施工中，所有施工人员要各司其职，严格把关，注意安全，保证质量完成海缆铺设任务。必须及时掌握气象和潮汐信息，只准成功，不许失败。在指挥部的周密部署安排下，8月11日上午7：00至下午4：10海缆一次性铺设成功，而且路由航迹理想，取得了预期的效果。从硖门下池澳陆架终端杆至马祖西北澳终端杆之间，海缆实际长度为8137米，剩余463米，截断封存，以备维修。8月14日，电缆头制作、海缆交接耐压测试均达标通过。下午2点，硖门水电站首次向嵛山岛送电并取得一次性成功。自此，嵛山岛结束了长期缺电的历史，实现与内陆电网联网通电。

硖门侧10千伏高压设备装置 硖门侧10千伏电源出线暂由硖门水电站主变10千伏高压侧接线，过渡期选用DW10（G）-200A型柱上油开关作为断路器，额定负荷装有过负荷或短路故障电流保护装置，启动龙门杆上两端装有GW1-10/200A隔离开关，RW4-10（G）/100A跌落式熔断器，FS-10避雷器作为过电压保护。

为计量方便，在杆上装有 STW-10,30/5 户外高压电力计量箱等设备，待硖门近期 35/10 千伏新变电站建成后，下池澳 10 千伏专线即由该新变电站 GG-1A（F）-04 盘柜采用电力电缆接至出线，线路高压开关柜上装设电流速断、限时过流重合闸保护等相应的保护装置。

硖门 10 千伏陆架线路　起点硖门水电站，途经罗山、秦石、漂坑至下池澳终端杆。全长 4.8 千米，设计电压 10 千伏，终期负荷 1000 千瓦，陆架线路用 LGJ-70 毫米裸铝线架设，整个线路共有杆塔 62 基 63 根水泥杆。线路最大档距 17—18 号杆为 116.9 米，最小档距是 2—3 号杆为 37.1 米，其他档距均在 90 米左右。整条线路的杆塔除在 23 号杆秦石村跨 10 千伏线路采用 Φ190×12 米钢筋砼径杆外，其余全部采用 Φ150×10 米钢筋砼等径杆。为防腐蚀，横档金具全部进行热镀锌处理。拉线采用 GJ-60、GJ-36 镀锌钢绞线。沿线由于山坡较陡。杆穴基础较硬，运输施工较困难，线路的基础拉盘采用方整岩石块预制。上述陆架线路、电源点设备安装均由县水电安装队总承包，于 1991 年 6 月 25 日完工。

马祖 10 千伏开关站　位于马祖村长澳仔口山凹部平台上，全站占地面积 800 平方米，开关站高压配电装置全部采用露天式，杆架用 Φ150×9 米，4×2 平行列置水泥电杆，横档用 < 68×60 四向接连，汇流线用 LGJ-70 毫米裸铝线，通过悬串组 X-4.5C 接连，中间采用 P-15T 瓷瓶支持加固。该开关站 10 千伏高压侧，一路由硖门 10 千伏电源进线，四回路出线（马祖、东角、芦竹、天湖）。其中东角一回路暂为联络线，原设计主配变 2 台 250 千伏安，近期先装一台。每回路杆架上装有 DW1o（G）-100A 柱上油开关，GW8-10/200A 隔离开关，RWa-100/100A 跌落式熔断器 1g-10 高压避雷器等。在硖门一马祖进线馈线上欠装一组 JLSJW-10 型户外电压电流组合工感器。该开关站与配由盘制造均由县水电安装队以包工不包料形式承建，于 1991 年 7 月 5 日完工。

供电管理房　建筑面积 200 平方米，二层四间加中间 2.4 米梯巷，砖砌钢筋混凝结构，楼房正面贴面砖。楼层右边两间为配电室，值班室，室内先装 BSL-1-0.9 盘柜一面和 BSL-1-43 改装盘柜二面，低压出线为马祖村民户、冷冻厂、乡直单位以及站内用电等四回路。整个开关站及供电所要求接地电阻 ≤ 4 欧，现测 R 地 ≤ 6.2 欧应即补打地线至合格。供电管理房由县二建公司承建，于 1991 年 10 月完工。

马祖开关站 10 千伏高压出线　分为马祖、芦竹、东角、天湖四回路，其中东角一回路暂时作为供电所与嵛山水电站联络线。芦竹、东角、天湖三回路高压出线金长 1.6 千米，采用 IGJ-95 毫米裸铝线，Φ150×10 米钢筋砼水泥皂杆架设。

马祖村低压出线和冷冻厂低压出线分别用 LGJ-35 毫米，LGJ-70 毫米裸铝线和

Φ150×10 米水泥杆架设，合计长度 1 千米。

以上两项均由嵛山水电站施工架设，于 1991 年 10 月 20 日完工。

并车联网装置　为调峰和解决现阶段福鼎电力紧张问题，充分发挥岛上原小水电站作用，将嵛山装机容量为 160 千瓦的小水电站与硖门大陆电网联网拼车，购置并车配电屏一面及其附属设备，装于嵛山水电站内。本项目于 1991 年 10 月 5 日完成，同日，与硖门水电站并车联网成功。

下池澳滩部工程　采用挖沟埋缆压载和离水平面处挖砌沟与条石盖面方法。沙滩部长 200 米沟深 1.5 米用 110 砼装袋压载，上部砌沟深 20 厘米，宽 20 厘米，长 20 米敷缆上下底填沙 10 厘米再用 25×25×50 厘米条石盖面，100# 水泥砂勾缝抹面，设有锚固墩：有锚固螺栓预埋，用钢筋砼、块石按设计尺寸砌制，当海缆穿敷锚固墩时，裹包棕片 1—2 厘米，用预制好钢筋砼盖板盖上，锁紧锚固螺栓、敷沙砌石，再用水泥砂浆抹面。

西北澳滩部工程　采用挖沟埋缆压载，挖沟填砼浆砌和挖砌沟条石盖面方法。分 3 段施工。底部淤泥段：挖沟深 1.5 米，宽 0.8 米，长 40 米，用 110# 砼装袋压载采用"一竖两横式"；中部砂砾段：长 51 米挖沟断面高 1 米，底宽 1 米，两边用乱石干砌，底面用水泥沙浆抹面敷沙 0.1 米后放缆，在放缆后再敷沙 0.1 米。最后，用 110# 砼装袋直接压缆。山坡段长 45 米，沟高 0.8 米，底宽 0.8 米，边坡 1 比 0.5，沟两边用 80# 水泥砂浆砌块石，沟断面为 0.2×0.22 米，用 25×25×50 厘米条石盖面，顶部用 100# 水泥砂浆抹面，设锚固墩。

安全标志　两滩部分别在醒目位置各设一面安全警示牌，并刷写警告文字，规格为高 3 米、宽 2.5 米、厚 0.45 米。

以上三项均由县二建公司委托工程队承建，于 1991 年 8 月 10 日完成。

项目收支

工程概算　根据宁德地区建委（91）宁地建设技字第 052 号、宁德地区几位宁地计基（91）033 号文件批复，嵛山海底电缆供电工程核定总投资 160.3643 万元（详见下表）：

嵛山海底电缆供电工程概算表

单位：万元

标准名称	项目名标	设备费	安装费	合计
1	海底电缆（包括滩部工程）	96.32	18.70	115.02
2	马祖开关站	7.69	1.269	8.959

标准名称	项目名标	设备费	安装费	合计
3	建筑三程（供电所等）			10.24
4	架空线路（硖门陆架）	7.5659	2.0816	9.6475
5	硖门侧出线	2.065	0.255	2.32
6	其他管理路由勘测设计			5.1245
7	预备费			9.0772
8	工程总投资			160.3643

　　资金拼盘　　基于当时的体制背景和项目投资量，嵛山海底电缆供电工程，没办法由一家单位承担项目建设投资，从开始谋划就定性为一个"众筹工程"。宁德地区计委、建委、水电局的各种批复，都强调项目需要申请补助，不足部分县乡自筹。因此，该工程的投资是由相关部门以补助形式，一点一点拼凑起来的。习近平在嵛山调研时，就要求地委办、行署办协调计委、水电、对台等相关部门，有钱出钱有力出力，在海缆工程项目报批、资金拼盘上给予支持配合，并从地区财政资金中挤出 5 万元，给予补助。1990 年，福建省委书记陈光毅、省长贾庆林到福鼎视察台风灾情期间，听取嵛山海缆工程筹建汇报，当场拍板决定，由省财政拨款 30 万元支持海缆工程建设。嵛山海底电缆供电工程建设资金拼盘来自 3 个方面：上级补助、地方集资、贷款。其中，省政府财政补助 30 万元、省计委补助 30 万元、省对台部补助 25 万元、省水电厅补助 25 万元、宁德地区行署财政补助 5 万元、福鼎县政府财政补助 15.5 万元、嵛山乡干部群众集资 9.3 万元，向县建行贷款 5 万元、以供电所名义申请扶贫贷款 4 万元，合计筹集项目建设资金 148.8 万元。

　　经费使用　　嵛山海底电缆供电工程指挥部本着"节约使用，精心施工，精打细算，严控支付"的原则，采取"一把笔审批，全方位节俭"办法，管理海底电缆建设资金。海缆工程全面完工后，项目总支出 150.2182 万元，比原核定投资 160.3543 万元，节约 10.1361 万元。具体为：海底电缆初设核定金额 110.52 万元，经与厂方直接洽谈磋商，电缆价格由 11.2 万元／千米下降到 10.3 万元／千米，仅此项共计节省资金 7.74 万元；架空线路全长 4.8 千米，每千米造价 1.85 万元，施工支出为 10.2578 万元，因此项工程设计漏项青苗赔偿费 1.0277 万元，比原概算 9.6475 万元超出 6103 元；马祖开关站由于增设拼车盘柜，新增龙门杆架等，比原设计增支 1.4583 万元；供电管理房实际支出 8.293 万元，比原设计核定 10.256 万元，节约 1.923 万元；硖门侧出线原设计投资 2.32 万元，实际支出 8650 元，节约 1.455 万元；勘测设计费由于海缆路由线路变更，增支 9757 元。

通电竣工

质量初检　　崳山10千伏海底电缆供电工程起点于福鼎硖门水电站10千伏电源点接线，架空线路途经下池澳入海，用海缆敷设至大崳山马祖村西北澳。线路初设全长13.9千米，实际施工长度17.437千米。电缆8.137千米，马祖四回路高压出线（东角、芦竹、天湖、马祖）4.5千米。上述项目建设完成后，施工单位均进行自检自测，并有自检合格报告。1991年5月，福鼎县水电局和崳山海缆工程指挥部联合对该工程的所有施工项目进行质量初检，查看了各项设施的技术参数和试验报告，修正了陆上架空线路项目的部分缺陷，结论为所有工程项目初检合格。

联合检查组在初检过程中也发现了工程存在的主要问题及缺漏项。主要问题：一是露天开关站欠装一组JLS/W-10电压电流组合工感器，目前虽不影响运行但影响高压测示，应即购回补装；二是高压出线段中芦竹、天湖二回路欠装两台DW10（G）-100A柱上油开关。应添置补足。三是低压出线冷库线段未架设。应在冷冻厂投产前架设完毕。四是开关站和供电管理房接地电阻经测为R=6.2欧，偏高于规定R≤4欧。应立即补打地线至合格。缺漏项目：一是载波通信设备未添设；二是管理房、开关站围墙及大门未建；三是天湖水电站至供电所10千伏高压联络专线未建；四是供电所职工宿舍、厕所、厨房等未建；五是岛内原旧线路需要整改。

海缆工程漏项支出预算表

单位：元

标准名称	项目名标	设备费	合计
1	载波通讯	硖门→崳山←天湖电站	80000
2	围墙	长150米，宽2.2米	10540
3	大门	镀锌铁栏栅3x2.06	1000
4	小厨房	75平方米x260元	18750
5	管理三具及仪器		3500
6	天湖高压专线	3x1.45万元	43600
7	厕所		3000
8	土地征用等		10000
合计		167290	

通电典礼　　1991年12月20日，福鼎县人民政府、崳山海底电缆供电工程指挥部在崳山马祖新建的崳山供电所大楼门口，举行隆重的崳山海底电缆供电工程通电剪彩仪式，宁德地区行署副专员林平，福鼎县县长李元明、县人大常委会主任董东堡、县委副书记马潞生、副县长林立慈，福建省、宁德地区、福鼎县的计委、财政、水电、对台、建委等部门负责人，各参建单位领导、员工代表，崳山乡干部群众等

近百人亲临现场参加通电典礼。省委书记陈光毅为此专门发来贺电，祝贺福建省最后一个海岛乡与内陆电网联网通电。通电典礼由福鼎县副县长、嵛山海底电缆供电工程指挥部指挥林立慈主持。上午10时30分，嵛山海底电缆供电工程通电仪式正式开始，嵛山乡党委书记王孙明致欢迎词，林平副专员、李元明县长、林立慈指挥分别作重要讲话，宁德地区行署副专员林平、福鼎县县长李元明、嵛山乡党委书记王孙明为海缆通电剪彩。主持人宣布："嵛山海底电缆供电工程现在通电！"嵛山供电所技术主管林喜斌庄重地合上电闸，联通内陆与嵛山电网。刹那间，海岛嵛山灯火通明，喜炮声、烟花声、欢呼声冲天而上，响彻云霄，久久激荡在海岛上空，全岛陷入一片欢乐的海洋。至此，嵛山踏上永久的光明之路，百年梦想成真！

嵛山海底电缆通电典礼（欧阳后梅 供图）

工程试运行　　1991年12月20日，嵛山10千伏海底电缆供电工程通电，开始验收前试运行。1992年2月3—6日，因岛内原10千伏旧线路老化，渔鸟至芒垱段183号杆发生A相瓷瓶击穿落地短路故障，造成开关站东角联络线和下池澳终端杆跌落式熔断器熔丝断裂，停电3天。修复后，输送运行正常，至竣工验收时未发生任何异常状况。

竣工验收　　经过近半年的试运行，1992年6月8日，由宁德地区建委主持组织宁德地区、福鼎县的建委、计委、水电局、台工部等13个单位，福鼎县建行、嵛山海缆工程指挥部及主要参建单位负责人组成验收委员会（主任委员林鸣远、副主任委员郭守荣，成员吴树文、余深林、杨森春、孙正、欧阳厚梅、李健民、王惠明、洪庭弟、潘道广、林周炎、夏品侗、庄明丰、吴正仕），对嵛山海底电缆供电工程进行竣工验收。验收委员会调查工程质量及试运行情况，召开验收会议，认为全部工程质量经初检均合格达标。经过半年的通电试运行，海缆工程运行情况基本正常，工程质量良好，财务收支清楚，有关施工验收资料完整，验收委员会同意给予验收，可以办理固定资产移交手续，正式交付生产。至此，嵛山海底电缆供电工程完美收官。

后记

福鼎嵛山 10 千伏海底电缆供电工程 1991 年 5 月 25 日动工，1991 年 8 月 11—14 日海缆铺设及试送电成功，实际施工期 79 天。1991 年 5 月，该工程的所有施工项目经福鼎县水电局和嵛山海缆工程指挥部联合质量初检合格。1991 年 12 月 20 日，嵛山海缆工程举行正式送电仪式，开始验收前试运行。1992 年 6 月 8 日，由宁德地区建委主持，组织宁德地区、福鼎县的建委、计委、水电局、台工部等 13 个单位，通过嵛山海底电缆供电工程竣工验收，正式交付使用。

嵛山海缆工程建设，得到了福建省、宁德地区、福鼎县党委政府的大力支持，得到省、地区、县计划、财政、水电、对台、建委等单位的倾心帮助，得到国家海洋三所、福建省电器工业总公司、宁德地区水电设计室、湖北红旗电缆厂、舟山电力安装公司，福鼎县建行、电力公司、水电安装队、第二建筑工程公司等设计、施工、制造厂家和金融单位的全力支持与精诚合作。因为有各方的支持帮助，使本工程节省了资金，保质保量按期完成了建设任务。

嵛山 10 千伏海底电缆供电工程来之不易，它的顺利建成投用，是各级党政领导重视关怀的结果，是各级各部门关心支持的结果，是全体工作人员辛勤奋斗的结果，与各施工、设计单位的精诚协作、积极努力分不开，与嵛山广大干部群众的全力支持分不开。嵛山海缆工程竣工，使全省最后一个海岛乡实现与内陆电网联网，彻底解决了嵛山岛 5 个行政村 8000 多人的长期缺电问题，对进一步开发海岛山海资源，充分发挥海岛自然优势，振兴海岛经济，促进嵛山社会经济快速发展，提高海岛居民生产生活水平，加快嵛山岛改革开放步伐，发挥着重大的作用。

30 多年来，嵛山海缆工程见证了嵛山岛的改革开放、旅游开发、脱贫攻坚全过程，现在又为海岛全域旅游、乡村振兴插上翅膀，成为嵛山经济腾飞和社会发展的动力系统。回首当年，所有参建者功不可没！

嵛山海底电缆铺设之后

林周炎 喻仁炉

　　嵛山列岛，位于福鼎市东南海域，为福建省十二个海岛建制乡镇之一，常住居民 5000 多人。嵛山岛原是个比较偏僻的海岛，基础设施差，群众的生活生产和社会活动存在"唱水难、照明难、交通难"等问题。"夜晚抬头数星星，低头两耳闻涛声"是当时海岛的真实写照。岛上没有企业，仅有几家手工作坊。

　　1978 年在有关部门的支持下，建起了一座库容量为 160 万立方米的天湖水库，解决了岛上居民的生活用水问题，同时配套建造一座 160 千瓦的小水电站，只能供应岛上居民夜间几个小时照明。每当停电灯灭时，远望对面的霞浦县三沙镇灯光明亮，一派繁荣景象，而本岛一片漆黑，缺电的阴影一直缠绕在海岛民众的心中，也严重制约了岛上经济的发展和群众的生活。

　　随着改革开放的发展和群众物质生活及文化生活日益需求，彻底解决用电已成突出问题。1990 年，福鼎县政府成立"嵛山海底电缆工程指挥部"，由林立慈副县长任组长，抽调水电、台办、嵛山镇等有关部门人员参加，及时对电缆工程的立项、测量、预算、资金拼盘、材料组织、海缆铺设等工作抓好落实。经测量预算，整个工程线路总长 13.4 千米，其中海底电缆 8.1 千米，总投资 160 万元。整个工程仅用 6 个月时间完成，建设速度快，工程质量好，得到上级有关部门的认可。

　　海缆工程竣工后，不仅彻底解决了嵛山岛的生活生产用电问题，也促进了当地经济的发展，主要乡镇企业有电站、茶场、航运公司、鱼露厂、船舶修配厂、冷冻等。1997 年，全镇工农业总产值达 5603 万元，人均纯收入 3600 元。

　　改革开放以来，在有关部门的支持下，嵛山逐步建立了水电、文教卫生、交通、防护等基础设施，为海岛的发展奠定了基础。

　　岛内的天湖草场、海滨浴场、日屿群鸥等，风光秀丽，已成为旅游景点。近几年来，台轮到嵛山招收劳工和开展小额贸易，避风的台轮逐年增多。台胞看到海底电缆的开通惊讶地说："还是大陆政府好，能关心百姓。"

（本文摘编自《福鼎文史资料》第 16 辑）

马天公路与天湖水电工程建设

郑修喜 董其勇

马天公路

1978 年 8 月 15 日，峏山马祖至大天湖公路（马天公路）工程动工修建，公路全长 7.2 千米，由峏山公社统一规划，建设任务分段下达给各个生产大队。各生产大队发动群众义务投工投劳，兴建马天公路。

修建马天公路，对于当时的峏山群众来说是件大事，也是件难事。20 世纪 70 年代，海岛峏山的生产要素还是传统农耕时期原始设备。工程施工机械进不了岛，群众只能用锄头挖、用肩膀抬，花大力气，一点点、一滴滴，肩挑手提干工程。尽管条件艰苦，但马天公路是海岛第一条机耕路，对于峏山岛民来说意义非常，广大海岛群众对此热情高涨，各队人马在天湖山周边安营扎寨，加班加点完成各村段建设任务。

马祖至大坑里段，坡度陡、弯道多、岩石坚硬，施工和技术难度都比较大。为此，公社聘请外地工程队来承担建设任务。当时，在这段施工的工程队有 6 个。为了统一调度工程建设各项工作，峏山公社专门成立了马天公路工程建设指挥部，协调各工段施工建设、后勤保障、队伍调配等各项工作。1978 年 10 月 1 日，经过一个半月的艰苦奋战，靠峏山群众一锹一铲、肩挑背扛的马天公路全面完成公路路基建设任务，建成通车。手扶拖拉机奔驰在海岛第一条公路上，海岛人民欢欣鼓舞，峏山至此进入一个有公路能通车的历史发展阶段，为此后天湖山各个项目建设和旅游开发，打下了坚实的基础。马天公路自建成到 21 世纪初，仍然是泥结石路面，常年雨水冲刷，台风侵袭，路面坑坑洼洼，路基四处崩塌，已经很难适应经济社会发展，特别是旅游开发的需要。2005 年，峏山镇积极向上级争取项目资金，完成马天公路水泥路面硬化。

天湖水库电站

峏山天湖水库和南风湖水电站于 1978 年 10 月 1 日同步开工建设，1981 年 1 月水库建成，电站发电，加上马天公路建设，峏山岛用三年不到时间建成三项海岛重点项目，

天湖水库（陈维新　摄）

这就是"嵊山速度"，也是海岛人民敢为人先、爱拼才会赢精神的最好体现。

1978年10月1日，嵊山公社将原来马天公路指挥部一套人马加上县水利局2名技术员，共7人组成的水库电站建设领导班子集体搬迁到大天湖旁安营扎寨，靠前指挥水库电站建设工作。指挥部修建了一座石头与水泥结构，不足60平方米的一层办公房，7个人挤在低矮的平房内办公。随着项目施工的推进，项目施工人员和民工不断增多，最多时施工人员20多人、民工达700多人。一时间，天湖山上人声鼎沸，豪气干云。天湖水库电站建设工程的生活、施工条件虽然简陋，但所有参与者都热情高涨，干劲冲天。他们日夜加班，修订设计方案，测量工程方量；建设工人填方、筑基、垒石、打夯，从天湖山到南风湖一线，到处红旗招展，号子震天。热火朝天的现场，感染了一批年轻人，他们成立一个临时团支部，30多名共青团员带头冲在一线，参与工程建设之余，还经常开展文艺活动，天湖周边一时热闹非凡。

经过两年多的艰苦奋战，1981年1月，天湖水库电站建设项目全面建设完成。建成后的天湖水库，大坝长216米，高24.5米，水库设计蓄水量100万立方米，有效库容84万立方米。从水库至电站，建引水渠道1500米；建发电站1座，装机160千瓦。同时，架设了从南风湖水电站至全岛各村的供电线路18千米。天湖水库电站及供电线路工程总投资70多万元（不含群众投工投劳部分）。

1981年1月，天湖电站试发电成功，正式投入使用。此后，天湖电站每天晚上（17点至22点）发电5小时，供嵊山群众夜间照明使用。直至1991年12月，嵊山海底电缆建成投用，水电站完成了光荣的历史使命，淡出历史舞台。

嵛山岛海上交通发展纪略

郑修喜 董其勇

　　嵛山地处海岛，历来交通闭塞。随着时代的发展，嵛山海岛交通不断得到改善。

　　嵛山刚解放时，没有专门载客的交通船，群众外出很不方便。多数驾驶从事渔业生产的木帆船或小舢板进出海岛。受天气、海浪影响，航行非常不安全，曾发生多起海难。1955年，嵛山划归霞浦管辖，开始有一艘霞浦交通船，从霞浦开往沙埕，途径三沙、嵛山芦竹、马祖码头。但受潮水限制，没有天天开船，大部分群众有急事进出海岛还是延续原有的模式，驾驶自家或亲友的小船出入。1971年，嵛山水产站租用一艘40马力的运输船，代为嵛山交通船，限于潮水和人员等原因，也没有天天开。

　　1980年，在上级有关部门的支持下，嵛山建造1艘350吨位、80马力木质客轮，航行于嵛山、沙埕和福鼎城关之间。这艘船成为海岛嵛山第一艘真正意义上的交通客轮，也是当时嵛山公社重要的社办企业之一。初始时期，嵛山交通船从嵛山芦竹开往福鼎城关灰窑码头，途经马祖、鱼鸟、东角、沙埕，每次航行时长4—5小时，次日

来往船只（陈维新 摄）

原航程返回嵛山。后来，为不受潮水限制，方便群众出行往返，改为嵛山至沙埕航线，不进入沙埕内港，当天往返嵛山与沙埕之间，航行时长缩短为约 1 小时 45 分。

1988 年 5 月，由福建省交通厅拨款 25.5 万元，浙江瑞安造船厂建造的福鼎沿海第一艘钢质客轮"嵛山号"修建完成，正式投入营运。该铁壳交通船动力 150 马力，载客 50 座，仍然航行于嵛山至沙埕航线，由嵛山航运公司负责管理。这一期间，嵛山至秦屿、嵛山至三沙也有私人营运的木质交通船航行，皆为客货两用混装交通船，船舱载客，货舱、甲板载货，安全系数极低。嵛山至秦屿航线，航行时长约 1 小时 20 分，负责运营的交通船船东以秦屿人居多。嵛山至三沙航线，航程海里，航行约需 1 小时。1983—1999 年，有 3 艘木质交通船航行其间，芦竹人经营的有两艘，马祖人经营的有一艘。

1989 年 1 月 27 日，秦屿航线发生海难交通事故，一艘航行于嵛山至秦屿的木质客船因遇大浪在跳尾鼻附近海域沉没，死亡 40 多人，嵛山乡党委书记汪敬业也在这次海难中不幸遇难。此后，秦屿人建造一艘铁壳交通船继续航行秦屿至嵛山航线。

2000 年，硖门渔井码头建成，渔井码头至嵛山马祖码头航程不足 5 海里，成为内陆至嵛山最为便捷的海上通道。福鼎通达客轮有限公司把握时机，建造一艘 100 座旅游快艇"通达 168 号"，航行于嵛山至渔井码头，航程半小时。2002 年，宁德市福瑶旅游客运有限公司建造一艘 600 马力大快艇"福瑶 1 号"，营运嵛山至渔井航线。

随着航行于嵛山至渔井航线的旅游客轮不断增多，出于乘船时间和出行安全考虑，无论是嵛山岛民还是外来游客大都选择渔井航线作为出行首选，乘坐沙埕、秦屿航线的乘客日益减少。2009 年，经营沙埕航线和秦屿航线的船东合股建造一艘 600 匹马力的铁壳交通船，运行嵛山至秦屿航线，改为货运为主，适量带客通行，至今仍在运行。而沙埕航线则因航程远，陆地行程长，少有乘客出行，逐渐淡出航运舞台。

2013 年 5 月，宁德市福瑶旅游客运有限公司收购了原福鼎通达客轮有限公司股权和交通工具。此后，嵛山旅游快艇不断迭代更新，数量逐年增加。2022 年，福瑶公司分别营运嵛山至渔井、三沙两条航线，拥有旅游客轮 9 艘，总功率 5880 千瓦，总客位 1030 座，员工 68 名，最大一艘客轮装机 1100 马力、125 座。平日，公司客轮每天上午、下午各往渔井、三沙通行一次航班，节假日视游客量酌情增加班次，大大方便了本岛群众与游客出行。

嵛山环岛公路修建记

⌒郑修喜 董其勇

嵛山陆域旧无公路，岛民行走各村之间，或穿行山间小路，或乘小船咿呀摇橹，自水路靠停渔村澳岸。交通不便，不待言说。

1989年5月，时任宁德地委书记习近平考察调研嵛山岛，嵛山乡党委政府提出修建嵛山环岛公路设想，得到习近平的支持。于是，当年秋天，嵛山乡党委政府决定自力更生，发动群众先行修建一段公路，便于今后向上级争取建设环岛公路。

先行修建路段选择马祖至芦竹段，这段公路里程仅2千米，按照当年的车流量测算，路宽3.5米基本够用，且该段公路相对平坦，修建起来并没有什么技术难题。说干就干，1989—1990年，在县交通部门的技术和部分资金的支持下，嵛山乡发动干部群众捐资的捐资，投工的投工，不到一年时间，芦竹至马祖段长2千米、宽3.5米公路路基就建成了。

1991年，福鼎县计委正式将嵛山环岛公路建设项目立项上报，得到宁德地区地委、行署和计划、交通、对台等部门的支持。福鼎县人民政府成立"嵛山环岛公路建设工程指挥部"，由分管交通的副县长刘伦岩任总指挥，嵛山乡党委书记王孙明任副总指挥，组织县乡有关部门，抽调人员分工负责，开始环岛公路工程建设。嵛山环岛公路工程前后共分3段实施，除1990年建成的马祖至芦竹段外，1991—1993年修建马祖至东角段，1996—1997年修建东角至灶澳段。

嵛山环岛公路马祖至东角段全长7.8千米，设计路基宽4.5米，泥结石路面，于1991年7月动工建设，1993年10月工程竣工；东角至灶澳段全长4.3千米，路基宽4.5米，泥结石路面，于1996年4月动工建设，1997年10月工程竣工。至此，嵛山所有有人居住的村庄均通上公路，嵛山环岛公路工程算是正式完工。但是，这条环岛公路实际是半环岛路，只联通嵛山岛北部有人居住的7个村庄，而嵛山岛南部无人居住区域并未通行公路，不是真正意义上的全闭环环岛公路。

当年限于资金，嵛山环岛公路各段皆为泥结石路面，运行期间维护、修复投入很大，安全隐患长期存在。2000年，嵛山镇争取到项目资金，对先期建成的马祖至芦竹段公路进行拓宽改造，并铺设水泥路面，路基也由3.5米拓宽到4.5米。2002年，马

环岛路（蔡渝洲 摄）

祖至东角段也进行路面水泥硬化。2004 年，东角至灶澳段环岛公路路面硬化工程完工。2007 年，马祖至天湖长 7.8 千米、宽 5 米的景区公路路面硬化工程完工；2008 年，灶澳至段天湖长 6.5 千米、宽 4.5 米的景区公路建成。至此，嵛山环岛公路全面完成路面升级改造任务。2016 年，东角至灶澳又修建了一条长 1.2 千米、宽 7 米的海防公路，嵛山环岛公路网逐步得到完善。

2020 年以来，嵛山镇启动新一轮环岛公路建设规划设计工作，规划中的嵛山环岛公路为全闭环环岛旅游公路，植入"交通＋旅游"理念，按照三级公路标准设计，全长 23 千米，路基宽 6.5—7.5 米，柏油路面，配套观景台、景观驿站、观景步栈道等旅游设施，概算总投资 2.4 亿元。2022 年 11 月，马祖集镇至大使澳段 800 米柏油路面试浇筑工程顺利完成，新一轮嵛山环岛公路建设工程的号角已然吹响，嵛山岛的交通面貌蜕变升级指日可待。

嵛山岛旅游发展历程

陈维新

"最美海岛"的来历

为了把中国最美的自然景观介绍给世界,《中国国家地理》杂志担负起"选美中国"这项任务。该刊在 200 多位有关专家、院士的参与和指导下,对"中国最美的十大名山""中国最美的十大海岛"等 15 个单项进行了颇具权威性的二级制评审。2005 年 10 月,大嵛山岛以"山、湖、草、海在此浓缩"的独特之美入选"中国最美的十大海岛"。

《中国国家地理》主持评选中对嵛山岛的评语是:"地处东南,却有西北高山草甸的风光;身是海岛,更有天湖清澈如镜。"

旅游资源的开发利用

嵛山岛景致唯美,但养在深闺人未识,先前并没有引起多少人的注意,到 20 世纪 90 年代逐渐引起部分驴友和媒体的注意,慢慢为外界所知晓。"选美"活动揭晓之后,嵛山岛名声大振。

2005 年,泉州人庄庆彬介入嵛山岛旅游开发。2006 年 4 月,太姥山旅游经济开发有限公司、漳州万博房地产公司、通达轮船客运有限公司三家企业分别占股 51%、36%、13%,联合成立万博丰旅游公司,注册资本为 200 万元。庄庆彬任公司法定代表人、董事长兼总经理。

2006 年 8 月 16 日,万博丰旅游公司与福鼎市太姥山风景名胜区管委会签订《福瑶列岛景区特许经营合同》,从此正式开始进行旅游开发。

通过逐步投入,嵛山岛的各项配套设施不断完善,游客数量逐年攀升,景区的收入也逐渐多了起来。至 2016 年,年游客数量已超过 10 万人次。景区的收入,也由原来的 60 万元 / 年,增加到 500 万元 / 年。

2017 年 5 月,万博丰旅游公司退出嵛山岛旅游经营开发。

2018 年 1 月 31 日,太姥山祥源旅游发展有限公司与太姥山旅游经济开发有限公司合资成立了嵛山岛旅游发展有限公司。公司经营涵盖旅游景区开发和经营管理、营销策划和文化传播等。

旅游基础设施的发展

嵛山岛的旅游基础设施走过了从无到有、从简单到完善的过程。

如在接待方面，刚开始缺少宾馆酒店，一些游客到岛上游玩只能自带帐篷或借宿到岛民家里。1996年5月，马祖林巧燕与家里人共同投资16万元新建两溜三层民房，装修5个客房对外经营，成为岛上第一家简易家庭旅舍。2002年12月，邱月英与王秋萍合股开福瑶宾馆，装修10个客房，配备洗手间、空调等设施。2013年6月，黄会忠联合嵛山岛民投资大嵛山酒店，装修16个房间。此后，岛民纷纷开办家庭宾馆、民宿酒店，规模不同风格各异。2014年，江月珠、张是川等租用旧校舍改建酒店；2016年，芒垱自然村民众筹建成18栋小木屋，打造休闲度假村；2017年，陈启云与朋友共同投资，在鱼鸟村利用旧房改造民宿；2018年，梁美金租用镇办电站旧厂房改造酒店；2020年，欧阳婷对自家民宿进行重新装修、提质升档，为村里民宿做了示范；2022年，郑家建、郑元军等人投资100多万元承租并改造伴海酒店。

2023年2月，福鼎企业家潘其旺、陈志后等人来嵛山岛投资兴建嵛山大酒店。酒店位于嵛山镇马祖村原水产站二号地块，总投资近5500多万元，占地面积1782.57平方米，建筑面积5557.15平方米，共设计100个高标准舒适型客房。嵛山大酒店建成后，是嵛山岛目前最大的集住宿、餐饮、会务、娱乐等多功能为一体的酒店。

2023年8月，嵛山岛精品民宿样板之洋鼓尾NOMI民宿投入运营。该项目位于灶澳村洋鼓尾，总建筑面积2200平方米，总投资1300万元，设计单体民宿12栋，共23间海景观日房。项目同样采取"公建民营"模式，对外公开流转20年经营权，由福建本土知名美学商业空间品牌NOMI竞标摘得。

通过招商引资和岛民自主模式，嵛山岛民宿产业蓬勃发展，全镇已建成民宿80多家，拥有近1000个床位。一批好民宿、精品民宿项目崛起。

与此同时，旅游配套公共设施也在不断完善。2018年9月，嵛山岛旅游公司着手建设马祖游客服务中心，2021年4月建成试运营。游客服务中心位于马祖村，规划用地面积904平方米，建筑面积3048平方米，总投资约3500万元。该中心以"渔岛记忆"为核心理念打造具有地域特性的建筑，把码头、游客中心、车站等不同功能区域有机联结在一起，实现码头集散、游客服务、客运车站三大功能的全面运行。游客中心为游客提供集散、咨询、票务、后勤保障等"一条龙服务"，满足不同游客需求，大大

新兴民宿（陈维新 摄）

提升了嵛山岛景区游客接待能力，增强游客的旅游体验感。

2021年，嵛山镇着手实施嵛山环岛旅游公路改造项目。2023年7月，投资2000万元，全长5千米、宽6.5米的芦竹村至鱼鸟村环岛柏油路竣工通车。

2023年8月，嵛山岛第一家文旅综合体——衔山记投入运营。该项目位于集镇马祖中心广场，由清华大学校友团队设计，旨在表达体现"渔村记忆"的石屋石墙特色，项目占地360平方米，三层建筑面积共1130平方米，功能集"吃、购、娱"于一体。项目采取"公建民营"模式，利用专项债资金投资560万元，对外公开流转经营权。

在"全域旅游、全景嵛山"发展理念的指引下，嵛山镇大力实施"旅游＋"战略，统筹全岛旅游开发，推动旅游资源、航线交通整合及"智慧旅游"平台搭建，并以岛上天湖景区为轴心，辐射带动海边沿线5个渔村发展"一村一品"特色乡村旅游业态，打造大使澳、阳光鼓、月亮湾、桃花谷、羊鼓尾等珍珠链条景点，构建海岛全域旅游新格局，推动海岛渔村振兴。

天湖茶场变迁记

郑修喜　董其勇

嵛山天湖茶场，最早创建于1966年。当年，为发展公社集体经济，嵛山公社组织各大队群众到大天湖木鱼山等开垦茶园60亩，种上一片片、一行行茶树。茶园建成后，公社从各大队抽调5位同志，长住天湖山管理茶园。三年后，茶园开始生产一些效益。但是，因为手工加工红茶，产品品相不好，效益不高。1980年，嵛山公社又雇一批外地民工，专门聘请点头的技术员来指导茶叶种植，第二次到天湖山开垦免耕密植茶园120亩，并对以前开垦的茶园进行改造。至此，有了一定规模的天湖茶园成为嵛山社办企业之一。1981年，嵛山公社组织10多人上山，长住天湖管理茶场。通过对茶园除草、施肥、刹虫和修剪等精心管理，一大片绿油油的"云雾茶"长势茂盛。此时，茶场购进了制茶设备，进行绿茶初加工，年产成品茶叶1500多千克。随着经

天湖茶园（陈维新 摄）

济体制改革的逐步推进，1986 年至 1993 年，嵛山区公所将天湖茶场及茶叶初制厂以承包方式承包给当地群众经营管理。由于承包者管理经验不足，效益不高。1994 年，嵛山镇政府收回茶场承包权，将其经营管理权进行对外招商，福鼎市芳茗茶业有限公司取得经营管理权。此后，天湖茶场在芳茗茶业公司的管理下，逐年开辟新园，推行茶园无公害生产，逐步走向规范。2022 年，嵛山天湖茶场实有茶园面积 280 亩，主要为芳茗茶业公司提供"天湖云雾茶"原材料。原有的茶叶初制设备已淘汰，芳茗公司将天湖茶园采摘的新鲜茶叶当日运回点头总厂加工，主要生产"天湖云雾白茶""天湖云雾红茶"等系列精深加工产品。

嵛山天湖茶场种植的都是优质的福鼎大白茶、福鼎大毫茶良种，由于地处海岛高山，常年云蒸雾蔚，加上海岛独特的生态环境，所产的"天湖云雾茶"鲜叶品质优良。泡煮后的"天湖云雾白茶"茶色鹅黄，汤色清亮，茶香浓郁，入口回甘，在同类白茶产品中，独具魅力；"天湖云雾红茶"叶片肥厚，汤色暗红，经久耐泡，品相和味道俱佳。

嵊山渔业转场纪略

🍃郑修喜

  嵊山地处海岛，四面环海，属东海片区。嵊山群众主要靠捕鱼为谋生。之前都用小舢板捕鱼，后来逐步发展12匹、20匹和40匹马力的机动船。1971年，嵊山的渔业有了较大的发展，尤其是东角和芦竹大队（村）80匹和100匹马力的木质机动船迅速增加，嵊山范围的海区不够用了，因此，当时的嵊山公社决定搞渔业转场生产。嵊山当时都是定置网作业，而浙江省没有搞定置网，海域宽阔，经济鱼类多，于是，嵊山公社专门成立渔业生产指挥部，开始时由林宜森、欧阳后梅负责带队，有嵊山水产站、嵊山供销社、重点大队等同志参加，每年派公社和大队副书记提前到浙江当地联系，准备渔业转场事宜。为了让嵊山渔业生产创高产、夺丰收，从1971年到1978年，渔业指挥部每年都带领各大队大马力的渔船转场浙江渔场生产，春季转大阵岛、北麂岛、

撒网（陈维新 摄）

南麂岛、石浦、沈家门等渔场生产，冬季转场到台山岛、北霜岛等渔场生产。那时的东角和芦竹两个大队80匹至100匹马力的木质渔船就有30多艘转场，加上马祖、鱼鸟、灶澳、带鱼澳大队一些大马力渔船，每年转场渔船达40多艘，每艘渔船船员有6人以上，全嵛山共有300多人在浙江渔场生产，指挥部在转场渔场办公，各大队（村）财务也跟随到渔场。每季转场2个多月时间左右，每年转场时，各大队都安排一起开船，燃放鞭炮，很热闹。渔民转场生产期间，嵛山水产站都会派出10多艘收购运输船，跟随渔民海上流动收购鲜鱼货。

随着经济体制的不断发展，联产承包责任制的不断完善，嵛山渔业生产出现了合作社、联合体的新模式。从2006年开始，个体渔业转场浙江沈家门、石浦和福建莆田等渔场搞轻网生产，主要是虾皮生产，每艘船年产值可达300多万元，经济效益有了很大的提升。目前，嵛山有300匹马力以上钢质机动船10多艘，海洋捕捞产业越做越大。

嵛山运输社

✍ 郑修喜　董其勇

　　1958 年，嵛山岛东角、芦竹两村 37 人，带来 9 艘木帆船，组建成立嵛山运输小组。1962 年，嵛山运输社正式成立，有 70 多户、200 人，分布在嵛山东角、鱼鸟、芦竹、马祖等地，办公地点设在马祖供销社旁，原妈祖宫附近。1966 年，嵛山运输社改称嵛山公社运输大队，为嵛山公社 7 个生产大队之一。至 1972 年，运输大队只有木帆船，最大载重量 22 吨，主要从事海上运输业。1973 年，根据海上运输业发展的需要，木帆船逐步为机动船所代替。至 1976 年，嵛山运输大队陆续建造了 6 艘共 268 吨位机动船，总投资 16.8 万元。1981 年 12 月，嵛山运输社更名为"福鼎县第四船队"，为集体所有制企业。1982 年，第四船队有 58 户、252 人，有木质 80 马力的运输船 8 艘，主要航行福鼎、福州、上海等地，南来北往，从事货物运输。1984 年 8 月，运输行业体制改革，更名为"福鼎县航运公司嵛山航运分公司"，将船只折价承包给社员，船队按每吨位每月提取 0.8 元管理费。1985 年 8 月，该公司的"鼎运 404"和"鼎运 405"与鼎华水产开发有限公司签订了为期 10 年承运石斑鱼前往香港的经济合同，同时将船名分别改称为"鼎华 102"和"鼎华 103"，当年营收 20 余万元。到 1987 年，分公司只有一艘 45 吨位的机动船，而职工有 51 人，年货运量仅 0.34 万吨，船队困难重重。

　　福鼎县交通局为帮助嵛山分公司摆脱困境，争取了贷款，支持该公司造船。1988 年 1 月 30 日，由江西省九江造船厂承造的 250 吨级钢质货轮"鼎航 8 号"正式试航投产。该船总投资 45 万元，其中贷款 37.5 万元，自筹 7.5 万元。1990 年，嵛山分公司有 2 艘机动运输船，共 295 吨位，230 马力。运营 4 年后，随体制的变化，鼎航 8 号运输船归福鼎航运公司管辖。1995 年，鼎航 8 号在运输途中发生沉船事故。随时代的不断变化，嵛山运输社最终停止运营作业，分布在嵛山各村的运输人员各自谋生。至此，运行 30 多年，为嵛山经济社会发展做出特殊贡献的嵛山运输社退出历史舞台，成为一代人的记忆。

嵛山粮站

⊘ 郑春财

"民以食为天，食以粮为先。"清乾隆四年（1739）福鼎建县后，大嵛山岛划归福鼎。因倭寇横行，海盗四起，海氛不靖，嵛山被朝廷视为禁地，居民悉迁内地，海岛荒芜。清末至民国初期，陆续有内地居民到嵛山讨海定居，嵛山渐次繁盛起来。居岛之民，多从事渔业生产，地虽肥沃而少垦田园，种粮种菜少有人为之，岛民粮食多从内地贩运而至。

嵛山粮站的设立与撤销

嵛山粮站，经历了从无到有，从小到大，又从大到无的发展过程。

1949年10月，嵛山岛解放，在岛上暂未设立粮食供应与管理机构，岛上居民的粮食多从三沙、牙城、秦屿、硖门等地购入。1952年11月，福鼎成立福鼎县粮食局。从1953年11月开始，国家取消粮食自由市场，实行粮食统购统销政策。到1954年底，福鼎全县范围内建起12个粮食交易所。1959年，县政府取消粮食交易所设立国营粮站。1960年2月，福鼎县嵛山粮油管理站成立，内设人秘、财务、票证、统计、购销、保管等岗位，下设东角、马祖两个门市部，芦竹一个供粮点等。其职能是负责农民交公粮、统购粮和日常供应企事业机关单位及城镇居民吃商品粮户口的粮油定量供应的任务，以及"三半、回销粮"供应，还要为国家库存预防自然灾害的粮食。1996年，粮食管理部门开始体制改革，实行政企分开、主附营分开、"两分线"运行，从计划经济向市场经济过渡，从传统的粮油经营向现代粮油经营过渡。1999年8月，福鼎市粮食局因粮食体制改革成立福鼎市粮食购销有限公司，同年9月，撤销基层13个粮站建制，全市成立12个粮食购销分公司，嵛山粮油管理站并入福鼎市粮食购销有限公司沙埕粮食购销分公司。至此，嵛山粮站完成了光荣的历史使命，淡出人们的视野，成为一代人的乡愁追忆。

嵛山粮站的粮点与仓库

1958年，我国进入人民公社集体化年代，嵛山地处海岛，粮食调运不便，为解决海岛人民的吃饭问题，政府在芦竹和东角村建起 2 个供粮点；1964 年，马祖粮站建成。1969 年，芦竹发生一场大火灾后，芦竹粮点被撤去。

20 世纪 50—80 年代，粮站门市部可是时代的宠儿，城镇居民或买米、买面、买油，常常跟它打交道。嵛山粮站在东角、马祖开设 2 个门市部。东角门市部位于东角村中部山边一角，建筑面积 195 平方米，配备人员 3 人。建有储粮库、门市部、管理室、宿舍等经营与配套设施。1993 年，粮油全面敞开供应后关闭停止使用，现借给东角村委会使用。马祖门市部设在马祖村北侧，配备人员 2 人。大概在 1973 年，随着粮油销量的日益增长，马祖原门店太小，已无法满足日常供应的需要，嵛山粮站在原马祖粮点前面空地兴建办公楼，总计建筑面积 275 平方米，一楼作为门市部，门店开阔，方便了四面八方的群众。

20 世纪 70 年代早期，根据储粮需求，嵛山粮站在芦竹村（现芦竹小学附近）兴建混凝土机械化房式仓，长 15.5 米，宽 10 米，设计堆粮高 3 米，设计容量 200 吨，沥青砂地面，墙刷热沥青防潮，砂浆抹面。20 世纪 90 年代后淘汰，改为他用。

粮食供应

1953 年，颁布实施《关于粮食统购统销的决议》和《关于实行粮食的计划收购和计划供应的命令》，统购统销就成了粮站的两大基本任务。

粮食收购　主要是公粮征收，即征购任务，是农业税征收和粮食统购的总称。老百姓称之交"皇粮国税"，俗称"交公粮"。"征"是农民向国家无偿地以粮食交农业税的一种方式，"购"是政府下达的有偿粮食统购任务。嵛山公社有 4 个大队、15 个生产队，集体耕地面积 755 亩，粮食总产 6300 担左右，1983 年前以生产队形式统一上交公粮，1983 后因农村落实联产承包责任制，交粮形式转变为以户订单售粮结算形式。因嵛山是个海岛，1989 年后就不再有售粮任务了。

粮食供应　1955 年 8 月 25 日，国务院出台了《市镇粮食定量供应暂行办法》。同年 9 月，以"中华人民共和国粮食部"名义制定的 1955 年版的全国通用粮票开始在全国各地发行使用，粮票和购粮证作为"第一票"进入了中华人民共和国的票证历史舞台，自此拉开了长达约 40 年的"票证经济"帷幕。城镇居民实行定量计划供应粮油，粮油供应由县粮食局按规定对不同工种、不同年龄的人制定定量标准。据福鼎县粮食局 1956 年公布的按工种粮食定量标准，从事体力劳动的 171 个工种定量标准为 28—50 市斤／月，机关、团体公职人员每人每月定量供应 28 斤细粮、3 两油；工厂工人（不包括社办工厂）每人每月供应 32 斤粮食、油 1 两；居民 10 岁以下儿童 10—17 斤细粮、食油 1 两，成人每人每月 25 斤细粮、食油 1 两；外海渔船民每人每月 45 斤粮食、6 两 6 钱食油。三年自然灾害时期，降为成人 20 市斤／月，小孩 12 市斤／月，之后又恢复至原标准。

到 1998 年为止，嵛山共有在册居民 216 人，发证渔民 498 人。随着国家对粮油全面敞开供应，城镇居民的每月粮食定量供应也就完成了历史使命。

票证管理

1953 年实行统购统销后，福鼎县已开始使用各类粮油票证。1955 年，本县全面实行"分等定量，按户发证"，各种粮食票证开始使用。1957 年，开始定供应食油。

粮票和粮油供应证，证票合一，缺一不得购粮。全国通用粮票和福建地方粮票单独使用。周转粮凭证不付票供应，但购粮时粮店必须在供应证上逐笔登记并收回等量粮票，粮票票额均以成品粮为计算单位，购粮时按当地规定粮种比例和粮种折率计算购买。粮票管理实行双线管理，实行专人专管，做到管票不管账，管账不管票，账票分管办法。票证严格领用、发放手续，各类粮证均逐册页编号，领用时须先登记并由经领入签名盖章；发放时须先有凭据并核实入口、工种、定量，供应量，检查是否符合统销政策，发放后留有存根或底册以备查对，粮站建立吃商品粮人口清册。登记到户到人，对迁出、迁入、出生、死亡等人口变动情况亦建立各种登记簿，随时登记，并按月编制报表。

1999 年，国家进一步深化粮食流通体制改革，粮站在这一轮改革中落下了历史帷幕。嵛山粮食站的兴衰，是祖国快速发展的一个见证。

嵊山水产站

王可信　郑修喜

　　嵊山水产站创建于 1960 年，站址设在嵊山马祖。到 1965 年，芦竹、鱼鸟、东角水产站也相继建立起来了，马祖水产站是总站，系水产站办公中心，芦竹、鱼鸟、东角是收购站。一年中鱼汛季节，水产站在灶澳设临时收购点。最辉煌的时候，全站有正式职工 50 多人，分成生产资料门市部、渔需组和村级收购站。

　　水产站建立起来后，主要负责嵊山渔民群众生产的海产品收购与销售流通任务。在 1975 年至 1990 年，水产站还办起了一个"鱼露厂"，也叫"鲯油厂"。水产站长期租用一艘 40 马力交通运输用船（5 号船）。季节性临时租用收购渔船 10 多艘，用于海产品收购流通。1971—1976 年，水产站最鼎盛时期都租用 10 多艘大船跟随嵊山

水产品收购（陈维新 摄）

渔民转场生产收购海产品，为嵛山的渔业发展和经济效益立下汗马功劳。

嵛山水产站属国有企业单位，为渔业生产提供全方位服务。因上级供应的渔业生产物资、各村渔业生产捕捞海鲜产品购入、加工后海产品输送等因素，水产站决定办公地点和仓库都应建在澳口码头边的最佳水路交通位置。马祖中心站房屋有5栋，包括职工宿舍、食堂、办公室、仓库、鱼露厂等。占地面积近10亩。灶澳村澳口海上接驳困难，虽以捕捞黄花鱼、墨鱼为主的经济鱼类，水产站只能在鱼汛时在此设立收购点。

1993年，水产体制发生改变，水产站从此结束其使命。自此，全岛4个站点的管理房、厂房长期闲置。因多年台风侵袭，年久失修，房屋均已大面积破损，成了危房。村级水产站规模偏小，但功能相同，芦竹、鱼鸟、东角水产站房屋在20世纪90年代，均卖给当地村民。2018年因清华大学乡村振兴实践站建站需要，嵛山镇从村民手里重新收回东角水产站产权。清华大学建筑学院师生利用原外墙，对内部整体拆除，进行重新设计建设，如今成为嵛山镇标志性特色建筑。

嵛山供销社

🍂郑修喜　董其勇

　　嵛山供销社创建于1955年，当时不叫供销社，只是车角村设的一个供销点。1958年，在鱼鸟、芦竹两个村又设立了供销点。1960年，马祖供销点也建立起来。1960年11月，嵛山供销社革命领导小组设立，办公地点设在马祖，嵛山供销社革命领导小组领导全岛供销站点建设、采购、销售、人事、财务等各项工作。1962年，灶澳和带鱼澳两个村的代销点相继设立。至此，嵛山公社6个生产大队都设立供销站点。1968年12月，嵛山供销社革命领导小组撤销。1969年2月28日，嵛山供销社正式成立，首任主任邱世泽、副主任吴思义。嵛山供销社在体制上属福鼎县供销社与福鼎县商业服务部共同管理，独立经营，系国营企业，也是嵛山公社社直单位之一。

　　嵛山供销社正式成立后，开始大规模修建各大队供销站点营业和业务用房，大队供销社营业部大都建在当地中心地带，站点占地面积普遍较大。如东角供销社共8间，前后两进，面积约150平方米，二层，一楼营业、仓储，二楼办公、住宿。房屋砖瓦结构，下石上砖，黑墙灰瓦，很是气派，是当时嵛山各村最靓的建筑。加上那个年代供销社独有的物资统购、统销特权，供销社成为嵛山民众人人羡慕"最好单位"。嵛山供销社在各大队中心村设立营业部，也在人口相对聚居的自然村设立供销站点（代销店）。如芒垱、桌澳等地都有代销店，收购渔民自产的鸡蛋、农产品，销售糖烟酒和一些生活必需品。

　　1971年，嵛山供销社改称嵛山公社供销合作社，在行政、经营体制上仍属福鼎县供销社与县商业服务部双重管理，党支部则归属嵛山公社党委管理，共有正式职工14人，主任丁世昌。1980年2月，改称嵛山供销社，业务主管为福鼎县供销社，先后有黄礼养、夏朝华、陈尔德、杨宏城、卢圣霖、李振法等担任过嵛山供销社主任职务。

　　嵛山供销社在经营管理体制上，曾有县供销社与县商业服务"三分三合"管理情况。嵛山供销社最鼎盛时期，是20世纪七八十年代的人民公社集体化时期，主要职能是担负嵛山全岛人民的生产物资和生活日用品的销售供给，供应的生产物资有化肥、农药、薄膜、农具、工具等，日用品种则更多，有油、盐、烟、酒、酱、醋、糖，布料、鞋帽、服装、火柴等，渔民群众各种生产生活所需也都是通过供销社部门来供应调节。

为了进一步满足嵊山全岛人民群众生产生活的物资供应，供销部门长年累月源源不断地从内陆调拨商品物资到嵊山供销社各门市部。那个时期，国家普遍实行票证供给制，嵊山也不例外，猪肉、布匹、糖烟酒、煤油、柴油、火柴等都实行凭票供应，特别是紧缺的物资，要按人口凭证供应。嵊山岛群众家庭养猪，也要通过供销部门屠宰销售供应。供销社在那个年代发挥了很大作用，大大方便了海岛民众的生产生活，保障了嵊山岛民的物资供给。

1984年开始，国家实施供销系统经营体制改革，嵊山供销社不再统管各门市部的物资购销业务，以门店承包形式放开经营。1999年，个体私营企业如雨后春笋纷纷涌向市场，国内商贸服务、物资供销形势不断变化，供销社掌握的物资商品统调统配格局被打破，优势不复存在，嵊山供销社生存步履维艰。与全市供销系统一样，嵊山供销社开始实行职工待岗、自谋职业、灵活就业措施，嵊山供销社人员，各自自谋生路。2000年以前，灶澳、带鱼澳两个供销点就已撤除。2005年后，东角、鱼鸟、芦竹等村的供销社门市部房产陆续拍卖转让，所得资金用于归还银行贷款，安置下岗职工。2022年，嵊山供销社机构仍然保留，但供销社所属资产仅余马祖供销社门市部房产，仍然以承包方式承包给个人经营。

嵛山蔓丹合作社创立纪实

✎董瑾瑶

　　芒垱是嵛山镇鱼鸟村下辖的一个自然村，位于嵛山岛中东部，距镇政府所在地马祖村4千米。村庄背倚青山，面朝大海，呈蓝色半月状，被誉为"月亮湾"。全村户籍人口50户、252人，汉畲杂居，民风淳朴，通行闽南方言。该村资源丰富，有园地面积360多亩，林地面积近千亩；港湾深阔，可泊500吨级渔轮，海岸线长3.58千米，有80马力以上渔船17艘。村民传统收入以渔业为主，农业为辅，是福鼎沿海典型的渔业村。2014年，村社会总产值不足300万元，农民年人均可支配收入8800元。2014年，该村成立农民专业合作社，统一流转耕地、林地，种植苗木、花卉、果蔬和嵛山特色农产品海良姜，开发渔村休闲旅游资源，投资建设木屋船屋、露营平台等乡村旅游设施，鼓励村民发展民宿、渔家乐等，乡村经济有长足发展。至2020年，村社会总产值1750万元，其中，种植业产值125万元，畜牧业产值115万元，林业产值158万元，渔业产值762万元，第三产业产值590万元；农民年人均可支配收入28980元，比2014年增加20180元。6年时间，芒垱村为何能有如此大的变化呢？事情还得从头说起。

缘起

　　数年前，因海岛渔业资源匮乏、渔区三无船只拆解、子女上学等种种原因，芒垱村青壮年多数迁往内地沿海的沙埕镇、太姥山镇等地谋生，居村人口一度跌至不足70人，以老弱病残者居多，成为嵛山最穷、最萧条的一个人口聚居村落。为改变芒垱这一落后萧条的社会现状，充分开发利用芒垱村的自然资源与人文优势，振兴乡村经济，2014年底，该村在外乡贤的极力推动、市委挂村领导和镇村干部的大力支持下，24位芒垱村民发起成立"福鼎市嵛山蔓丹农业专业合作社"，注册资金1250万元，以农产品种植、销售、发展渔农产业为主，坚持多业并举理念，开展美丽乡村建设和休闲旅游项目开发。合作社通过开发旅游项目，带动村民发展渔农业生产，拓展民宿、渔家乐等项目，带领村民振兴乡村经济，点对点开展精准扶贫。

决策

2014年11月29日，福鼎市崳山蔓丹农业专业合作社挂牌办公。合作社成立之初，就提出设立合作社理事会、监事会和经营团队"三驾马车"运作机制：合作社理事会负责制定合作社及村庄发展总体规划、区域布局谋划、投资项目策划、项目实施设计、部门沟通对接等宏观调控事务，监事会负责合作社投资监管、收支项目监督、社情民意收集反馈、合理化建议提出等监督事务工作，经营团队负责项目实施落实、村庄治理、渔农业生产经营、休闲旅游项目经营拓展等具体事务。三个团队统分结合、各司其职、各有侧重、分工协作，有序、高效地推进了各项工作。合作社运营的基本原则是"公平、公开、公正"。全村所有园地林地全部流转到合作社，村民以园地林地评估折价入股合作社为资源股，资源股股东的确认为家庭联产承包责任制实施后获得村园地林地承包权人，不分户籍在册或迁出；另设投资股，以现金入股方式解决村庄建设、旅游设施投资问题。所有资源股股东均有同等投资权，发起人、管理层与一般村民同等待遇，每人每次投资额度相同。同时规定凡芒垱村出嫁女子均可享受资源股股东一半的投资权，可以投资入股合作社旅游经营项目。资源股、投资股占合作社经营分成比例为25比75，确保无现金投资的贫困户有一份固定的分红收入。合作社每年提取经营纯收入的10%，作为公益基金，主要用于扶贫济困、助学扶优和公共福利事业。他们提出的口号是：全面实施乡村振兴战略，打造最美海岛醉美乡村。合作社制定的发展目标是：以人才为根本，以生态为依托，以旅游为动力，以产业为支撑，着力打造"美丽乡村、生态农业、休闲旅游"三个板块。合作社用传统文化激发活力，聚全村之力，花5年时间将月亮湾建设成为产业结构合理、生态环境优美、渔乡特色明显、乡村旅游兴盛、社会事业繁荣、人与自然和谐的福鼎乃至全省最美乡村、生态渔村、精准扶贫示范村。到2020年，全村社会总产值达到1750万元，合作社年经营纯利润150万元，农民年人均可支配收入31866元，全体村民整体脱贫并率先进入小康行列。

实践

崳山蔓丹合作社推动发展芒垱月亮湾的探索实践历程，经过整治、开发、拓展三个阶段。

从环境整治入手，抓生态工程。合作社从实际出发，以村庄环境整治为切入点，展开一场环境整治攻坚战。2014年12月，合作社利用冬季渔民鳗苗捕捞空档期，组织全村在外人员集体返乡，发动男女老少齐上阵，对村庄内外、房前屋后、溪涧路旁、海滩岸线进行为期5天的集中清理。清理村旁历年垃圾杂物、溪涧杂草、海漂物近2000吨。同期启动村庄道路、旧宅基地、溪涧护岸、公共厕所修建改建工程，共整修岸堤、河道、溪坝2000多米，村庄道路2100米，整理旧宅基地10处，修建村内公厕1座，村旁植树栽花、通村公路绿化3600米。如今的芒垱，村内石阶小道已不见杂草，取而代之的是花圃花台，四时花卉点缀其间，清雅悠闲；溪流小涧旁的杂草被留植的芦竹、金刚笋、菖蒲等原生植物取代，但见清水径流，鱼虾嬉戏。林地园地被充分开发利用，种植桃树、杨梅、枇杷、桑葚、百香果、葡萄、柑橘等约130亩，栽培茶花、桂花、红花檫木、红叶石楠、白蜡等苗木花卉230亩，栽培移植食药赏三合体的嵊山特有农产品海良姜近500亩，农业生态观光园初具规模。

合作社以旅游开发为引，抓富民工程。2015年1月1日，合作社第一批渔耕乐园休闲旅游项目投资入股资金228万元筹集到位，此后陆续到位投资入股资金共466万元。最先，合作社投入近50万元，先后5次聘请有资质机构专业技术人员对月亮湾进行1比500地形测量、美丽乡村专题规划、生态农业园区专题规划、旅游休闲专题规划，高标准站位、高起点规划三个板块分区功能和设施布局及节点施工详图。至2020年底，合作社共投入798万元，在嵊山最大的天然沙滩沙澳上方开辟出一个总面

月亮湾露营基地（董其勇 摄）

积超过 3.8 平方千米的月亮湾渔耕乐园乡村休闲旅游娱乐区，陆续投建独栋木屋 14 座、特色船屋 6 座、露营基地 10000 平方米（其中防腐木观景露营平台 3500 平方米）；建有办公楼、观景木栈道、风景桥、淋浴房、旅游公厕、候车厅、餐厅、厨房、服务部、烧烤场、露天歌厅等配套设施，日均可接待游客能力达 500 人次，是福鼎最大、配套最齐全的露营基地和新兴的旅游目的地。

芒埕村的全村投资、人人入股、全员参与的发展旅游、振兴乡村模式，得到了中央和省市媒体的推介。2016 年 7 月，中央电视台财经频道生财有道栏目组到月亮湾采访拍摄，录制专辑，于 8 月 2 日晚 6：55 播出，社会反响强烈，全国各地游客纷至沓来。2017 年国庆黄金周，月亮湾日均接待游客超千人，成为嵛山继天湖之后最火爆最热门的新兴景点。6 年时间，嵛山月亮湾 3 次出现在中央电视台，多次荣登新华网，福建电视台高清大型电视纪录片《筑梦山海》摄制组在这里驻点拍摄，《福建日报》记者来这里蹲点采访。媒体的密集播报，游客的有口皆碑，使月亮湾成为蜚声国内的海岛休闲旅游网红打卡地。

6 年来，合作社以发展乡村休闲旅游业为突破点，谋布局、建基地、兴产业、带农户，将一个名不见经传的小渔村，打造成为远近闻名的乡村旅游网红打卡地、脱贫攻坚示

范基地,取得了良好的经济、社会和生态效益、获评"微友心目中的福鼎避暑胜地""福鼎市特色农业示范基地""宁德市休闲农业经营示范点""宁德市级科学扶贫精准扶贫示范社""宁德市产业扶贫龙头组织""省级三星级乡村旅游园区""福建省水乡渔村""福建省级农民专业合作社示范社""全国四星级休闲农业与乡村旅游园区等"。2022年,月亮湾景区旅游各项收入突破300万元,合作社休闲旅游经营纯利润达120万元。

往事鉤沉

嵛山岛往事

⟡ 唐 颐

　　"地处东南，却有西北高山草甸的风光；身是海岛，更有天湖清澈如镜。"这是《中国国家地理》2005 年主持评选"中国最美的十大海岛"对大嵛山岛所给的评语。

　　嵛山岛从此名声大噪。

　　嵛山岛古称福瑶列岛，意即"福地与美玉"，由大嵛山、小嵛山、鸳鸯岛、鸟屿等 20 多个大小岛屿礁石组成。大嵛山岛面积 21.22 平方千米，为闽东第二大岛，岸线长 37.63 千米，主峰红纪山海拔 541.4 米，列为八闽海岛之最。

　　美丽神奇嵛山岛，初识者为之惊叹，熟悉者为之赞叹，为自然风光，也为历史人文。笔者以为，自然风光无论如何奇绝变幻，她的生命力始终离不开历史人文涵养，古往今来，概莫能外。

一

　　大嵛山岛虽在北宋初期即有人居住，但长期海上不宁，人烟稀少。明朝为抗击倭寇建立戍卒屯兵哨所，民众迁入者为数甚少。清朝则实行严格"海禁"，所以海岛基本保持"原生态"。但至清朝中叶，这座"濒海孤悬"的外洋门户，竟成一个江洋大盗蔡牵的根据地。

　　蔡牵（1760—1809），泉州同安人，年轻时流落霞鼎沿海当渔工，因不满渔霸欺凌，串联渔工，于乾隆五十五年（1790）揭竿而起，下海为盗，公开打出反清旗帜，在嵛山马祖澳建立据点，抢劫与扣压过往渔船、商船，令船主取赎。几年后，海盗队伍发展壮大，成为赫赫有名的"凤尾帮"。蔡牵海盗集团不仅劫船越货，还封锁航道，坐收"出洋税"，并与走私商船勾结，走私安南（今越南）、南洋等地商货，甚至攻打台湾鹿耳门，洗劫官仓粮食。清王朝不惜花费大量兵力、财力围歼，但常被蔡牵击败，至今福鼎沿海还流传一首民谣："乾隆换嘉庆，蔡牵打南镇。船泊金屿门，气死李长庚。"

　　这位李长庚时任浙江提督，被蔡牵用大炮炸死。嘉庆十三年（1808），蔡牵又占据了台湾沪尾（今淡水镇），奉明正朔，建元"光明"，祭告天地，散扎设官，自封"镇海威武王"。清王朝见形势严重，急令闽浙水师提督王得禄，浙江提督邱良功，入台征剿。蔡牵败退至温州黑水洋，被清军秘密潜水凿穿船底，船漏无法逃脱，蔡牵不愿投降，发炮自沉船舰，至此，这支纵横东海10余年的海盗队伍才宣告覆灭。

蔡牵的海盗活动直接造成了清王朝对沿海开禁时间上的拖延，客观上制约了沿海经济发展。

据嵛山老渔民回忆，马祖澳的妈祖宫为蔡牵所建，共有四进，颇具规模，可惜被1958年强台风摧毁，至今遗迹尚存。

二

直到20世纪20年代，璞玉一般的大嵛山岛才被一位奇人慧眼识珠，经过他的开发建设渐为世人所知。

奇人姓名朱腾芬，字馨梓，福鼎果阳人。1881年出生，18岁就考取福宁府头名秀才，后在日本东京法政大学留学时结识孙中山，加入同盟会，从此将生死置之度外，成为辛亥革命的一个勇猛斗士。由于他文武双全，屡建奇功，1921年4月，孙中山在广州就任非常大总统，委任朱公为政务院参议，奖给二等大绶嘉和勋章。1922年6月，段祺瑞倒台，朱公进京任国会法典委员会副主任。1924年10月，段祺瑞复任临时执政，朱公厌恶其军阀独裁，拂袖而去，于1925年携眷回乡，致力于开发大嵛山岛，直至1932年病逝于岛上。

朱腾芬墓（朱青萍 供稿）

朱公与嵛山岛结缘，始于1924年秋。他当时回鼎为母营葬，送客乘船赴榕，遇台风，寄泊于大嵛山芦竹村港湾。客人中有台湾实业家蔡厚华、杨华惠，大家上岸见当地番薯大如汤罐，惊闻此岛鱼丰土肥，植被良好，又有淡水天湖，实乃海上桃花源，但因盗匪猖獗，导致海岛十分荒凉。

1925年，朱公又约蔡、杨两人重到嵛山岛考察，三人一拍即合，当即成立公司，朱公任总经理，两位实业家投资10万银圆，呈经省政府和中央农垦部批准，取得开发权和自治权。之后，三人募集民工，垦荒造林，于1926年至1932年7年间开垦农地数千亩，种植松树数十万株，种植橡胶树、果树、茶叶和甘蔗等经济作物，建造房屋数十间，购置拖网渔轮两艘，引进良种猪羊几百只，大力发展渔盐、商业和交通运输。从此，嵛山岛人烟大集，昌盛一时，岛民至今犹感念不忘。

北伐成功，国民政府在南京成立，朱公当年的老同事林森、居政、邹鲁等均致电他，请他重新出山共谋大业，但朱公此时已眷恋其苦心经营的嵛山岛，便赋诗婉谢：

> 孤山浮海海浮天，四顾茫然懒着鞭。
> 已把余生付荒岛，何时再结酒杯缘？

他又以"莫道弹丸难为武，且看实业益斯民"明其晚年实业救国，建设乡土的夙愿。1932年冬，朱公病入膏肓，犹乘轿环视岛出一周，勉励垦民艰苦创业，并立下遗书：

> 嵛山财产，悉为侨资托余经营，尔等切不可变卖，日后受益应以扩大生产造福岛民为主……唯能爱国爱民始为中华儿女，中山先生遗言"努力奋斗救中国"，亦余寄望于尔等也。

朱公病重时，家人力主在内地建墓并请高官名流为之树碑立传。朱公说："我一生淡泊名利，只领酒无数，仅书'醉人朱馨梓之墓'即可。我做事，志在必成，如今嵛山事业未竟，是所遗憾，死后我也要看到嵛山的繁荣景象，就让我葬在公司后门山吧！"朱公逝世，家人遵嘱安葬他于生前选择的嵛山岛马祖澳后山上。

"文革"期间，朱公墓地被"红卫兵"毁坏，1981年，福鼎县政府拨专款，迁葬朱公遗骸于其故里果阳蕉坑。

福鼎朱氏后人珍藏有朱腾芬摄于1913年的一帧免冠半身照，照片上的朱公天庭饱满，眼神刚毅，眉宇间凝结一种执着和豪放之气，看得出是一位能干大事又不失古道热肠的男子汉。

国民党元老邹鲁悼念朱公挽轴上四言诗概括了斯人一生：

朱腾芬像（朱青萍 供稿）

> 八闽五虎，太姥万仞，地灵笃钟，人豪天挺。学以经世，志在康民，亦儒亦侠，有武有文……孤岛垦荒，自治示范。一夕

骑箕，忽归天上。大名不朽，远播维馨，云宵万古，怆想仪型。

嵛山岛民至今还喜欢喝"番薯烧"白酒，相传此酒制作技艺乃朱公带进岛内，用本地"大如汤罐"的番薯酿造而成。其实，一生"领酒无数"、豪放洒脱的朱公早已把嵛山岛视为故里了。

三

朱腾芬之子朱鼎邦 20 世纪 80 年代曾任福鼎县政协常委，他少年时跟随父亲在嵛山岛生活过一段时间，1986 年又赴嵛山岛做田野调查，为《福鼎文史资料》（第五辑）撰写《沧桑多变话嵛山》，所见所闻尤为珍贵。据文中记述，清朝末年，嵛山便成立垦殖局，营房设在妈祖宫附近，羁押犯人，在此垦荒。朱鼎邦 30 年代还亲见营房正梁有"光绪□□年垦殖局建"等字，岛上的东角、鱼鸟、芦竹港均建有盐仓。清末民初，从闽南、闽东、浙南迁来不少渔农上岛营生，人口最多时达 2000 人，足见当年已处复苏时期。岛上渔民还发明了"粗糠浮海"办法，即从内陆购来大量粗糠撒在海面，随流观察，适时打下网桁，以捕海鱼。

1938 年 4 月 14 日，嵛山岛沦于日寇手中。率队攻打嵛山岛的余长淦原是盘踞北霜岛的匪帮，被日军收编为"福建和平救国军第二集团军第三路"，以汽艇 2 艘、民船 15 艘，从三沙古镇驶来攻打，国民党保安队 20 余人大部分战亡。日伪军在嵛山洗劫 4 天，岛民纷纷举家逃亡。1940 年，日伪成立"嵛山维持会"。台湾人蔡功任"维持会"主任，5 年多里精心经营海岛，发动岛民回归，发放贷款，扶持渔农生产，承诺免收所有税费，并根据嵛山岛地理有利条件将其发展为南北海运集散地。一时间人烟大集，马祖澳至大使澳沿途搭盖起简易商店、商行数百间，日宰生猪 10 多只，设有妓院、赌场、鸦片馆，港面常泊大船数百艘，热闹繁华，俨成一大商埠。

据 20 世纪 80 年代岛民回忆，抗日战争后期嵛山海面战事频繁。1944 年初，有日军七八十人在大使澳休整半年，开赴舟山，在海面上遭我军阻击，全军覆没。1944 年 3 月，一艘日军大舰泊靠马祖海面，盟军飞机频频俯冲投弹，日舰高射炮射击不停，并起锚逃窜，盟机穷追不言，追至日屿海面炸沉日舰。又一次，日舰遍披松枝伪装，停泊小嵛山，抛锚才几十分钟，盟机就接踵而至，俯冲数次，将其炸沉。岛民口口相传，在芦竹后山和小嵛山，有盟军秘密电台，所以每有日舰停泊，盟军飞机随后便至，皆有战果。至 1944 年下半年，日军在太平洋战争中节节败退，我国海域渐为盟军控制，嵛山日伪船舰及"维持会"商船亦不敢轻出外海，岛上商店商行接连关闭，外地商人纷纷离去。

1946年，嵛山岛又热闹起来，一个自称姓名蔡得海，说着一口流利上海话的商人，手持福建省政府的批文，上岛成立"嵛山开发公司"。这个蔡得海煞费苦心，显然是做好长期开发嵛山岛的准备，但好景不长，1948年春末，国民党福鼎县长亲率县保安队一排，托言视察，突然来到嵛山岛将蔡得海逮捕。事后人们才知道，这个蔡得海原来是被列入日本战犯名单的岩田幸雄。

1948年底，霞浦牙城大刀会和浙江平阳大刀会占据了嵛山岛。1949年6月间，福鼎、霞浦相继解放，国民党福鼎县长曾文光带领残部，于7月潜往嵛山岛，与反动大刀会集结，妄想建立反攻基地，东山再起。同年农历八月十六破晓，我野战军189团3营及福鼎县警卫队长林乃珍率领的县警卫队攻克嵛山岛，生擒曾文光等数十人，嵛山岛终于迎来解放。

四

改革开放之初，嵛山岛的基础设施十分薄弱，"饮水难、照明难、交通难"仍是突出问题。对于"饮水难"，也许读者会打个问号，不是说大嵛山有2个天然淡水湖，水源丰盛吗？媒体还曾报道，2003年闽东大旱，与嵛山岛隔海相望的三沙镇严重缺水，只得驾船上岛请求援助淡水。此事不假，现在岛上最大的一个淡水湖，名曰"天湖"，库容量160万立方米，实际上是座人工水库，供应全岛生活生产用水绰绰有余。但这个海岛"大水缸"是改革开放之后建造的。

先前，天湖自然水源确实丰盛，但容量小，雨季，淡水白白流失大海，旱季，饮水就成问题。1978年，为解决大嵛山岛民的饮水问题，福鼎县决定在天湖筑坝增容，共投资72万元（其中台办专项资金60万元），建成库容量160万立方米的天湖水库。弹指一挥间，40年过去，人工筑成的大坝已被岁月打磨得与山光水色浑然一体，当地人曾经时髦过一阵称呼的"天湖水库"，突然有一天觉得，应该把"水库"二字省略掉，直呼"天湖"，纯自然生态，多好。如今粗心的游客每每临湖，总是惊羡不已，以为眼前天湖完完全全是上天赐予的。

大坝建成后，饮水问题彻底解决了，还顺手建了座装机160千瓦的小型水电站，让大嵛山亮起了电灯。但小水电站所提供的照明电每晚不足2个小时，生活用电问题只能算解决一半，因为一两个小时过后，全岛依然漆黑一片，岛民只能羡慕地眺望对岸三沙镇灯火通明。

20世纪80年代后期，嵛山岛被列入对台小额贸易和台轮劳务输出地，1990年，福鼎县成立"嵛山海底电缆工程指挥部",决定彻底解决海岛生活、生产用电问题。总投资160万元,铺设线路13.4千米,其中海底电缆8.1千米。在总指挥林立慈副县长指挥下,半年完工,工程质量和建设速度均受到上级表扬。

如今看看当年资金拼盘方案颇有意思:省财政30万、地区财政5万、县财政15万、县计委30万、县水电局30万、县台办25万、自筹25万。我询问时任嵛山镇长张克伙,自筹25万由嵛山镇负责吗?他回忆,当年做项目要求必须有具体自筹资金,上级拨款才能到位,只能先认了这笔自筹巨款,但嵛山镇哪里筹得了,最终还是县财政出资。

"交通难"包括岛内和出岛。全岛5个村都建在海边,历史上交通靠船舶,直到20世纪90年代中期,各村之间才通上公路,镇所在地上天湖景区的简易公路是朱腾芬主持修的,也是这时期才得以拓宽和路面硬化。出岛海路距离秦屿镇6海里,距霞浦县三沙镇更近,5海里。

1989年初的一场海难给嵛山人留下永久的痛。旧历十二月二十那天,镇党委书记老汪从秦屿镇乘木质轮船回嵛山岛,镇长张克伙本拟与之同行,后因有事改为第二天回岛,但张克伙回到镇里,却不见老汪,心中忐忑,忽闻岛民报告,海面发现衣裳之类漂浮物,他赶忙向福鼎县委、县政府报告,县里即刻组织大规模搜救,直到33天之后才发现沉船位置。全船38人全部遇难,无一幸免。

1971年嵛山海岛羊群满山坡(傅克忠 摄)

原来，那艘木船从秦屿码头出发，航行不久，至备湾跳尾（今宁德核电站）海域，因超载严重，又遇上11级阵风，木船顷刻颠覆沉没，无一人逃生，附近海面也无人发现。遇难人员中就有老汪，其余大都是嵛山岛民。

五

1988年7月的一天，一架神秘的飞行物从嵛山岛上空飞过，不少人亲眼看见。福鼎县民俗文化专家、时任县文化馆长马树霞还为此撰文《天湖遇碟记》。

那天，老马与女儿陪同宁德地区两位摄影师到大嵛山拍摄海岛风光。天气十分之好，拍了不少好镜头，直到下午五点半，两位摄影师还要上最高峰红纪洞山拍摄草场和海上落日，老马便与女儿及镇广播站一位女士先行徒步下山。他们向天湖寺和尚借了把手电筒，以防天黑之用。

大约6点40分，就在天湖之畔，老马一行3人突然发现相距五六十米的山坡（视线下），升上一架直径约2米的飞行物，有亮光，飞行物由内外两层圆形组成，中央的圆形约0.8米直径的亮光，外围是雾状亮光，雾状亮光呈现四瓣螺旋式，如梭状。飞行物从下往上渐渐飞行，还听到"嗤、嗤、嗤"的声音。天色已黑，奇怪的是，飞行物的强大亮光，对周围毫无反射，它从一棵小树后面升起，小树也没有受光的感觉。飞行物升到树稍后就沿着红纪洞山坡向上飞行，这时似乎改变为侧面呈现梭形状。老马马上意识到遇见飞碟了，便拿出相机，准备拍摄，但又想到前几年在上海飞碟馆参观时的见闻：一个国家的海滩上2000多人看见飞碟，过后23人失踪；有一次3架飞机去追赶飞碟，其中2架飞机失踪；又有一次许多人在汽车上看见飞碟，后来其中不少人精神失常……老马想到这些，不敢按下已经对准飞碟的照相机。

飞碟沿着红纪洞山坡缓缓飞行，直到山顶上的天空逐渐消失。

老马他们回到嵛山镇政府所在地，就将遇见飞碟过程讲述给大家听，一位本地的渔业干部不以为然，说，那是海洋卫星，他们以前也见过。老马有点糊涂了。

第二天回到城关，老马知道城关也有人那天看到天空一个飞行物，很小，呈梭形。《福建日报》也登了一篇报道，描述"一个不明真相的飞行物，晚6点40分左右从西向东飞行，经柘荣、福鼎"。

六

这是发生在"桑美"超强台风中的一个凄美故事。

2006 年 8 月 10 日中午 11 点，甘肃省文县 19 岁姑娘小韩从老家风尘仆仆赶到福鼎市，见到了自己日思夜想的未婚夫李君，她跟随他来到停泊在沙埕港避风的"闽福鼎渔 3421"渔船，陪他值守。

5 小时以后，渔船倾覆，小韩蒙难，李君死里逃生，一对有情人竟成永诀。

2005 年，25 岁的退伍军人李君回到家乡嵛山岛，重抄渔民旧业。不久，便受雇于家乡一艘渔船，来到宁波市沈家门一带海域打鱼。渔民生活十分寂寞，每逢船靠岸，李君喜欢上网吧消遣，没想到网聊时结识了小韩，两人逐渐产生了感情。那年秋季，也是他们爱情的收获季节，多情的西北姑娘千里迢迢来到沈家门寻找李君，两人情投意合，便定下了终身大事。

鱼汛期一结束，小韩便跟随李君回到嵛山岛，住进了李君的家。漂亮清纯、勤快贤惠的小韩马上获得李家父母的疼爱。小韩家境困难，她考上大学读了一年便辍学，一直靠打工补贴家用，最大梦想是能够继续完成学业。李君自从爱上小韩后，就想一件事：狠狠赚钱，有了钱，就让小韩继续上大学。善良的李家父母也支持儿子和准儿媳的想法。

这样平静温馨的生活过了半年，小韩母亲生病，小韩回到西北老家一个半月，细心照顾母亲病愈。她征得父母同意后，带上了自家户口簿、身份证等结婚所用证件，又回到福鼎。她要和李君选个好日子领结婚证。

8 月 9 日，小韩到了福鼎市，和来迎接她的心爱的李君在市区旅馆住了一夜，因为李君是为人打工，150 匹马力的渔船泊岸避风需要有人值守。次日上午，她陪同他回到渔船。

李君后来回忆，台风肆虐沙埕港，渔船摇晃厉害，他有很不好的预感，台风眼经过间隙，短暂风平浪静，他即想送小韩上岸，可是找不到小船摆渡。台风回南时，一下子渔船就被打翻。当时李君在船头加固缆绳，被抛到海里，糊里糊涂地游到岸上，事后回忆，也有可能被巨浪冲到岸上。小韩和其余 5 人全在船舱里，无一人生还。

3 天后，李君在龙安海域找到了爱人的遗体，穿着绿色短袖上衣，紧身牛仔裤……

七

2005 年 10 月，大嵛山岛入选"中国最美的十大海岛"行列，令世人惊讶。据福建省委宣传部《半月谈》杂志原总编辑王晓岳《大美神奇的嵛山岛》一文记述，嵛山岛入选过程颇具戏剧性。

起初，《中国国家地理》杂志女编辑黄秀芳负责评审之前的调研和"中国最美的十大海岛"推荐整理工作。她说，中国拥有面积 500 平方米以上的岛屿 6500 多个，至于 500 平方米以下的小岛、岩礁至少有上万个，从中公正地遴选出最美的 10 个岛屿，不禁感到诚惶诚恐。为了防止偏颇与疏漏，她不断地向专家和书本求教，对中国排在前列的上千座美丽岛屿做了进一步了解。此时，大嵛山岛仍未进入她的视野，专项评委组成人员，即从事中国海洋、中国岛屿、海洋岩熔地貌和海岸带环境演化研究的专家、院士也未曾推荐大嵛山岛。2005 年 1 月，中国轻工业出版社出版了三伏主编的《我的海岛我做主》一书，收录了 98 篇海岛游记，其中福建海岛游记 5 篇，也未见大嵛山岛踪影。福建有关单位向评委会推荐了鼓浪屿、南碇岛、平潭岛等，也没将大嵛山岛列入。

机缘来了！一天，黄秀芳同室编辑刘晶对她说："今天有个作者江航东来北京出差，他是厦门观鸟协会的，你也一块见见吧。"黄秀芳知道江航东去过很多海岛，见面后迫不及待地问："你去过哪些美丽海岛？"江航东便乐呵呵地打开随身携带的笔记本电脑，里面有许多海岛风光摄影。当翻到大嵛山岛照片时，南国天山那般莽莽苍苍的野性草场和海上天湖的盎然诗意，一下子就震撼了黄秀芳心灵。她情不自禁地说："这是我见过的最美海岛！"

此后不久，福建画报社原社长崔建楠也向《中国国家地理》杂志推荐了大嵛山岛。

于是，才有了专家评委们对嵛山列岛的实地考察，才有了大嵛山岛一鸣惊人的幸运。

海盗蔡牵的宝藏之谜

翁倩倩

　　"大瑶南，小瑶北，大水淹不到，小水淹三角。"这是两百年来流传于福鼎市嵛山岛渔民中的一首"藏宝诗"，相传是清代嘉庆年间横行东南沿海的大海盗"海上皇帝"蔡牵留下的。由于清代的海盗包括蔡牵在内以文盲为主，这首藏宝诗未有过文字记载，主要依靠口耳相传的形式才得以流传。这首藏宝诗的背后，隐藏着海盗蔡牵多年劫掠所积财富以及财富藏匿地点等秘密。

蔡牵宝藏来源之谜

　　蔡牵在洋行劫多年，积累起巨大财富是有可能的。自清嘉庆五年（1800）六月艇匪在台州洋面覆灭后，蔡牵帮一跃成为闽浙洋面最有实力的海盗帮派，"其内地曰洋匪，蔡牵最大"，"夷艇至辄数十艇，蔡牵百数十艇"。蔡牵既要维持这个庞大的海盗帮派的生计，又要在闽浙水师的围剿下谋得生存，需要雄厚的经济实力来支撑。据考证，蔡牵敛财的方式主要有两种。其一，海盗最基本和最直接的敛财方式就是抢劫，蔡牵抢劫的主要目标是人和财物。就人而言，掠人勒赎是主要谋利方式，如"曾同蔡牵等在竹屿山厂打劫米柴食物，并掠人关禁勒索"，而且，"有诸生之家被掠者，赎母力不及妇，妇乃惨死"，可见蔡牵对于赎金的要求应当不低；就财物而言，截取船只是主要勒赎方式，嘉庆十年，"郑九官托该犯向赎蔡牵劫占商船未成"，据此条可推测蔡牵帮内的确存在扣留商船渔船勒取赎金的行为，而在嘉庆十一年（1806）窜入鹿耳门后，"已经两司勒索商船，重载须番银八千元，轻载五千元，方听取赎"，可见，蔡牵通过扣留商船勒取到了巨额的赎金。其二，模仿官方采取收税或出售"盗单""照票"给船户的形式进行敛财。蔡牵收税的对象包括渔船和商船。浙江渔市繁盛，"定海、普陀、衢港等处，夏鳓冬鲦之利，岁以百万计。每至四五月、十一二月，名曰渔洋，渔船数千来集，大约闽民居其六，浙民居其三，江苏民居其一"。每年的渔市也是吸引蔡牵来浙的重要原因，蔡牵借机向渔民索取"渔规"，获取巨额利润。对于出入贸易的商船，蔡牵则借机私收商税，"海口各商船出洋，要费用四百块，回内地者费用加倍"。对于那些频繁来往于各个洋面的商船船户来说,在行船过程中可能遇到多股海盗打劫,因而更经济、更安全的方式便是向海盗购买"盗单"和"照票",但凡购买过"照票"和"盗单"的船户,途中便不会遭到其所属海盗帮派势力的打劫,海盗此举称作"打单"。蔡牵帮的"免劫票照"在三省海域都有出售,获利自当匪浅。

清嘉庆六年(1801)以后,蔡牵帮的势力遍及福建、浙江、江苏等地,因而无论是直接的抢劫或者是间接的索取,沿海广大的活动空间成了蔡牵帮获得财富的经济腹地。蔡牵通过各种方式积累了巨大的财富,因而蔡牵宝藏是有可能存在的。

蔡牵藏宝地点之谜

一个海盗帮的经济状况是影响其生存与发展至关重要的因素。蔡牵对其帮派财产的管理方式是各盗船上缴打劫、收税的所得赃款,放置于蔡牵坐船进行统一的保管。盗匪平日所用经费,均由蔡牵拨给。如清嘉庆十一年(1806)捕获的蔡牵盗伙周督、郑昌二人供词,均有"蔡牵给予帅旗一枝,番银五十元","蔡牵给予令旗、番银"等相似情节。然而,蔡牵坐船应当只是财产的临时寄存点,断然不能做藏宝之用。其一,蔡牵盗帮累年所积财富之巨,以蔡牵坐船之载重必定难以实现。其二,蔡牵盗帮面临着闽浙水师的围剿,而宝藏则是蔡牵屡遭打击却又重新崛起的经济保证,因而,蔡牵藏宝既有可能性也有必要性。回到开篇所说的藏宝诗,诗中所指藏宝地与嵛山有着千丝万缕的联系。诗中所说的"大瑶南,小瑶北",指的是蔡牵宝藏所在的地理位置。嵛山又称瑶山,焦循所撰《神风荡寇后记》中载"七年五月在闽,飓风碎其船,贼党星散,势最弱;闽师不能剿灭,遂至瑶山招集余贼,然势未强也"。另嵛山又分大嵛山和小嵛山两部分,因而诗中所指"大瑶""小瑶"极有可能指的便是大嵛山和小嵛山。自乾隆末年开始,蔡牵帮频繁来往于闽浙洋面,而闽省始终是其海盗活动的大本营,其中嵛山为海中孤岛,且"中有三十六澳,与邻邑海坛山同属禁地"。"澳"意为可居住的地方,且嵛山附近又有马祖澳、沙澳、布袋澳等可供船只停泊,因而民国《福鼎县志·卷三·大事记》中载蔡牵"旋以嵛山为巢穴"。有充分的材料证明嵛山即是蔡牵的巢穴,然蔡牵的巢穴也并非只有嵛山一处,嵛山是否是蔡牵藏宝之地?这种假设是可能的,现就提供一些佐证。

以嘉庆八年(1803)一战为例,"牵窜定海,进香普陀,适李长庚掩至,牵仅以身免"。此役之后,蔡牵痛定思痛,"厚贿福建商人造大艇,高于霆船"。霆船当时的造价为每只三四千两,"官商捐金十余万两",在闽造成霆船30只。蔡牵既要打造大过霆船的巨舟,造价应当比霆船更高。联系到于清蔡牵嘉庆八年(1803)诈降福建时"仅以身免",短时间内能够凑齐数额如此巨大的资金贿赂闽商帮其打造船只,此事必须依靠蔡牵的宝藏。且蔡牵"在三沙泊船伪降",之所以选择在这里,实因"三沙为蔡牵奔窜休歇之所"。三沙属于福建霞浦县,而嵛山"半隶霞浦"。蔡牵之所以选择在这里投降,很有可能是因为此处靠近嵛山大本营,既可快速得到补给,又可筹集资金贿赂闽商帮其打造船只。那么前文提到蔡牵藏宝于嵛山岛的故事也就并非子虚乌有了。

此外,清嘉庆十二年(1807)窜至粤洋时蔡牵"止剩三船",在得到粤盗和越南方面的资助后,至嘉庆十三年(1808)七月初七的上谕中闻"今有四十余船往来驶窜"。以蔡牵在粤洋之窘迫,因何粤盗和越南方面如此慷慨资助,其中缘由想必是蔡牵此时虽遭挫折但财力尚厚,但这种情况下蔡牵坐船所带财物应当有限,因此蔡牵虽已获船只资助却仍要赶往嵛山巢穴。关于此种推论,证据有二。其一,七月二十八日上谕有"至所称蔡逆前在越南夷洋与该处夷人彼此交易,以银钱货物换给水米菜蔬以为日用等语"。蔡牵虽得到船只、日用品的接济,但唯独少了火药一项。因而蔡牵由粤洋遁入闽洋中,先有"令贼目不懂消驾坐快船在前驶探官兵消息并召集留闽伙党",又有"福建巡抚张师诚奏,据泉州府金城禀称在祥芝澳探得蔡逆从乌艇船上搬过白底肛驶近澳口,经兵役连轰大炮,击中逆肛边尾楼,该逆惊惧忽招各伙向东北外洋窜去等语"。蔡牵入闽如此小心且不敢与官军直接对抗实因未获火药接济,究其根源是蔡牵坐船财物所剩无多,只能换取日用品。其二,蔡牵由粤窜闽,终点是嵛山。在七月二十二日上谕中提及福建水师已经探明"该逆北窜嵛山一带外洋"的确证。蔡牵急于返回嵛山因水师剿捕甚急,而蔡牵此时无钱换取火药。此一节更佐证了蔡牵的宝藏应当就在嵛山一带。

蔡牵宝藏之用

宝藏之于蔡牵,有着非同寻常之用。首先,蔡牵从清乾隆五十九年(1784)下海为盗开始,到后艇匪时代一跃成为浙、闽、粤三省最大海盗集团的首领,甚至于清嘉庆九年(1804)称王号攻台湾,公开反对清政府,活跃在东南沿海长达16年之久,这一切活动都离不开蔡牵宝藏的支持。其次,正因为蔡牵有巨大的财力,一时之间,沿海奸民不惜铤而走险与之交易,以朱濆、郑一为首的粤省海盗与之勾结,甚至连没落的阮元年也一度想利用其经济实力为其实现复国大计。

再者,蔡牵的海盗生涯并非一帆风顺,他曾两度被清军水师追至穷途末路,但两次都在其丰厚宝藏的帮助之下迅速振作。第一次在嘉庆八年(1803),"蔡牵窜渔山,长庚率舟师掩至，昼夜穷追，蔡牵仅以身免"，窜往福建三沙洋面，窘境之下却能以重金贿赂闽商为其制造巨舟，迅速组织起一只船队，这与他多年劫掠得来的财富密不可分，这些宝藏使得他能迅速"恢复元气"。第二次是在攻台失败后的第二年（嘉庆十二年），蔡牵窜往广东，在闽浙水师总督李长庚带领两省水师联合剿捕，时"二十五日，至黑水外洋，蔡逆仅存三舟"。只剩两三只船实力的蔡牵在安南短暂停留了数月，"四月，蔡牵从安南夷洋回棹向北"和"十三年夏，大人复抚浙，蔡逆从安南回棹，得粤盗资助，聚四五十只船矣"。蔡牵攻台失败后仍能得到安南和粤盗的帮助，与其依旧保留着较大的经济实力有关，即其在嵛山的财产尚存，以至于安南方面"闻各盗内蔡牵一帮独为富足"，遂寻求与蔡牵帮的联合。

由此可见，蔡牵的宝藏不仅是支持海盗多年活动的资本，更是他两次落败之后迅速摆脱窘境、东山再起的"救身符"。而这，也进一步证实了蔡牵不可能将多年积累的财富完全放置于坐船上，应当有很大一部分藏于某据点，而最有可能的据点就是蔡牵的老巢嵛山，也就有了后来民间流传的藏宝诗。

数百年过去了，蔡牵的宝藏仍同迷雾一样，困惑着人们，吸引着人们。虽然有人对这首藏宝诗的真实性存在怀疑的态度，但从种种迹象看来却也有一定的可能。

朱腾芬开发嵛山岛

白荣敏

20世纪20年代，一位辛亥革命老人的命运与嵛山岛牵连在一起，其热爱嵛山岛的赤子之心和开发嵛山的不渝之情都令后人难以忘怀。他就是朱腾芬。

清光绪六年（1880）朱腾芬生于福鼎果阳，18岁时福宁府试中头名秀才，后考取官费入日本东京法学社（东京法政大学前身），因成绩优异被荐介结识孙中山，1905年加入中国同盟会，积极从事革命活动。清宣统三年（1911）春，奉命回国策动武装起义，得到广州提前起义失败消息，便在上海民吁报宣传共和民主政体和三民主义。

民国元年（1912），朱腾芬参与"五议员驱彭事件"。1913年国会成立，福建省推选朱腾芬为众议院议员。1917年9月非常国会第一次会议选举孙中山为大元帅，委任朱腾芬兼大元帅顾问。1921年4月，孙中山于广州就任非常大总统，委朱腾芬为政务院参议，奖给二等大绶嘉和勋章。1922年6月，朱腾芬进京任国会法典委员会副主任。1924年10月，段祺瑞复任临时执政，朱腾芬不与共事，于1925年携眷返回福鼎老家。

朱腾芬与嵛山岛的结缘始于1924年秋，他返鼎为母营葬，送客乘船赴榕，遇大风抛锚嵛山芦竹港，上岸偶见当地番薯大如汤罐，客人中有台籍渔农实业家蔡厚华及杨华惠，对此尤感兴趣，考察后惊闻此岛鱼丰土肥，问为何如此荒凉。当地人都说："嵛山历朝为禁岛，清末虽设官办垦殖局，但也只为羁押犯人在此垦荒，不求移民开发。民国以来，官治不及，常为海盗渊薮，民无恒居，春种时来，秋收后去，故如此荒凉。"第二年，杨、蔡二人重到嵛山考察，决计来嵛垦殖，问策于朱腾芬，朱腾芬说："政府手续，我可包办，盗匪问题，只要岸上设警，海面请海军兼顾巡逻，治安不必担忧。"又请朱腾芬同事此业，朱腾芬本有志实业救国，建设乡土，尤符夙愿，移民垦殖也是同盟会纲领之一。于是经福建省政府批准，省实业厅注册，成立"福建省嵛山垦殖股份有限公司"，取得嵛山开发权和自治权，聘朱腾芬为名誉董事长，募集民工，垦荒造林。1926年应聘任总经理，正式到嵛山主持公司事务，并于1928年携眷迁居嵛山，全力开展公司实业。自1926—1932年这六年中，开垦农地数千亩，种植松树千万株，购置拖网渔轮二艘，引进良种猪羊几百只，种植橡胶树、果树、茶叶和甘蔗等经济作物，

2024 年 3 月 29 日，嵛山镇朱腾芬旧居即微纪念馆开馆，朱腾芬曾孙女朱玮（左一）与《闽东日报》原总编辑王绍据（右一）、福鼎市政协原主席李宗廉（左二）参加开馆仪式（肖珊珊 摄）

建造简易民房数十间，大力发展渔盐、商业、交通运输和第三产业。

在朱腾芬等人的努力下，嵛山岛人烟大集，变荒山为宝岛，昌盛一时，岛民至今犹感念不忘。

朱腾芬一生恬淡民利，热心爱国，关心群众疾苦。北伐成功南京成立国民政府时，在京元老林森、居正、邹鲁等，曾电函朱腾芬上京，朱腾芬眷恋其苦心经营的实业，赋诗婉谢："孤山浮海海浮天，四顾茫然懒着鞭。已把余生付荒岛，何时再结酒杯缘？"又有"莫道弹丸难为武，且看实业益斯民"，以明其晚年意志。1932 年冬病入膏肓时，犹乘舆环视岛山一周，勉励垦民艰苦创业，并立下遗书说："嵛山财产，悉为侨资托余经营，尔等切不可变卖，日后收益应以扩大生产造福岛民为主……唯能爱国爱民始为中华儿女，中山先生遗言'努力奋斗救中国'，亦余之寄望于尔等也。"可见其爱国之心，始终不渝。

朱腾芬在嵛山任所病重时，家人力主在内地建墓并请权贵为之树碑立传，朱腾芬说："我一生淡泊名利，只领酒无数，仅书'醉人朱馨梓之墓'即可。我做事，志在必成，如今嵛山事业未竟，是所遗憾，死后我也要看到嵛山的繁荣景象，就让我葬在公司的后门山吧！"朱腾芬死后，家人遵嘱把遗体安葬在他生前选择的嵛山马祖澳小山上。在开追悼会时，各地知名人士先后寄来吊唁数百幅。据朱腾芬的儿子朱鼎邦先生回忆，国民党元老邹鲁寄来丝织挽轴，其中有"学以经世，志在康民，亦儒亦侠，有武有文"这样的评语。

嵛山垦殖股份有限公司始末

朱鼎邦

　　嵛山岛位于福鼎县东南海域，为我国东南沿海战略要地，扼福鼎通往外海的必经航道。清嘉庆年间，蔡牵率战船 99 艘盘踞于此。清末民初设官办"嵛山垦殖局"，隶福宁府，羁押囚犯，在此垦荒闽浙巡阅使许世英当年曾到此视察，在马祖宫路边立有石碑为志。民国以来，军阀割据，战乱纷起，国民政府鞭长莫及，垦殖局名存实亡，田园荒芜，居民寥寥无几。1925 年，朱腾芬先生邀福州、闽南、台湾的实业界人士来此开发，成立"福建省嵛山垦殖股份有限公司"，移内地民数百户，繁荣一时。1938 年 3 月 28 日，嵛山沦陷于日寇，公司消亡，居民也被洗劫一空。

　　我们都是当年参加遗孤岛开发的老人，为了给后代留下确切史实，现在把脊山垦殖股份有限公司的兴起与衰亡，以及当时嵛山地方情况忆述如下：

垦殖公司的创建

　　公司创始人朱腾芬，字馨梓，祖籍点头果阳，系辛亥革命党人，在东京加入同盟会，为政学界知名人士。1924 年从北京回乡营葬其母周氏，省城好友前来吊唁。事毕，雇船送客回榕，遇风抛锚嵛山芦竹港，客中无聊，上岸拜访朱秉辉（金溪人，曾为嵛山垦殖局职员，后在芦竹开杂货店），夜间打牌消遣，主人取几个大如汤罐的番薯煮点心，客人们从未见过这么大的番薯，大加赞赏，有蔡惠如、方××（绰号跛脚方）二客，是台湾渔农实业家，对此尤感兴趣，详细查问品种、园艺，朱秉辉答称品种与内地无异，只因此间雾浓土沃，地广人稀，农民惯用烧荒轮种，并不施肥，自可丰收。第二天风停雨霁，客人们登山饱览风光，时值隆冬，景物萧条，只见岛上满目蓬蒿、人烟稀少，四周白浪滔天、渔舟绝迹，惊问此地土肥鱼丰，何以荒凉若此。朱秉辉说："垦殖局原来只管羁囚垦荒，不求移民开发，更因近来兵防久撤，盗匪骚扰，居民纷纷内迁，所以更加荒凉。"蔡、方二人抽取几包土样，云将寄往台湾化验。朱腾芳认为开发嵛山岛，利国利民，有益桑梓，极力劝说他们来嵛开发。第二年他们经过考察研究，决定成立以开发林渔为主的垦殖公司，邀请朱腾芳为名誉董事长，协助办理登记注册

20世纪60年代的崳山春耕（傅克忠 摄）

等法律事务。1925 年，获得福建省政府批准，在福建省实业厅注册，定名为"福建省崳山垦殖股份有限公司"。

垦殖公司概况

公司股本为银圆 10 万元，以 2 万元向福建省实业厅购买山地所有权及原垦殖局在崳所遗留的财产，8 万元购置渔船、建造房屋和农林商业投资。主要股东有杨浩如、杨镜波、杨畏齐（这三人是福州仓前山杨合春商行的老板）、蔡惠如、蔡秉耀、方××（这三人是闽南籍在台湾经营渔农的实业家）等十余人。于 1925 年开始基建工程，计在马祖宫左侧建盖四合院外加围墙的楼房 1 座，在马租埠头边盖商店 10 间，把马祖宫前厅扩建为仓库及办公地点，接收原垦殖局在东角、鱼乌、芦竹的营房改建成 3

座盐仓。公司首任经理杨畏齐。1926年，公司新楼房落成时，杨畏齐被厉木恭股匪绑票，受惊得了病，大部分股东对开发事业丧失信心，敦请朱腾芬到嵛主持一切，当时朱已出任福建省政法专门学校校长，但作为开发嵛山倡议人之一，不忍功亏一篑，并念民国建立以来，频年奔走南北，因军阀混战，一事无成，如今身罹肺病，能为振兴实业作出有益贡献，亦可死无遗憾。遂应聘为公司经理，于1928年携眷迁居嵛山全力开展公司实业。邑人周梦虞先生曾赋诗贺其乔迁，其一是："破浪乘风归去来，书生勋业震埏垓。十年事变如棋局，万种牢骚付酒杯。逊世原非贤者志，殖民亦见伟人才。参差楼阁起荒岛，暮树春云首屡回。"其二是："官场威福有何常，我辈胸襟日月光。罗网原为桑梓计，解铃敢把友朋忘。流莺出谷仍籴日，老马何年得脱缰。社会恩称难报答，菁莪诗在费评量。"以后国民党元老招朱腾芬进京任职，朱赋诗辞谢："孤山浮海海浮天，四顾茫茫懒着鞭，已把余生付荒岛，何时再结酒杯缘。"又句："莫道弹丸难为武，振兴实业益斯民。"可见朱腾芬迁居嵛山时，是抱着振兴实业、百折不挠的决心的。事实证明在朱腾芬到嵛后，贼氛即告平靖，各业逐步繁荣，但他因操劳过度，肺病日剧，1932年殁于嵛山任所。自此公司多事，经理先后由蔡秉耀、杨浩如继任，逐渐衰落。1938年，盘踞南干塘的海匪余长淦部，攻占嵛山岛，焚毁公司楼房，洗劫全岛，公司因而消亡，

为了叙述方便，现将垦殖公司各业兴办概况分述如下：

渔业　　投资银圆1.5万元。自台湾购入机动渔轮两艘，一名"大嵛"，一名"小嵛"，采用新式电网及大型拖网捕捞，雇用台湾技工30多人，本地渔工10多人，这种拖网，要开到外海鱼场捕燕鲂等一类大鱼，远洋风浪大，本地渔工大多晕船不能作业，台湾渔工又要欺侮他们，本地人纷纷辞职，公司既派不出亲信人员和渔工，船务全被台籍渔工操纵，整天在半海吃喝赌博，甚至把捕捞的鱼货偷卖私分，经营3年，亏损很大，终于被迫停业，卖掉渔轮。又在大使澳经营定置网，在天湖顶修建鱼池，引进江西鱼种，淡水养殖，但生产规模小，只能解决公司及自卫团的食用。

农林　　投资3万元，运来松子及农具3船，雇工200人，沿山盖茅房数十间，播种松树千万株，并在马祖建立试验场，种植桃、李、奈、龙眼、荔枝、葡萄、枇杷、甘蔗、杨梅等果树。果树生长很好，只是颗粒不大，味道也不如内地甜美，不知是自然条件限制，还是培植技艺问题。松树生长非常茂盛，从1926年开始播种，至1938年沦陷，仅12个年头，已满山苍翠，蔚然成林，挺拔粗壮，为内地所罕见。沦陷前两年，开始间伐，或为原木，或作薪柴出售，年收入5000元左右，正当计划设立贮木场、锯板场时，嵛山沦陷。以后附近各岛日伪军建房及伙食用材，都取自嵛山，不几年就砍伐精光。

农垦　嵛山岛所有山地都属公司所有，但公司的主要宗旨是开发渔林，没有经营农业，只将原垦殖局开垦的田园租佃给农民耕种，又划出低谷及缓坡地交给移民垦荒，采用"领垦""包垦"两种办法。所谓"领垦"，是由公司发给垦银每千株（一千株为一亩）三十角（辅币，约十角为一元），按垦荒面积，每千株三年后交租（茹米）三十斤。所谓"包垦"，是预领垦银，垦地经丈量验收后每千株按六十角付给垦民，土地由公司租佃给农民耕种，每千株也是交租三十斤。由于公司享有二十年免交赋税的特权，地租远较内地便宜，所以招引了内地 200 多户农民迁来岛内耕种。渔民也有租种粮食的，公司每年收地租茹米 500 担左右，照此推算，应有垦地 200 万株（折合 2000 亩），但这个数字是有出入的。因为渔民认为日后多交一些地租，远比私人借贷利息合算，也有虚报冒领的，实垦面积没有那么多。

商业　商业是公司近期收益的主要项目，其大宗收入为经营渔盐。公司在东角、鱼鸟、芦竹各设盐仓一所，东角盐仓由朱奋明承包，鱼鸟由陈韩钦承包，芦竹由朱克亭承包，货源除公盐外，也购入私盐，但私盐被盐局发现是要没收并罚款的，嵛山僻处海隅，"山高皇帝远"，加以朱腾芬名气大，盐警也就装聋作哑，不敢过问。掺杂私盐成本低，售价低廉，且能满足供应，远近鱼商聚集在嵛山腌制鱼蚱，公司除了从盐业直接获利外，还从鱼商云集的繁荣中得到发展饮食和服务行业的好处。其他商业方面，公司在马祖设有酒库、糕饼厂、药材、百货、饮食等商业，并有运输船一艘专门到各地采购物资，因公司享有免税特权，批发价比商贩自去内地采购的成本低，三沙、牙城、硖门的小商贩也纷纷前来采购，这种繁荣局面维持至 1932 年朱腾芬逝世后，随着海产连年歉收，盐业又划归三沙盐仓经营等原因才逐渐衰落，到 1935 年，公司只剩下一间药店。

畜牧　1926 年和 1927 年，公司应移民户要求，出资自内地运采山羊数百头牛，自台湾引进良种猪十几头，给农民领养，繁殖出来的，牛羊各得其半，小猪养户得四分之三，公司得四分之一。嵛山草源丰富，没有兽害，非常适宜放牧，那时遍地牛羊，户户养猪，畜牧业的繁荣也促进了农业丰收。

地方自卫情况

嵛山是孤悬海外的荒岛，国民政府不可能在此设防，因此成立垦殖公司与组织地方自治自卫工作必须同时筹划。公司成立之前，先向省政府呈报"嵛山岛自治方案"，经省政府批准，在嵛山岛自治期间，自筹地方自治自卫经费，豁免一切税捐，公司为了招集各地渔民、鱼商来岛经营，厘订了征税简则，艋艚一艘，每年捐四元，春秋两季各交二元；墨鱼拖、定置网每口每年各捐二元，晒网埕每口每年捐一元。出口鱼货课税百分之三，所有捐税由自卫团收取，自卫团开支不足，由公司负担，不再向地方摊派。由于税目清简，税负较轻，又值连年发海，招来不少渔民和鱼商，自卫经费逐步充裕，团兵也不断扩充，最多时有40条人枪。这种自筹保卫经费办法实行至1934年。1935年，国民党政府推行保甲制度，取消了嵛山自治。

1926年，成立"嵛山岛水陆自卫团"，团总朱秉辉，招募团兵十余人，由公司发给步枪10支，团部设在马祖宫。当时嵛山洋面海盗如毛，这些海盗有的以抢劫为业，如台州贼、湄州贼、兴化贼、南路贼、南贼等，也有本为民船因某种原因而偶然行劫的。多数海盗，在岛上安有耳目，为贼传递情报，置办物资。如：1927年，南路贼厉木恭偷袭自卫团部和公司；1928年，湄州贼100人围攻公司通宵达旦；兴化贼、南贼也常来东角、芦竹骚扰索饷，事前都有当地探水引线。1928年，朱腾芬接任公司经理，有些人向其建议清除内奸，朱权衡利弊，认为强龙难压地头蛇，还是采取优抚办法，避免结怨大盗为好，因此，除了改组自卫团、加强自卫实力外，还成立了"自治会"，聘请国氏党海军十一旅游排长任团总，原团总朱秉辉改任自治会理事长，邀请东角林亚桐、鱼鸟陈韩钦、芦竹陈良谋、灶澳章志冲等为理事，每人给25元薪水，与他们约法三章，开导他们与贼脱钩为地方人民办事，又提拔团兵黎保民（当过南路贼）为班长，负责侦探南路贼情，这些地头蛇在恩威并济下都转为地方效劳，及时反映匪情，向海匪散布空气，吹嘘朱腾芬、游团总枪法百发百中，公司设有电台，电报一发战舰立至等，虚张声势，使贼不敢觊觎。另外，也有对入扰海匪赠送盘缠，劝其退出的。

1927年冬，厉木恭股匪数十条人枪，在鱼鸟登陆，半夜偷袭马祖宫自卫团部，哨兵黎保氏一枪未发即中弹倒地，团兵在睡梦中惊醒，多数弃枪逃走，贼兵得逞后立即围攻公司，朱秉璋及公司职员数人持短枪应战，贼兵用煤油烧门，因大门系番木制造，不易引火，改用利斧凿门，很久才凿穿一洞，拔去门栓把门打开，公司职员们早由地道撤往后山，只经理杨畏齐吓得躲进床下被匪掳去，公司职工衣服细软尽被洗劫。事后朱腾芬返嵛料理善后，大骂团总及职员贪生怕死，因为公司墙高壁厚，子弹不入，当时只要有一个人把守大门，也不至被贼打开。从此朱腾芬常亲驻岛上，指挥一切，海军上将萨镇冰、省府主席杨树庄与朱腾芬有交情，对嵛山匪祸深表关注，特发给上好步枪30多支，又借海军十一旅游排长、陈班长等老兵十余人为骨干，招募当地人加以训练，适逢渔业连年丰收，商业繁荣，自卫经费充裕，团兵最多时达40人，团部迁入公司，公司的运输船也兼作哨船，加强海面巡逻，防卫力量，大大加强。1939年春，台州贼船多艘，载匪200多名围攻公司。自卫团先期得到情报，一面派人向三沙海军求援，一面加强戒备，接火后，团兵从容应战，弹无虚发，贼兵数次攻入围墙均被楼上排枪及手榴弹击中，相持至黎明，适有海军巡艇过境，贼兵仓皇逃窜，这一役贼死伤十余人，自卫团无一伤亡。又有两次小股海匪在东角、芦竹登陆骚扰，自卫团及时赶到，冲锋号一响，海盗就望风而逃。从此海氛平靖，人民安居乐业，内地移民数百户，艋艚数百艘。墨鱼、海蜇皮、黄瓜鱼、带鱼、堤鳗、黄虾、带柳等连年丰收，墨鱼、海蜇皮多到可用手网捕捞，南北鱼商往来络绎不绝，最多时挂泊200余艘，这些商船运来渔需物资、大米、蔬菜等，又收购干鲜海产、山羊、猪、家禽、蛋、茹米、豆麦、百合粉、中草药、扫把等土特产，各港澳一片繁荣。在这期间，闽浙监察使陈肇英、福建省水警大队长吴国珍等国民党官员先后来嵛山视察，对公司开发荒岛，保卫治安的成就大加赞赏。

朱腾芬病殁后，1933年其子朱克英自福州十九路军军训班毕业回来，由福鼎县政府委派为"嵛山习卫队"队长。当朱克英尚未到任时，有南贼一伙常到东角落脚，行劫过往商船，朱克英到嵛山后立即令其退出，贼人不听，又到东角停泊骚扰做饷，理事林亚铜兄弟一面稳住贼兵，一面派人密往马祖队部报告。朱克英立即集队于拂晓时赶到东角，原计划分兵两路，一路拦住岸上匪徒，一路直扑贼船，因队兵郑亚禄不慎走火，惊动岸上匪徒，匪徒迅速窜向埠头，依托海岸岩后，进行顽抗，队兵奋勇进迫，各自占据有利地形向贼进击，贼兵纷纷潜水回船。正当贼船起锚扬帆企图逃逸时，一阵风浪将贼船翻入海中，匪徒大部分葬身鱼腹，只贼首等三人水性极好，持枪踏水如履平地。队兵沿岸搜索尾追不放，并喊话"缴枪不杀"。狡猾的匪徒，稳身石后向岸上放枪，把队兵身体击伤，队兵们愤怒异常投下一颗手榴弹，炸死贼兵2人，贼首弹尽力竭只好举手投降。这一役全歼海盗十余人，生俘贼首，缴获贼船一艘（三条枪）舢板二条，连珠驳克枪一把，步枪及双管猎枪各一支。贼船拖到大使澳沙滩，贼首押送县城判刑。嵛山自卫团兵力薄弱，着重防卫，但这次主动出击，大获全胜，当天各港澳代表携酒牵羊到马祖慰劳队兵，排宴庆功，每个队兵赏银5—10元。

1934年，嵛山自卫队经队兵介绍，自霞浦南路购得自动步枪两支，这两支自动步枪后来才知道是驻霞省保安被红军缴获转卖给嵛山的，驻三沙的省保安团刘成灿（与朱腾芬有隙）唆使，以查核枪械为名，把嵛山自卫队缴械，连队兵的军装也被脱去，公司及商店惨遭洗劫，附近农户也难幸免。嵛山自卫团也就此解体。

垦殖公司的衰亡

1934年兵祸后，公司损失惨重，商店纷纷倒闭，只余药店一间，渔盐也由三沙盐仓经营，公司除地租每年约收茹米四百至五百担外，别无其他收入。公司董事杨浩如、蔡秉耀等来嵛收拾残局。一面申请国民党政府派兵设防，捐税归政府征收，以减轻公司负担（以往自卫团经费由地方自筹，公司每年要负担一二千元）；一面开始间伐森林，自设森林警察队以保护森林及公司安全，队兵不上10人枪。森林警察队队长陈雨庄，福州人，是杨浩如的亲信。林警平日作威作福，欺侮平民，但一听到匪警就龟缩在公司里不敢出来。1935年，国民党推行保甲制度，嵛山编为东角、鱼鸟、芦竹、马祖、灶澳5个保，起初属霞浦三沙区管辖，因公司及大多数岛民极力反对，改属福鼎秦屿区管辖，首任联保主任公推陈学针（芦竹渔户）担任，不久又改选吴永铨；1936年，又改选朱友贤（芦竹渔户）。不久，由福鼎县政府指派张忠为联保主任。联保办事处设在东角，有处丁20余人枪，筑碉堡驻守。福建省水上警察也有派助教吴赞献等先后来嵛训练所谓"国民兵"，水警的舰艇时来巡逻，海面倒也平静。1937年，国民党海军全部撤入内海，海盗又猖獗起来，纷纷投靠日寇当汉奸，自称××司令。1938年3月28日，南干塘海匪余长淦部200多人分乘汽船两艘、帆船十余艘进犯嵛山岛，公司林警队长陈雨庄临阵脱逃（说去三沙请兵），队兵见贼势众知不能敌，抵抗一阵便向后门山撤退，匪兵洗劫公司又将房屋烧毁。东角碉堡内、联保处丁20余人正与海面企图上岸的匪兵对射，未防攻打马祖的匪兵16人头扎白布，自山上冲至碉堡墙下，用破布浸煤油塞入碉堡枪眼，引火烧着碉堡，处丁全部阵亡，只联保主任张忠先期化装逃脱（说去硖门请兵）。匪兵在嵛山洗劫4天，连艋艚渔网都被劫去南干塘，有的渔民想方设法赎回渔网，但都已霉烂不能使用。当年满怀希望立志开发宝岛的移民，到此多数都向内地迁徙。1938年11月，日伪蔡功部占据嵛山岛，设立"司令部"和"维持会"（汉奸政权），宝岛沦为匪巢，嵛山垦殖公司至此彻底消亡。

（本文摘编自《福鼎文史资料》第4辑，据池淑、林乃驾、朱秋生口述整理）

"匪"来"匪"去：1944年嵛山岛风云

池龙威

1943年10月，原先静谧的福鼎发生一场暴动。一群名叫"大刀会"的"匪徒"从各个乡镇起事，在10月19日合攻福鼎县城。然而，装备落后的"大刀会"不敌国民党军队，纷纷溃散。其中刀会首领李子章、陈炳章等人齐聚佳阳曾华亭家中商讨对策，在清楚认识到形势严峻后，他们率众转道鱼井，渡船逃往嵛山。

因为孤悬海外，地势险要，加上迁界禁海，嵛山岛历来是崔苻之地。乾隆末年，蔡牵便以嵛山岛为重要根据地，在闽浙海面劫掠。抗日战争期间，嵛山岛更是吸收了伪化海盗——乌军，以及来自福鼎、平阳的大刀会众。

乌军又称"闽浙边区建国军"，首领是蔡功。1939年蔡功在日军授意下来嵛，任"嵛山维持会"主任。1942年被委为"闽浙边区和平救国军第一路军"司令。1944年，

乾隆年间福鼎海疆洋界形势图（局部）

部队番号改称"闽浙边区建国军"（俗称"乌军"），自任司令。不独是福鼎嵛山岛、平阳南北麂岛、霞浦北礵岛上的伪军都归蔡功指挥。蔡功的势力范围遍及闽浙一带海域，鼎盛时北至台州，南达马祖，而贸易范围更是远至上海。据福鼎县政府获取的多方情报显示，1944年嵛山蔡功部约有500—1000人，机枪3—9挺，步枪200—500余枝，机枪弹五5000余发，步弹6000余发，短枪弹700余发，设立1架无线电台，并将原体育场改修为机场。岛上计有汽艇2条，帆船十余条，并驻有日舰川石丸、新兴丸两艘，助其运输兵员和走私桐油杉木等物资。以上数据表明，乌军绝非传统的海盗，其武装化程度，远高于福鼎县府。这也使得鼎平两县的大刀会在遭遇绝境时都不约而同地投靠蔡功。

福鼎大刀会的首领李子章深知海洋法则，对蔡功的力量更是熟稔于心。早在进攻县城之前，他便以"步枪18支，干谷500多担取得嵛山伪组织蔡功为声援"。因而，在第二次进攻福鼎县城失败后，李子章、曾华亭等会首逃至嵛山，顺利得到蔡功的接纳。佳阳会首曾华亭因文化程度较高，被聘为嵛山小学的教师。

由于蔡功为福鼎大刀会解决了给养问题，大刀会很快在嵛山岛安置下来，并实现组织的发展。通过整顿旧部和吸收新人，在嵛大刀会已形成200余人的规模。时常在东角、鱼鸟练法，试图反攻县城。

然而，福鼎大刀会与蔡功的蜜月并未持续多久。1944年7月到8月，福鼎大刀会在嵛山的人数逐渐清零。福鼎大刀会为何在这时期退出嵛山？笔者认为大概有以下两方面的原因。

一方面，嵛山粮食短缺。1944年，盟军加强对中国海岸的空中防御，于1月和8月多次轰炸嵛山岛附近海域的日本武装力量。

> 本月廿四日（1944年1月24日）上午有盟国空军轰炸机七架飞临嵛山上空向敌舰艇及岸上匪巢轰炸，结果运输舰及汽艇两只沉没，匪众被炸死伤百余人，日来海滨均可见汽油及舰上物件浮流，足见损失惨重，匪伪受此打击实力锐减，当无余力量进扰闽东各地，本县治安当更稳定。
>
> 嵛山马祖8月22日下午被我机轰炸死亡伪警察1人，伪民3人，烧毁货仓十余栏（内存粮食、棉纱、豆、布匹、洋货等，估值3000万元），民房两座。东角为受损失。

盟军的空中打击，加上人员的激增，给乌军带来严重的粮食危机。为补足粮食的空缺，乌军一面抢劫沿海渔船，一面登岸购买，但仍是杯水车薪。因而，乌军不得不裁撤无关人员。7月，蔡功遣散了90%的大刀会徒，仅留下26名法术较高者，其中包括李子章。因此，7月时嵛山大刀会人数锐减，仅存10%。

另一方面，乌军内讧。同年8月，秘书长林友森被蔡功执行枪决。林友森，又名林成，平阳马站区南坪松柏林村人，是地方士绅，被称为"蒲门土皇帝"。1936年，组织"蒲门防务会"。1939年，因与平阳县长张韶舞发生龃龉，被拘捕关押2年。1942年在转移途中收买押送人员趁机脱身。后逃至嵛山岛投靠蔡功，蔡功以他"才学兼优，待以上宾礼"。林友森时任南麂岛务局局长和"嵛山维持会"秘书长，是当时嵛山岛的二把手。而在闽浙边区建国军伪政权中，同样受蔡功器重的还有任"福宁列岛指挥官"的陈逸民，他还有一个特殊身份——蔡功的义子。秦屿镇长陈行夏在给福鼎县长的电报中曾言："在嵛山敌伪力量，蔡其虽为司令，其兵权悉操逸民掌握，盖过去嵛山内部党派分歧逐渐均被其消灭。"陈逸民同样认为林友森的到来威胁了自己的地位，对其多有防范，两人暗中角力。为了抵制陈逸民的威胁，林友森将董仁涨部请回南麂，7月初，私下与其联合组成"浙闽边区自治军"，企图操纵这支武装。但因该部饷银与物资需求甚巨，林友森遂放弃了这支武装，卷走重要物资，留该部于洞头。7月末，大刀会联合南麂岛民众，向乌军控告林友森私收饷银。据南麂岛当地民众及大刀匪徒云，成私收饷款4万余元，中饱私囊，未曾转缴。陈逸民闻讯后，立即将林友森"擒解嵛山请蔡功处分"。后在驻嵛日军准许下，于同年8月5日上午10时将林友森执行枪决，枭首示众。

林友森的死亡，给在嵛福鼎大刀会带来很大震撼。同月，会首李子章借故奔赴上海，随后福鼎大刀会徒也纷纷四散，逐渐从嵛山岛上消失。而与此同时，在嵛山还有另一股刀会势力——平阳大刀会。平阳大刀会的代表人物是董仁涨、朱超高和蔡月祥3人。

董仁涨，又名董威光，从小崇尚神道，1938年加入平阳同善社。1943年10月，福鼎发生大刀会暴动，被镇压后有一部大刀会来江南等地秘密活动。平阳县长张韶舞闻讯，即派区长前往查办。董仁涨因得罪当地士绅，被构陷为匪党。为躲避抓捕，潜逃至南麂岛。时浙江省开展征兵竞赛，许多青壮年不堪征派，避役于南麂等海岛。董仁涨利用"三世末劫"的理念和"刀枪不入"的特点进行宣传，设坛招徒，将青壮年编成"大刀会"，自号司令。到1944年春，已形成200多人的规模。

1944年3月8日，董仁涨联合北龙岛的蔡月祥部，共计200多人，进攻江南。平阳县长张韶舞旋即派自卫队会同浙保四团进剿，迅速将大刀会镇压。大刀会失败后，董仁涨等退往嵛山等地，投靠蔡功。

1944年5月，董仁涨被林友森请回南麂岛，设坛招徒，会众逐渐增加到约600人，给养由嵛山供给。8月，福鼎大刀会彻底退出嵛山。然而在同年9月，福鼎县府却在嵛山发现了平阳大刀会的踪迹。"嵛山刀匪百余名，系浙江一带刀匪，大炮四五樽，机炮弹药颇多，实数难察明了。现敌兵与炮火等均置马祖澳伪营，以敌兵及刀匪让驻东角。"10月，"嵛山刀匪……现由南北麂下七八十人。"

甚至在当年12月，二者仍为从属关系。"北关距南镇约同桐城离梅溪外之遥，不过渡不得登岸，近系刀匪负隅之山。会首董仁涨，蒲门一带颇有'老董不恶，唯部下甚凶'之风声。嵛山派仍许其用大刀用符咒诱惑我邦乡，倘有抢到洋枪当送嵛山献功。拟备民船十内艘，兵只一连多，就可剿扑清净。"从"许""送嵛山献功"等处可见，此时的平阳刀会仍依附于蔡功。

那么，在同样缺粮的情况，蔡功为什么一面遣散福鼎大刀会，另一面却又继续接纳平阳的大刀会？笔者认为，这一决定出于蔡功战略上的考量。

在此之前，蔡功的"闽浙边区和平救国军"虽在名义上下辖台州列岛指挥部、温州列岛指挥部，以及福宁列岛指挥部，但实际控制区域寥寥，仅嵛山、台山、七星、北礵等福鼎一带岛屿在其掌握之中。温州鳌江口、琵琶山一带海域，素为台州海匪王仙金、林革民的势力范围。因此，乌军虽在南麂有少量驻军，但并非其可控制区域。林友森，名义上为温州列岛指挥官，在1944年前却只能常驻大嵛山，履行他另一个职务——"嵛山维持会"秘书长的职责。台州一带，亦有王仙金势力。1943年10月，蔡功率队攻占大陈岛，王仙金撤退，蔡功于其屋内设立岛务局。但在次年3月，王仙金卷土重回，收复大陈岛，全歼乌军。加上台州列岛指挥官王仲向国民政府投诚，浙江海域完全脱离了蔡功的实际控制。

福鼎大刀会在不同乡镇起事，啸聚山林，围攻县城。起事失败后，各个据点皆被国民政府铲除。福鼎大刀会是以依附者的身份进入嵛山岛，对于蔡功而言，缺乏有利可图之处。而平阳大刀会则不然，在1944年3月起事之前，平阳大刀会常驻北关、南北麂等岛屿，在岛上发展势力。起事虽也以失败告终，但由于据点皆为海岛，政府"限于工具未能出海剿办"。因此北关、南麂、北麂等海岛仍在其控制之中。接纳平阳大刀会，便实现了乌军向浙江海域的势力扩张。1944年5月，随着董仁涨返回南麂，（"秘书长林友森率领二百多人驻扎南麂岛"）这标志着南麂岛正式纳入乌军的势力版图，也标志着乌军势力再度进入浙江海域。随后，乌军进行改组，改番号为"闽浙边区建国军"，撤销台州列岛指挥部，增设嵛山岛务局、嵛山经济局，改温州列岛指挥部为南麂岛务局，任林友森为局长。

由此可见，蔡功遣散福鼎大刀会，而继续接纳平阳大刀会实有战略方面的考量。而蔡功的这一决定，不仅延续了鼎平两地大刀会的生命，还为之后的刀会活动提供了历史舞台。在此之后的5年间，嵛山岛数易其主，大刀会势力来来去去，人民生活苦不堪言。直到1949年10月，嵛山岛才被解放。

海岛上的艰难困苦斗争

　　土地革命时期，中共浙南特委下属的浙闽边区办事处在隐蔽精干的斗争中，指派一部分党的干部坚持在沿海岛屿进行隐蔽活动，是鼎平地区党组织坚持斗争的重要方面。其主要目的是收集枪支弹药，筹集活动经费，保存党的干部，继续进行革命斗争。

　　苍南、福鼎滨海依山，海域辽阔，岛屿星罗棋布，是边区党组织隐蔽坚持的好地方。边区一部分党的干部向海岛转移，隐蔽坚持，进行了艰难困苦的6年海上斗争。

　　在那风雨飘摇的艰难岁月里，革命者不但随时有被捕牺牲的危险，而且连维持最低的生活也有困难。1942年春节后，浙闽边区办事处主任王明扬，派苏廷居等人到嵛山隐蔽，并交代了3项任务：一是隐蔽坚持；二是在可能条件下，筹集经费支援边区；三是积极活动，牵制一部分国民党兵力，减少内地党组织的压力。苏廷居等到达南坪，秘密与林乃珍、黄连才会合，乘小船到达嵛山岛。苏廷居住在小嵛山，找到鼎泰区干部陈德芳的侄子、小嵛山保长陈上柱，在他的掩护下，进行分化伪军（乌军）工作。林乃珍等3人到大嵛山灶澳，以帮人捕鱼维持生活。这一批干部到达嵛山，为此后在海岛坚持斗争打下了基础。

　　嵛山列岛，东扼沙埕港，南北通闽、台、沪各埠，历来被视为海防门户的咽喉，为东南沿海的战略要地。1940年5月，日军侵占嵛山，全岛沦陷。8月，成立"嵛山维持会"，被收编的乌军头目蔡功任主任。"维持会"设秘书长、警察局、税务局及民政科等。1942年，成立"闽浙边区和平救国军第一路军"，蔡功任司令，下辖台州列岛、温州列岛、福宁列岛，驻岛伪军达1000余人。

　　分散干部，瓦锯伪军，打击嵛山日本侵略者，是当时边区党组织的主要任务。1942年春，边区办事处又派龚显奏等人，分两批前往嵛山，配合苏廷居进行分化伪军（乌军）工作。但因没有关系，工作进展困难。是年7月，苏廷居生活极端困难，被迫到灶澳与林乃珍等会合。在此期间，因交通阻断，食盐紧张，国民党福鼎县政府决定在秦屿恢复文渡盐场，规定制盐工人可抵壮丁名额。林乃珍等人搞到一些晒盐工具，在灶澳海滩晒盐，以增加经济来源。他们以此作掩护，秘密进行革命活动，宣传抗日救国，团结渔民群众，开展争取伪保甲长的统战工作。他们虽然辛勤劳动，艰难度日，但仍保持着旺盛的革命意志。

王明扬牺牲后，1942年7月，浙闽边区办事处改为边区委，郑丹甫任书记。边区委成立后，根据党的统一战线政策和争取伪军反正政策，积极进行分化伪军（乌军）工作。1943年4月，边区委书记郑丹甫给"嵛山维持会"秘书长林友森写了一封亲笔信，动员他将功赎罪，为人民办点好事。龚显奏带着信件到达嵛山，设法与林友森取得联系。这时，林友森任"嵛山维持会"秘书长兼"和平救国军"秘书长，威势显赫。他住在伪军司令部，门卫森严。龚显奏以同乡人的身份，才得以进入大院，将信交给了林友森，并提出要他帮助搞枪一事。林知道龚显奏的来历，为给自己留一条后路，答应以后一定设法帮忙，但没有同意龚立即进入伪军工作。这时，由于国民党顽固派的加紧"清剿"，边区形势更为险恶，边区委的活动经费极为困难。同年秋，龚显奏又一次接受任务，与张希周一起到嵛山筹集经费。苏廷居等人虽然经济拮据，过着食不果腹、衣不蔽体的生活，仍然千方百计筹措了一些资金，解决了边区委的燃眉之急。

为了牵制和打击日伪军，制止投机奸商漏海资敌，1944年春，边区委又派谢秉培、夏国中等人到大小嵛山活动，同时派出一支武装小分队，在海上配合行动。他们在海上镇压了一些民愤极大、运载粮食等物资漏海资敌的奸商，因而引起了伪军的怀疑。一天，龚显奏、林乃珍接到通知，要他们到马祖澳伪军司令部有要事商谈。他们知道这一去凶多吉少，但为了稳住敌人，龚、林二人在支持我党工作的伪保长陪同下，来到马祖澳。一个满脸横肉的伪军官，气势汹汹地说："前几天我们几个人失事，是不是你们干的？"龚显奏矢口否认了伪军官的责问，说我们几个外乡人为生活所迫，到这里打鱼度日，只求活命，别无他图，从未离开过灶澳，更不会干坏事。伪保长在旁竭力证明龚等是老实良民，说的也是实话。伪军没有证据，不好立即捕人，但却要龚显奏等调查失事情况。龚、林以打鱼人无法也无权调查这件事为由，搪塞过去，把伪军官气走了。龚显奏等立即赶回灶澳，当地群众都在村口等候，怕他们出事。当晚，龚显奏等人连夜转移，到达北关岛隐蔽。

事情果然不出所料。第二天，伪军窜到灶澳抓人，虽然扑空，但控制更加严密。6月间，谢秉培、杨炳和、黄连才、张希周、潘国土、夏克党等6人在嵛山附近执行缉私任务，被伪军发觉。他们因思想麻痹，被化装成船工的伪军混到船上，船头的哨兵被打死。躲在船舱内的5人来不及还手，当场被击毙3人，谢秉培、潘国土被捕，关押在嵛山伪警察局。

随着斗争环境的变化，1944年8月，浙南特委决定撤销边区委，改为联络员制度，陈辉任边区联络员。鼎平县委联络员郑衍宗和陈辉到嵛山，利用陈上柱的关系，保释了谢秉培。不久，潘国土也由其叔父出面保释。

是年冬，边区联络员陈辉到嵛山检查工作。恰在这时，林友森托来口信，说自己的部队要到南麂岛驻扎，可以派人跟他一起到南麂。经分析研究，陈辉同意派苏廷居打入伪军内部，进行内线斗争。苏廷居在伪军中组织了1个班，共11人，自任班长，进驻南麂。随后，郑衍宗和陈勉良、龚显奏等到达南麂，与苏廷居会合。他们在伪军中结交朋友，秘密进行策反工作。不久，伪军联合大刀会1000余人，攻打洞头岛，歼灭国民党武装1个连，占领了全岛。郑衍宗等随伪军进驻洞头，继续进行分化工作。然而，乌军与大刀会本是乌合之众，只能一时的联合，难以长期合作。攻占洞头的第三天，双方矛盾激化，剑拔弩张，一触即发，全岛气氛十分紧张。一天晚上，林友森手书一张条子，请郑衍宗、龚显奏到他的住处商讨事情。但郑、龚到达司令部时，林友森已经离开洞头，泛舟而去。

在这十分紧急的关头，郑衍宗采取了相应的措施，决定苏廷居继续留在洞头，伺机行动；郑衍宗等人立即撤离洞头，转移到北麂岛。4天后，嵛山一大批伪军进驻南麂岛，林友森也随军而来。但此时的他已经不是过去那个威风凛凛的林友森，而是一个阶下囚，已被伪军囚禁，不久被伪军司令部枪决。而我们在伪军中的联系却就此断绝，分化瓦解伪军的工作也未能成功。此后不久，苏廷居等也从伪军撤出。

边区联络员陈辉，于1945年7月间派王烈评、陈勉良到嵛山活动，后到北关找到了林乃珍等人。他们得悉蔡月祥迫切要求与党联系的重要情况后，立即返回边区请示。陈辉根据浙南特委关于争取海匪、伪军和大刀会的有关指示，同意与蔡保持联系，做好工作。此后，王、陈驻足北关，保持与蔡月祥的密切往来，宣传党的政策，指出前途，得到蔡的信赖。

鼎平地区一部分共产党员和干部，长期坚持在沿海岛屿活动，生活十分困苦，斗争异常复杂。经过艰难困苦的6年斗争，为边区党组织筹集了一部分经费，收集了一些枪支弹药，建立了武装队伍，争取了大刀会首领蔡月祥，消灭了平阳护航支队第二大队。这使党的一批骨干分子隐蔽下来，保存了党的基本力量，为赢得抗日战争的全面胜利作出了贡献。

（本文摘编自1998年12月版的《浙闽边区革命斗争史话》）

二进嵛山岛

⊗陈勉良

　　1943年秋，为解决经费困难问题，边区派福鼎工作委员会副主任杨炳和带6位同志前往大嵛山、七星一带海岛找苏廷居等同志筹集资金。他们第一次执行任务很顺利，可第二次出事了。一天中午，他们借用的两艘渔船停泊在东瓜屿附近，渔民对他们有误解，趁站岗的同志疲劳过度睡着时，夺枪打死了杨炳和、张希周、夏阿党3人并丢入大海，并对在船舱里谢秉培、潘国土、黄连财射击，向仓里灌开水。船舱内，黄连财被当场打死，谢秉培和潘国土两人被弹烟熏昏了。海盗坚持不开仓门，直接把船驶到大嵛山交给了乌军。面对乌军，谢秉培、潘国土二人坚持称自己是误入土匪船只的乘客。乌军找不到什么证据，就把他们关进了监狱。

　　1944年夏，边委安排郑衍宗、张传朴、龚显奏和我四人前往大嵛山岛开展活动，分配给我们的任务：一是与坚持在大嵛山的林乃珍和夏国忠等人会合，营救（保释）被乌军抓捕的谢秉培和潘国土二位同志；二是争取策反乌军，筹措武器装备。

　　大嵛山海岛位于福鼎东部洋面，周边海域辽阔，由大嵛山、小嵛山、鸳鸯岛、银屿等多个大小岛屿组成，是闽东最大的列岛。这里由于交通闭塞，国民党统治势力相对薄弱，但这里盘踞着以蔡功为首的乌军上千人。当时的乌军虽然归编于日伪军，但起源于闽浙边境沿海一带自生自治的民间武装，组织架构并不规整，抗战后期军心日渐涣散，队伍士气日渐低沉，多以海盗为营生，经常打劫过往商船，在当地没有好的声誉。我们临行前，郑丹甫交给一封写给乌军秘书长林友森的信，让我们予以转交。林友森是郑丹甫当年被捕时在平阳监狱里的狱友，原为平阳蒲门区一霸，出狱后去了海岛参加了乌军。边委分析林友森的思想状态，认为有争取的可能。我们怀揣着郑丹甫的书信，先来到与大嵛山岛隔海相望的店下镇篔箇村，并通过许阿杰弄了一条船只。次日，我们顺利抵达大嵛山岛。来到大嵛山岛后，我们第一步先找到住在小嵛山岛的夏国忠，研究营救谢秉培和潘国土的具体方案。讨论会上，夏国忠提议，先去找福鼎溪底人在小嵛山岛当国民党保长的陈亚注，以谢秉培和潘国土两人均属本分生意人为理由，求其出面保释谢、潘二人。营救工作进行得还比较顺利，经过一番操作后，谢秉培和潘国土两人终于保释出狱。由此我们完成了来到大嵛山岛的第一项任务。

随后，我们来到位于大嵛山岛东南端的灶澳村找到林乃珍和林江流等人，同他们商量转交郑丹甫写给林友森的信件以及筹措武器装备的方案。过程中，得知苏廷居在南麂岛，已成功打入林友森乌军部队当上了队长；原南坪村党支部书记林乃芳，为躲敌人追捕在南麂岛的门屿村以修补渔网为业。关于他们二位，我们都比较熟悉，他们坚持在大嵛山岛活动也是边委的安排。于是我们决定先前往南麂岛找苏廷居和林乃芳求助，以确保后续行动的可行与有效。林乃珍和妻子积极配合我们的行动，他们帮助我们联系到当地革命群众苏定希，并由苏定希亲自开船送我们去南麂岛。当时张传朴就近回南坪村老家，前往南麂岛的有郑衍宗、龚显奏、潘国土和我本人。

南麂岛位于平阳县东部的海面上，远离大陆，距离大嵛山岛也相当的远。我们船只在蜿蜒的近岸洋面上行驶，沿途经过很多基岩裸露的岛礁，经过长时间的航行后抵达南麂岛的南端门屿。在那里，我们找到了林乃芳。林乃芳见到我们时非常的高兴，说："见到亲人了。"他要我们先住在他家，再商量如何找苏廷居的后续事宜。由于来海岛前边委没有给我们经费，只指示我们通过"勤耕、勤读、交朋友、自力更生"的办法解决生活费用问题，所以我们只得自己想办法解决当下面临的吃饭问题。我和郑衍宗决定，挑海水晒盐，将盐卖给渔民换来地瓜米。当时我俩的分工是：我负责挑海水，郑是知识分子体力稍差点，负责把海水洒在石头上。有太阳的时候，我们一天可晒十多斤盐。有一次，我在海沙头挑海水从石崖上跌了下去，脸部受伤，鼻青脸肿，不成模样，把郑衍宗给吓哭了。我强忍剧痛，反过来安慰他说："没事的，过几天会好的。"就这样我们坚持了下来。

经过多方打听后，我们终于找到了苏廷居，通过苏廷居联系到林友森，并约定双方会面的时间。与林友森会面那天，我们一行几人都到场了。我们转交了郑丹甫劝其归顺共产党的信件，并告诉他我们急需一些枪支和弹药，请其给予支持。林友森不置可否，但给了我们以热情的接待。当了解到我们靠挑海水晒盐换取粮食时，他马上让苏廷居给我们送来几十斤大米。同时，他让我们暂时居住在苏廷居的海防队里，以便解决生活上的问题。但是我们还是不敢懈怠，继续挑水晒盐，储备基本生活费用。

几天后，为了尽快落实枪支和弹药问题，郑衍宗和龚显奏再次找到林友森，请他施以援助之手。林友森告诉说，他们正准备联合大刀会攻打洞头岛，以消灭驻守该岛内的一个伪军武装连和区署机关。他建议我们跟随苏廷居所在的海防队一同参与战斗。为此，郑衍宗召集大家商议，征求大家意见。我和龚显奏认为，林友森的提议给了我们一个接触大刀会的机会。我们来到海岛的主要目的不就是策反当地民间武装组织和筹措武器装备吗？而总部位于南麂岛的大刀会是刚组建不久的民间武装组织。该组织抗兵抗税，在政治上与国民党当局对着干。如能随同苏廷居的海防队一同参与战斗，可能会有额外的收获。如果苏廷居海防队把洞头岛打下，缴来的枪支必能扩大海防队的武装力量，将来如果我们的策反工作成功了，那岂不等于间接地帮助了我们？最后，郑衍宗采纳了我们两人的意见。当天傍晚，大刀会和乌军几百人由南麂岛开船出发，第二天破晓登岸，打得对方措手不及，顺利地解决了战斗，缴获了对方所有的枪支弹药。

为了掩人耳目，林友森任命郑衍宗为副官，我为军需主任。我们在洞头岛上住了3天。没想到其间乌军和大刀会发生严重摩擦，造成关系异常紧张，苏廷居一度被扣留了。当林友森单独带几十个卫兵离开洞头岛后，为了远离这陌生而又紧张的环境，我和郑衍宗、龚显奏等人果断地决定跟随乌军的一个巡官乘船前往设有灯塔航标的东瓜屿。我们在东瓜屿住了几天后，又去了北麂岛。在北麂岛上，我们碰到大刀会头目蔡玉祥（蔡月祥）。我们乘机做蔡月祥的思想工作，劝其归顺共产党。蔡未表态，只说要回南麂岛。我们跟随他一同乘船返回南麂岛。途中，海上刮起了大风，船只没能按既定方向航行，而向大海远处漂去。在海上漂了两天两夜，两天没吃没喝，船上除了我和郑衍宗、龚显奏三人外，其他人大部分都哭了。第三天，大风停了，船才得以调头驶进南麂岛。上岸时，见到停靠在岸边的林友森乌军的船，我们随即请求乘坐他们的船一同回大嵛山。

回到了大嵛山岛后，龚显奏就带着我们前往马祖澳村找苏廷居做木匠的堂哥苏廷课（贵）。当晚，苏廷贵得来消息：大嵛山马祖乌军紧急戒严。得知消息后，我们又做了进一步的打探，得知林友森被乌军头目蔡功给扣押了。考虑到林友森的情况将可能直接影响到我们后续的行动，为预防万一，我们马上做出分头行动的决定：龚显奏带郑衍宗化装成老百姓去灶澳村找林乃珍和林江流；我留在苏廷课（贵）家，装扮成木匠，借宿在他家的木工房。三人所有带来海岛的衣服全由我保管。他们走后，我一夜睡不好觉，天明时我就去嵛山澳内打探消息，见澳内海边乌军戒备森严，我的第一反应是乌军要抓人了。

当我看见澳内有一条没有人的小船，便立刻跳了上去，隐蔽在船舱内。不多时，见乌军押着林友森来到澳内海滩处，随即将其枪决了。后来才知道，原来是乌军内讧，蔡功部下陈益明与林友森有矛盾，告他洞头岛失利乃林友森故意为之，于是蔡就大开杀戒。

回到苏廷课（贵）家，我急忙挑起行李去灶澳村找郑衍宗，汇报林友森被害情况。我们觉得此地不能久留，决定立马撤离大嵛山回笕笃。当晚，林乃珍和林江流找来船只运送我们。

到笕笃后，我们仍住在许阿杰家。见许家生活困难难以承担我们3人的生活，郑衍宗便同我商量，决定他和我暂时留下，让龚显奏先回南坪老家隐蔽。我将身上仅有的在海岛卖掉一条单衣得来的四角五分钱（原打算给郑衍宗买双鞋穿的）给龚做路费。从海岛回来，一点经费也没有，唯一能做的还是以晒盐换取粮食以维持生计。几天后，陈辉来箖笡，带走了郑衍宗，留下我一人。我住了一个多月，其间每天和许阿杰上山砍柴熬小盐（海水晒盐要煎干），直至潘国嘉的出现才离开箖笡。当时，潘国嘉以出售老旧衣服为名，挑着一担老旧衣服来到箖笡许阿杰家，我便几次跟着他一起上秦屿街叫卖衣服。几天后，我们转住汀家沙曾碧万家，后经秦屿、缸窑，来到桐山的资国寺侯连照家找到陈辉。依照陈辉的安排，我随后回鼎平工作，继续辗转于温周窟、岗头、龟岭半山、龙头庵等地开展革命活动。（苍南党史办通过苏廷居儿子苏静平核实，苏廷居的哥哥苏廷课 1941 年牺牲，在大嵛山岛马祖村做木匠的是苏廷居堂哥苏廷贵）

1945 年夏天，日寇末日到了，国民党反动派加紧抢夺胜利果实，革命斗争形势愈加严峻。为了应对严峻的斗争形势，加强我方武器装备配制成了闽浙边区党委着手要施行的重点任务。当时民间有一传说：日本一艘军舰被炸沉于七星岛，附近渔民捞到了枪支。不管民间传说属不属实，都给我们提供了一条工作上的思路；而福鼎沿海岛屿伪军在日寇投降后军心溃散、缺乏战斗力的情况，更让上级党委产生了明确的行动目标和计划。于是，边委果断决定派王烈评、谢秉培和我前往沿海地带购买枪支。我们三人乔扮成牛贩，前往店下牛运，住进进步群众陈为扬家。不久就以买牛为借口在集市附近买到了两条枪。随后，转到秦屿汀家沙住进曾奎移家里。在曾家，得知秦屿周围群众也有捞着枪支的。于是，我们把刚刚购买的两条枪在曾奎移家置放好后，就化装成香客，前往太姥山一边打探消息一边观察地形。在太姥山顶寺院里住了一天，过程中未打探到有价值的信息，只好回汀家沙。两天后，我们转到箖笡，在许阿杰家住了一晚后，坐船前往大嵛山岛。在大嵛山岛，我们如愿地找到隐蔽时期在大嵛山马祖开店的原蒲门区李家井党支部书记李建中，并在其家中吃了中午饭。当他知道我们来海岛目的是买枪支时，便告诉我们：苏廷居和林乃珍在北关岛组织起了一部分人马，也有了一部分武器。为慎重起见，我们先是坐船前往小嵛山进行观察。途中，大家就下一步的工作进行了讨论，一致认为，有必要去北关岛找苏廷居和林乃珍弄枪支。工作具体分工：我和王烈评二人前往北关岛找苏廷居和林乃珍；谢秉培留在嵛山岛通过岛内岛外买卖食盐赚取差价以保障我们三人的生活和活动经费。事后，我们再一次找李建中核实消息，李表态要为我们带路。

8 月上旬，我和王烈评、李建中乘船前往位于浙江平阳（今苍南县）霞关镇南坪村东南海面的北关岛。到了林乃芳家，证实了李建中提供的消息。当晚我们住宿在林乃芳家。第二天，林乃芳通知林乃珍、苏廷居、林江流等人到他家与我们会面。与他们几位时隔整整一年未见面了，久别重逢，当苏廷居、林乃珍、林江流等人见到我们时，都异常的高兴，逐一向我们汇报了北关岛的有关情况。原来，苏廷居、林乃珍、林江流等人在北关岛自发地搞起了一个海防队，有二十几人，两条木帆船和十几条枪支。苏廷居为队长，林乃珍和林江流在海防队负责队伍出海管理。他们还告诉我们：蔡月祥、董裕山的大刀会不愿意归顺国民党，他俩曾从南麂岛来到北关岛主动联系林乃珍，要林设法联系中共党组织，想与中共党组织见面。这情况太出乎我们意外了。林乃珍认为，我们的到来正是时候，应该趁机来个彼此会面。由于事关重大，此事必须先征得组织同意才能作出决定。于是我们几人商议着对策，一致认为必须回边委向联络员陈辉汇报。事后，林乃珍和苏廷居等人执意要我们留下来。经大家商量后最后决定：我留在北关，王烈评回去向陈辉汇报情况。王烈评离开北关十多天后才找到陈辉。陈辉要求王烈评再请示特委。特委同意后，王烈评重赴北关岛。就这样，我们与蔡月祥、董裕山会面了。就我本人来说，算是第二次与蔡月祥会面了。当时北关大刀会蔡月祥队伍有 400 多人，有五六十支枪；董裕山队伍也有百余人。蔡月祥与苏廷居等人联系密切，经常找苏廷居商讨有关时事问题。我们意识到与大刀会联系和沟通的条件还是比较成熟的，于是我们在北关岛驻扎下来，以共产党员的身份同大刀会进行经常性的联络，深入做他们的思想工作。过程中，也在他们内部中争取到了一批思想比较进步的人员。

随后的一天，我们前往南坪小槽村开展工作，过程中获知两条消息：一是日本投降；二是朱超高大刀会投靠国民党后准备驻扎在镇霞关（今苍南县霞关镇）。当得知朱超高前去平阳开会尚未返回的时候，我们立刻返回北关，召集林乃珍、苏廷居等进行研究。大家一致认为，日本投降，朱超高投靠国民党了，国民党必定会利用朱超高大刀会来攻击我们。于是，我们便找董裕山商议。他同意我们的看法，并同我们一起找到蔡月祥。双方会面后，我们陈述了对当前局势的看法以及应对的意见，蔡月祥感到为难，认为他与朱超高都是道门上的兄弟，不好缴他的枪。但是蔡也同意我们的看法，即我们不打朱超高，朱也必定要打我们。现场中我们反复规劝："请蔡司令认真考虑考虑。"蔡沉思片刻后说："那就去问问菩萨后再行决定。"听到蔡这么一说，我们立刻让苏廷居去找以搞迷信活动为掩护的中共党员洪孙菊（洪是苏廷居发展的共产党员），交代他如果蔡月祥有来问菩萨，就以菩萨的名义告诉蔡月祥："缴不缴朱超高的枪都一个样，反正将来他都会打你缴你枪的；你不打他，他也必打你。"当天晚上，蔡月祥果真来求菩萨。一番"菩萨显灵"的话语让他下了决心，命令部队打朱超高。

9 月 18 日晚，行动开始。蔡月祥率领队伍进入朱超高队部驻地南坪，包围朱超高连部，向朱的大刀会队兵大声喊话，要求他们在天亮之前把武器全部交出来。此时因朱超高不在家，大刀会没有头目，队兵们很快就妥协了，只有长机枪手等顽固分子不肯交出机枪。我们在岭头坪接到报告后立刻带上几个人赶往现场，准备配合蔡月祥队伍继续做大刀会队兵的思想工作。可当我们到达现场时，机枪已经上缴了。南坪解决后，我们又赶到镇霞关，但驻扎在那里的大刀会队兵们已经闻风逃跑。我们借蔡、董的力量消灭了朱超高大刀会，缴获了机关枪和步枪50多支，并对蔡、董大刀会的500余人进行临时整编，将其分成四个连队，原海防队改编为机枪连。

回到北关后，我们合同蔡月祥、董裕山等人就当前局势进行分析研判，认为国民党军队很有可能会来海岛进行"围剿"。蔡、董当即表示要靠拢中国共产党。当时刮台风，北关岛上的房子全部被风刮倒了，只剩下一座破庙。我们决定，将队伍开到蒲门顶魁山（丁溪山），那里有一座寺庙及其周围几间草房，可以容纳队伍的住宿。9月22日，我们离开北关岛，找来八条大船分载500多人向丁溪山驶去。到丁溪山的第三天，驻扎在大嵛山的乌军准备投靠国民党，前来袭击我们。第一次进攻被我们机关枪打退，敌人又发起第二次进攻，并抢走了我们8条大船。船没有了，不能下海，背后是鹤顶山，如果敌人从鹤顶山上进攻而来，将会造成全军覆没。情况危急，我们召开紧急会议研究对策，一致同意把队伍开进内陆。

9月25日，我们从丁溪山动身，几百人的队伍先到南宋垟北山街住了两天，随后开到梨尾树住了一天，再转到五岱南山头住了一天，最后来到泰顺峰文村。在峰文村，我们与陈辉取得了联系，并把队伍开进九峰村在峰文村。9月28日，福鼎县一个保安连在团长陈济柔的带领下，尾追到湾头村。陈辉和王烈评果断指挥新收编的队伍与敌作战，打死几个人，缴了5条长枪，保安连狼狈不堪地逃回了福鼎。随后，我们在湾头村用两天时间对收编的队伍进行思想和纪律方面的整顿。之后又将队伍开进戈场村，在文成珊溪两村各住一天后，于10月4日过河到达翁山头村。在那里，边委特派员郑丹甫热情接见蔡月祥和董裕山，肯定了他们弃暗投明的行动，并向他们宣讲我党的政策，表示："队伍中愿意留下的人员，欢迎；不愿意留下的，发给路费，疏散回家，但武器必须全部留下来。"被疏散回家的有300多人。蔡月祥、董裕山要求带一部分人去平阳北港。郑丹甫同意他们的意见，派苏廷居、林乃珍等人携带武器陪同前往。一到北港，他们就与国民党军打了一仗，我的警卫员卢兴爱牺牲了。蔡月祥回北港老家以后，由董裕山偕林乃珍送他去了南麂岛。蔡月祥、董裕山被国民党军抓走，壮烈牺牲，被评为烈士。

我们率领新收编的队伍来到翁山头村时，我生病了。郑丹甫要我回边委治疗。11月，我病愈后，组织上分配我回鼎平继续配合郑衍宗工作。

崳山贩粮纪事

✎ 陈启西

　　20世纪40年代，福鼎崳山岛被蔡功等土匪长期盘踞，土匪与日本人、汉奸及海上商船互相勾结。这么多的匪徒长期盘踞岛上，吃饭是个大问题，为解决粮食问题，蔡功以利益吸引沿海乡民上岛贩粮，由此上演一幕幕惊心动魄的往事……

一

　　崳山岛古称福瑶列岛，为闽东第一大岛。岛上有大小两个湖泊，湖周围群峰环拱，其状似火山，崳山岛也由此闻名。

　　历史上崳山历经坎坷，几经弃拾，难怪民间称崳山为"余山"，取意为多余之岛也。而崳山真正引起世人关注，源自清季沿海海盗福建同安人蔡牵（1761—1809），盘踞于此长达数十年之久。据民国《福鼎县志》载："蔡牵于乾隆末年纠集盗艘百有数十，肆掠于闽浙沿海。旋以崳山为巢穴。嘉庆三年为提督李长庚击败遁去。"地方有童谣曰："乾隆换嘉庆，蔡牵打南镇，船泊金屿门，气死李长庚。"说的就是这些事，似乎崳山总是与蔡氏有缘，时光转到20世纪40年代，崳山又为另一蔡姓强人所占，此人即为蔡功。

　　据载，1940年5月，日军侵境，崳山列岛沦陷。8月，日伪军"福建和平救国第二集团军第一路军"司令林义和率蔡功等数十人到崳山岛宣布成立"福建崳山维持会"，委蔡功为主任。岛上日伪军最多时达千余人。1944年3月，日军海军中佐片山吾率舰到崳山，委蔡功为"闽浙绥靖区"司令、余长淦为副司令，并以日舰掩护蔡功的"和平救国军"袭扰闽浙沿海。日本投降后，崳山岛上的"和平救国军"和"维持会"人员逐渐星散。至1946年初，全岛蔡功部仅余200多人。

　　而20世纪40年代初，蔡功部属占领崳山时，驻军达到巅峰，一度仅军事武装人员达千余人，这么多人马，如何解决大家的吃饭是个大问题，虽然岛上也有农田山地种粮，但要应付这么多军队，只能是杯水车薪。粮食问题是头等大事，蔡功经常组织专人到大陆采办，对于主动运粮到崳山的乡民，给予好价钱，积极鼓励并给予保护。一时贩粮上岛交易商机突显，很快沿海周边乡民踊跃加入贩运粮食等物资队伍。一时嵛山与闽东内陆之间粮船往来络绎不绝，沿海周边的硖门、渔井、秦屿、屯头、沙埕、岚亭等地有不少乡民贩粮到嵛山。除了粮食，布匹、旱烟、油等也很畅销。

二

旧时嵛山岛主要有5个澳头（码头），人们上岛主要集中在这5处，而马祖、东角两个澳头人口相对集中，而最为热闹的当属马祖澳了。蔡功驻军大本营也设在马祖澳，当时马祖澳上人流如织，热闹空前。每天马祖澳头都停靠着各地的商船不下两三百条，过去的船只都很小，以小舢板居多，大一点的也不过两米宽，六七米长，这些船只密密麻麻如秋天的黄叶漂满澳头。这么小的船只，船身俱为木头并构，也不是很牢固，这些乡民居然也敢乘风破浪，远赴嵛山贩粮，这不仅是考验驾船者胆量，更是豪气。过去小木船下海，往往一个浪头压过来，整条船沉在浪峰下，四周只见白花花的海水；下一个浪过来，将小舢板抬上天，小船如树叶在江洋上飘荡，谁人不怕。倘若运气不好遇上台风、雷雨天气，随时都可能葬身海底。到目前为止，没有资料显示那些年贩粮上岛，到底有多少人丧命，但肯定不是少数。而长期生活在海边的秦屿、屯头、沙埕等地的人们却习惯这样的风里来浪里走，而内地人一旦上船就晕乎乎直翻胃，虽然运粮一次赚得不少，但还是风险太大，大家都是去一次怕一次。但为了生计，还是不断有人，铤而走险，前仆后继地加入冒险队伍。

据亲历者福鼎店下岚亭村的费老先生介绍，1941年，他向村里人借了8担稻谷，用石臼舂成大米，共六担装在箩筐里。一般为防海贼和国民政府抓私贩，贩粮都选择在晚上出发。事先与屯头渡口的船家联系好，约好船家选一个夜潮行动，当天晚饭后请两三个帮工，将米挑到屯头渡口装船，有风信就更好一些，没有就得人工不停地摇橹，一潮水4个时辰就到嵛山了。费老先生上嵛山贩过3次大米，都是请屯头的黄严卓（音）的船去，此人胆大，水性好，为人豪爽，深得客户心。

第一次去嵛山运米，费老先生以为嵛山一定有不少的外路货（进口货），邻里邻居托卖不少东西，等售完大米，费老先生发现嵛山的马祖澳头虽然热闹，但外路货不多也不便宜，因为岛上驻了不少人。嵛山岛马祖一带街不像街，海头山地，房子这一座那一座的星罗棋布，有茶庄、饼铺、南货店、理发店、打铁铺等，但最多的还是饭店与客栈，仅马祖一个澳头客栈总有三五十家。走在马祖澳头，不时会遇上几个日本兵。

蔡功乌军的总部就设在马祖澳的马祖宫内，当时只知道大家称他为"蔡主任"。

费老先生贩粮时，亲见此人，大约50岁，瘦瘦的很老相；购粮的会计是位名叫庆铨（音）的年轻人。当时，嵛山"蔡主任"对沿海百姓偷运来的大米等物资，一概收下只开白条，到另一处换现钞。当时的蔡主任开的白条可以在嵛山岛内如同现钞一样通行，出了岛就不行。更多的人要换回现钞，但现钞时有时无，要等几天，有时要等上五六天，换了现钞就可以回到大陆上自由流通。

第二次去嵛山运米到了马祖，米也卸下后，船家上岸去了。费老先生还躺在船上休息，等他醒来时，不知怎么的，发现自己的船居然钻进"上四府"（建阳、松溪、政和、建瓯）运木柴的船只下面，"上四府"运木柴的船本身不大，在四周平衡地绑上大木头，一根根木柴直径都在一米上下，就这样一层一层地往外拼构在一起，这小舢板居然漂进木头缝里。小船随时都可能被互相挤压的木头压碎。费老赶忙上岸去叫船主，等船主赶来一看直叫"黄天"，赶紧将小舢板从整木缝中拉出来。后来才知道，他这个屯头人船主胆子也忒大，不知道是锚丢了还是什么原因，居然用一个石头作锚，几个浪下来石头松了，才出现这样的危险，简直是在玩命。

那几年，除了费老先生自己经常上岛贩粮，距岚亭一步之遥的屯头佳垱的陈贤振（后来成了费老的亲家）也上岛贩过几次粮，但很快他就转向做加工纸烟的生意，开了个家庭小作坊生产"虎牌"香烟，这可能是闽东迄今为止，有资料可查的唯一生产纸烟作坊了。据说陈贤振先前也到嵛山贩米时，得到"下南"（闽南一带）商人启发。回家后，自家种烟叶，晒干揉成丝，用白纸卷起来纯手工制作，再弄成一小包一小包的纸烟，也不知是哪里弄来商标贴着，因为商标上有一只老虎，所以俗称"虎"牌香烟，也不知那路货，总之他的纸烟很畅销。当时乡民冒这么大的风险，去嵛山交易一次，赚二十来块钱，相当于在内地十余天的短工工钱（每天约两元不到）。在生活艰难、谋工不容易的年代，因此有不少人冒险到嵛山。

三

当然跨海到嵛山运粮交易危险自不必说，那海浪涛天，天有不测风云，船只那么的小，出海是要有勇气的，而福鼎秦屿的屯头人胆大堪与天比，这些出海的事也只有他们敢干。出海危险自不必说，每天就屯头渡与秦屿之间仅千余米的距离，每年都不知要死多少人，外海更不必说了。除了要防天灾，也要防被国民政府军以通敌罪抓去，最当心的是被海贼抢劫。

1943年，福鼎屯头黄严卓的船去嵛海运大米，货主是屯头黄氏本族人黄某香的货，还有其他的3个人，连船老大共5个人。黄某香算是屯头的殷富人家。船运货从屯头渡口出发去嵛山驶到半海，再过一两个时辰就要进入嵛山了，大家心里开始放松。正在这当口，突然白茫茫的海面不知从哪里窜出一条小舢板，眼看那船正奋力地与他们的船相向驶来。缘于那条船驶得很奋力，船老大有所警觉，叫大家在意，货主黄某香起身朝那船瞟了一眼说："什么海贼吧，看把你们吓着，那分明是海头人运柴的船，船头还有几捆柴草，上面还插着两根'枪担'（挑柴用具）。"大家起身看看，确实也是。大家想想应该是海头人割草船，也就不在意。因为是相向驶，一会儿工夫船就到跟前了，突然对面原先挡在前面的柴草被人推开，几个强人伸出几根长钩一下子将两条船扣在一起。对方的船舱内窜出三四个海贼，手持明晃晃的柴刀，照人抢刀就砍。海贼7人，这边5人。屯头人船的老大，体形剽悍，且谙武艺，一两个海贼根本就不是他的对手，3个海贼同时上也是个平手。可是那位黄老板太胆小了，被吓得手脚无力，蹲在地上哭哭啼啼的不敢动。因此海贼三四人一起上，将船老大拿下绑了。海贼将船老大推到船楫上，正准备砍下海，正举刀瞬间，船老大一纵身跃入海逃了。很快船上其他人都被海贼绑了，黄老板的货物被抢一空，手上金戒指也被抢走。

海贼抢劫后，又将船上桅杆也卸了，船身也被砍得乱七八糟。弃之海面，被绑的人恐惧无比。后来，还是跳海的船老大不知怎么在海里挣脱绳索，看海贼已经离开了，这才爬上船将其他人松绑。这一船损失可不小，货物没了，船被卸了桅杆砍坏了。缘于在关键时刻胆小，回来后黄某备受族人指责。

当时缘于海贼猖獗，国民党地方政府也加大了海上打击力度。据费老介绍，还发生一次本地乡民当海贼被国民政府关押。1946年前后，福鼎九都海田六位乡民人从屯头渡运猪去福州长乐，在霞浦外海与海上稽盗的国民党海军相遇，那条船上正巧有几名混入的海贼被关起来，因为当时出海为寇的多为"下南"人。国民党士兵用官话问船上其他人都是哪里的，乡民回答是"岚亭海田"（土话与"南人海贼"谐音）一下子就被当海贼拿下。后来，经福鼎乡贤多方斡旋，请福鼎地方政府到霞浦证明当保才得以释放。

几年后，嵛山岛得以解放，曾经猖狂的海贼、土匪皆消退。时光过去了整整70年，那些曾经勇敢而年轻的心，那些曾经的江海弄潮儿，终究挡不住岁月的年轮悄然隐没在历史的长河中……

朱超高在嵛山的活动始末

⟡ 池龙威

嵛山岛坐落在东海，是中国最美的十大海岛之一。但谁能想到，就在短短70年前，这里却是海匪猖獗的渊薮之地。

1939年，乌军首领蔡功来嵛，此后建立所谓的"闽浙边区建国军"，直到1945年为国民党收编调福州，盘踞嵛山岛近6年。而后称霸嵛山岛的是以朱超高为首的大刀会。

朱超高，学名朱锐，又名宗岱，苍南桥墩人。为人聪敏，8岁入私塾，15岁毕业于平阳县立第三高等小学，继进温州联中。17岁参加范佩玉的同善社组织，练习修身养性功夫。19岁，赴上海求得恩职，此后老家设立同善社堂，点传社友。

1943年10月，福鼎大刀会暴动，牵动了平阳各地。平阳县府立即对当地的同善社徒采取措施。为避风头，朱超高逃往嵛山投靠蔡功。但没过多久，朱超高不甘居人下，前往北关组建大刀会。人数一度达到三四百，曾劫掠沙埕流江、南镇等地。1945年5月，与董仁涨等接受国民党改编，改番号为"平阳护航队"。

不过，这次合作很快就戛然而止。朱超高接受改编后，利用其合法身份为其非法行为提供政治背书。纵容其弟朱超水漏海走私，甚至以巡查员名义，擅扣鸿源、金益发、郭高荫等商船，劫掠船中货物，收缴有执照的步枪6支，勒索要50万元取赎。此外，收编大刀会耗费平阳县府大量财力。因此平阳县长张韶舞着手解散朱、董两部。同年9月，接受中共领导的大刀会首领蔡月祥进攻朱超高部，后者交战不到一小时便缴械投降。国民党当局以朱超高与蔡月祥"互相勾串，玩弄政府，另有企图"为由，将其部分解散，并将其拘禁。

朱超高被国民党拘禁一年才被释放，随后他来到海门经营木柴生意，次年至上海经商。在合伙人徐君若的介绍下，与孟知、缪兆桎进行木柴交易，声称国币1000万可购买16万斤。不料供货商趁木料涨价转售他人，朱超高返回温州备货，其余2万斤木柴由徐君若运回。柴片到申后，徐君若经手出售，净得法币240余万元。朱超高返沪后，打算与徐君若见面洽谈，不想徐君若偕同原告孟缪二人至朱超高家中，将其拘禁于东方饭店，并强迫朱超高出立收条。朱超高妻子与胞兄向老闸警局报警，但因孟缪二人系属现役军人，不为受理。后二人以此收条为据控诉至检察院，朱超高被判有期徒刑 2 个月。

作为一个拥有政治野心和政治头脑的人，朱超高并未因一次次的挫折而消磨斗志。在贿赂脱身后，朱超高化名为"林云"，经李子章介绍来到平潭投奔前县长林荫。陈、朱将平潭原有大刀会改组为"通天会"，制定活动计划，发展武装组织。

然而朱超高并不满足于此，他想壮大势力。即便当初他为国民党拘禁，北赴上海后又被国民党军人设局入彀，但是他仍毅然接过国民党伸出的橄榄枝。他认为当前国民党已是强弩之末，可以趁着共产党政权未稳，利用国民党成就一方事业。1948 年，朱超高接受国民党的招徕，带领一部分"通天会"重回嵛山岛，在胞弟朱超水的号召下网罗旧部，组织大刀会，打出了"闽浙边区自卫纵队第一师"的旗号。

第一师下设一团一营三连，朱超高任副师长，师长由国民党九六军某团长王庭植担任。第一师由三股势力拼凑而成，内部派系林立。首先势力最强大的是朱超高带领的大刀会势力，共计 200 余人。其次为霞浦的"大刀会"和兵痞，计约 30 人。第三是福鼎的末任国民党县长曾文光，有七八人。3 股势力在小小的嵛山岛上相互倾轧，争权夺利。朱超高虽仅控制一部分大刀会，但他的影响范围覆盖福鼎、平阳、平潭等地。

1949 年 5 月，在朱超高的许可和指使下，灵溪、桥墩等地会首发展大刀会组织，并于 6 月 17 日发动暴乱。暴乱进行不到 10 天，即被解放军镇压。7 月，朱超高与李子章相继在平潭会合，召开应变会议，将"一星会""通天会""白云会""先天会"等合并，统称为"大刀会"。大量提拔刀会骨干分子，发展"恩职"。从嵛山请 40 名法师来潭建立 40 处训练所。由"林姓家族自治会"抽出壮丁 3000 名充实力量，为长期据守平潭打下基础。

关于朱超高在嵛山岛的作为，笔者暂未找到相对客观的史料。据岛民回忆，朱超高在盘踞嵛山期间，利用嵛山岛特殊的地理位置，对途经的商船设卡征税。又在岛上广设妓院、烟馆、赌场，吸引海商前来消费。这一段时期的嵛山岛尤为繁华，灯红酒绿，财源滚滚。

出于稳定统治的需要，在解放福鼎、福州、漳州等地后，解放军便着手解决嵛山朱超高部。1949 年 10 月 7 日，解放军一八八团与福鼎县大队第一中队联合进攻嵛山，战斗不到一天即结束，"闽浙边区自卫纵队第一师"被消灭，朱超高逃匿。

关于朱超高的结局，闽浙各大文史资料与回忆录莫衷一是。有言"东渡台湾"者，说朱超高泅水逃往台湾。有言"上海枪毙"者，说朱超高被捕，押往上海枪毙。还有人说，80 年代在桥墩看到朱超高的身影。

解放大嵛山纪实

🌿林振秋

军民一心　同仇敌忾

1949 年，中国人民解放军以排山倒海之势，从北向南挺进。1949 年 6 月 11 日和 6 月 17 日先后解放了福鼎和霞浦。但在两县沿海交界处的大嵛山岛，仍盘踞着国民党残余和封建迷信团体大刀会。他们失去了补给来源，为了苟延残喘，经常派出小股武装，在闽东和浙南沿海地区拦劫商船，到一些滨海村庄，抢掠粮食和物资。如 1949 年农历六月初三，备湾群众遭受海盗抢劫就是一例。据当地群众诉说：那天早晨，村民刚起床盥洗，来了一只陌生的木帆船，开头以为是过路停靠的商船，顷刻间从船上跳下 10 多人，拿着刀枪，吹着口哨，扑向村里，大家才知道是强盗。这时全村男女老少哭喊声、尖叫声、牲畜声、打砸声，汇成一片，刺人肺腑。大家只顾逃命，家里的东西任其掠夺。劫后，狼藉满地，惨不忍睹。战士们听了群众诉苦，一个个义愤填膺，同仇敌忾，一致要求解放盗贼老巢大嵛山，为父老乡亲报仇。这一情况，促使福鼎前线指挥部，下了解放嵛山的决心。

掌握匪情　克敌制胜

要解放大嵛山，必须知己知彼。福鼎警卫队做了战前搜集情报、了解民情等大量工作。这支队伍是 1949 年 5 月 1 日重建福鼎县委时，由浙南边区第三县队抽调骨干扩充组建的。同年 9 月，整编为福鼎县大队第一中队，中队长林乃珍。先是跟随福鼎县委机关，配合解放军一八九团、一八八团和浙南游击纵队第一支队解放福鼎县城。接着，一直巡逻在硖门、秦屿、店下沿海各村庄。1949 年 9 月上旬的一天，为预防嵛山匪徒出来骚扰，准备在箕笃驻扎几天，以观察嵛山海面的动静。刚到箕笃时，看见晴川湾的海面，有一艘三桅的帆船在游弋。箕笃群众富有对敌斗争经验，一看便知是贼船。我们根据群众的指点，密切注视该船动向。中午时分，发现贼船向黄岐方向行驶，指战员们顾不上吃中饭，立即跑步向黄岐前进。刚到黄岐山上，贼船正落帆靠岸，船上下来5人，走向村中。这时，我们开始射击，突如其来的枪声，使敌人惊慌失措，掉头登船，扬帆逃窜，但猛烈的南风把贼船压向岸边，使它不能越出雷池一步。船上的敌人见势不妙，弃船逃走，我们立即包围上去，经过三分钟战斗，毙敌1人，俘虏8人（只被逃脱1人），缴获木帆船一艘。这一战斗的胜利，不仅使黄岐人民免遭浩劫，还从俘虏的嘴里，了解到嵛山敌人动态、设防、装备情况，为解放大嵛山提供了可贵的情报，创造了有利条件。

大嵛山岛，是东南沿海的战略要地。抗日战争时期，日伪军占领此岛，控制南来北往的海上交通。抗战结束后，大刀会首朱超高看中了这块宝地，在这里竖起太极神旗，招兵锻刀，设坛练武，妄图进行封建复辟。用油印伪钞向嵛山人民敲诈勒索。他们是逆时代潮流的反动愚昧集团，天天求神拜佛，祈求生能荣华富贵，死能上天成佛。每日早晨全体会众朝东拜，迎接太阳神上山；黄昏朝西拜，欢送太阳神下山。这股势力有200多人，大都是浙江苍南县人，大本营设在马祖。

嵛山的第二股反动势力是曾文光。福鼎解放前夕，国民党最后一任县长刘扬凯弃职潜逃，把县府印章上交给省政府。曾文光在省府搜罗的亡命党羽中，被委派为福鼎县长。他官瘾很重，虽知福鼎已解放，还是下决心压下这一政治赌注，前往嵛山落草，梦想国民党政府有朝一日卷土重来，将能飞黄腾达。他也知道嵛山已为朱超高盘踞，没有朱的点头站不住脚。因而，他通过福鼎大刀会头子李子章写了一封介绍信，带同伪省府任命状一张，和他的胞兄曾世德（国民兵团副团长），携带电台一部（解放嵛山前携往福州修理未缴获）和福鼎县政府铜质印章一颗来到嵛山。一个多月后，才有范炳炎（伪警长）、阿端（伪排长）、赵斯文（当过青年军）等8人入伙。他在嵛山的直接势力只有五六人，没有武装。有一挺在内地由赵斯文偷运出来的轻机枪，却被驻芦竹的"牙城队"缴械了。

第三股反动武装是驻芦竹的"牙城队"。因为队伍成员都是霞浦县牙城乡人，故名。其出身大都是大刀会徒和兵痞、流氓，头头是王松惠（当过排长），在嵛山企图建立山头，独霸一方。自称其队伍是霞浦县保安队，并自封为队长。全队30多人，十几杆枪，一挺轻机枪是从曾文光处缴来的。

以上三股势力在嵛山互相倾轧，钩心斗角，争权夺利，但都是乌合之众，不难一举歼灭。

部署兵力　三路出击

解放嵛山是中国人民解放军二十一军六十三师司令部（驻福鼎），根据福鼎、霞浦两县人民的请求和福鼎县委、福鼎县人民政府的意见决定的。师首长命令驻霞浦的一八九团（实为一八八团，下同，编者）解放嵛山，一八九团把任务交给三营（实为二营，下同，编者）去完成。另由福鼎县委命令县大队第一中队配合一八九团，并指示秦屿区委夏国忠同志派出得力干部和熟悉地形、民情的陈延璜、王五可同志随军前往，开展群众工作。1949年10月4日，我们一中队在秦屿接到命令后，由林乃珍同志率领一个排及秦屿区两位同志，于当天出发到霞浦，向一八九团首长及有关指挥员详细汇报了敌人动态及驻守设防等情况，并为一八九团担负起向导任务。一中队另两个排在秦屿待命。解放嵛山的具体时间，选定中秋节次日凌晨。中秋节这天，各连分头进行战前动员。黄昏，每个出征战士分发两个大月饼，准备晚上充饥。

解放嵛山的船只，由霞浦县的同志动员了12艘木帆船和停泊在松山港的1艘长乐商船。当队伍到达出征港——松山时，松山10多条船的船员猜到我们要打仗，就偷偷地溜了。这使我们慌了手脚，深恐贻误战机。林乃珍同志命令一中队同志出动，采用软硬兼施的办法，临时从连家船内动员了11个船工，每条船要配备两名，人手不够，怎么办？决定放弃6条较小的，只留6条较大的木帆船和1条汽艇。木帆船还缺一名船工即由战士兼任。出征船队10月7日19时30分从松山起锚，经三沙停留片刻，然后根据各船航速和预定登陆地点，选好起碇时间，要求在8日凌晨4时30分，发起对嵛山的攻击，不能提早和推迟。

解放嵛山战斗根据作战方案全面铺开。

直捣马祖，攻克匪巢。八连分乘三艘木帆船，由唐生因、张振波俩同志带路在马祖强行登陆，靠岸时，敌人发现鸣枪，全体战士跃入齐腰深的海中，冲上岸去，以迅雷不及掩耳之势，占领了大刀会的大本营——马祖。大刀会先是向芦竹溃逃，妄图与芦竹的匪徒汇合，嗣闻芦竹枪声，又转向天湖顶逃窜。

占领东角，消灭刀匪。七连也分乘三艘木帆船由林昌宄等俩同志带路在东角登陆，由于东角没有敌军驻扎，队伍很快向纵深发展。待到达天湖时，才发现红纪洞山上左右两侧有大刀会"法兵"红黄二队。他们故意在红纪洞山上，摆开目标明显的队伍，另一方面在天湖寺内埋伏一些人，当七连进入其伏击地带时，匪徒们念咒弄法，吃了神砂炮制的符子，像疯子一样向七连冲来，同时隐蔽在天湖寺内的几十人也钻了出来。七连两面受敌，而且是初次与这样的敌人对阵，没有经验，吃了点亏，伤亡了几人。可是我们的队伍惯打硬仗，没有因为伤亡几人而胆怯，反而越战越勇。而敌人发现自己已有几具尸体躺在血泊里，惊惶撤退。七连指挥员抓住战机，在火线上作简单的动员："敢不敢再打？""敢！""消灭敌人有没有决心？""有！"战士们坚定有力的回答，回响在山间，也震惊了敌人。战士们在连长的率领下，包扎好受伤的同志，上好刺刀，压满子弹，揭开榴弹盖，准备向敌人冲击。这时八连的同志，从马祖登陆后赶来。原来八连在吃早饭时，炊事员误用缴获的桐油烧菜，造成全连中毒，他们一路呕吐，艰难地赶到。九连的同志也从芦竹支援来了。三支队伍钳子似的夹击敌人。几十挺轻机枪、冲锋枪向敌人猛扫，刀匪那里经得起如此强大队伍的打击，只经十几分钟的战斗，在草丛里、岩石旁、天湖畔，丢下了40余具尸体，100多人举双手投降。满地扔下梭镖、大刀，肚兜、太极旗、"金钟罩"，耀武扬威的"法兵"变成垂头丧气的狗熊，枪刀不入的神话破灭了，血肉模糊，遗尸枕藉。不过还有13个顽固分子，偷偷地从西坡向东角逃逸并抢了岸边一只小船准备驶往七星岛，我军立即登上汽船追赶，这13人再也不敢反抗，乖乖地束手就擒。

芦竹告捷，全岛解放。九连、机枪连、营部和我们一中队计200多人全部乘汽船向芦竹的牙城队进攻。拂晓前4时30分正点到达芦竹。敌人先发现我们，打来两梭轻机枪子弹，我们的轻重机枪一齐开火，并用六O炮配合还击，在强大的火力压制下，敌人的轻机枪哑了，但我们船小人多，不宜滩头强攻，汽船又是停在水深两米多的海面上，人不能下去，如稍一迟疑，就会把我军暴露在敌人面前。这时，林乃珍同志果断地命令船老大向小舢板靠拢，自己勇敢地担负起船工任务，一舢板一舢板地把部队送上岸，充分显示出他在嵛山搞地下工作时所学来的摇橹本领。

我军占领芦竹后，发现岸上放着一挺机枪和许多步枪，但没有发现敌人，原来牙城队利用拂晓前的夜幕，偷偷地划着小船向内地逃走了（后在海上被我军全部俘虏）。我们把芦竹村可疑的男人集中起来，叫他们把亲人认回去，以此进行甄别，很快就解放群众，并抓到混入群众中的敌人。至此，嵛山全岛宣告解放。

打扫战场　胜利班师

嵛山战斗后的第二天，一八九团胜利班师，一中队驻秦屿待命的两个排奉命赶来。战斗虽已结束，但许多匪首尚未抓到，任务还很艰巨，于是首先封锁海岸，接着发动群众搜山。第一次搜捕到5个敌人，其中有伪县长曾文光，是在芦竹山涧里抓到的，他把一支破手枪埋藏起来，随身带着用手帕包裹起来的福鼎县政府铜印。我们又到小嵛山搜山，抓到牙城队匪首王松惠的姘妇，旋即放掉。经过几次搜山和打扫战场，所有敌人，除了打死，都已抓到，唯有大刀会首朱超高还未捕获。我们分析情况：严密封锁之后，朱超高不可能逃出去，估计隐藏在天湖寺。根据这一判断，我们发动群众200多人（东角群众在林乃驾、李建忠的发动下来得最多），对天湖寺周围作了细致的搜查，终于在寺旁地窖内把他抓到。

解放嵛山岛战役，计毙敌 48 人（全部是大刀会），俘虏 230 人，其中有以朱超高为首从苍南派大刀会 189 人，福鼎派曾文光、曾世德等 5 人，霞浦派王松惠等 36 人。缴获轻机枪 1 挺，步枪 18 支，驳壳枪 8 支（其中快慢机 1 支）、手枪 3 支，大刀、梭镖百余件，岛上的敌人全部肃清，俘虏中除牙城队运回三沙，由一八九团处理外，其余押送福鼎。

朱超高、朱超水、曾文光等匪首 15 人，由吴钦传押送福鼎，船开至半海，几人暴动脱逃。

我们一中队既是战斗队，又是工作队，战士们排演了《兄妹开荒》《大生产》《支援前线》等节目，还到各澳口宣传形势、政策，吸收陈整等青年积极分子入伍，帮助建立嵛山乡政权，直到 1950 年 6 月，才由黄珠宝、陶景美率领的三中队前来换防。我们在嵛山守卫和工作了 8 个月，返回内地接受新的任务。

（本文摘编自《福鼎文史资料》第 5 辑）

解放嵛山岛

嵛山岛位于霞浦与福鼎之间（原属福鼎，1949 年后曾一度划归霞浦，现仍属福鼎管辖），岛上盘踞着朱超皋刀匪和王纯惠土匪共数百之众，经常出没于福宁湾（今亦称三沙湾）沿岸的牙城、三沙、松山、后岐、渔洋等地抢家劫舍，在海面抢劫商船、渔船，搅得民无宁日，沿海人民深受其害，对这伙强盗深恶痛绝，迫切要求及早剿灭。

1949 年 9 月，人民解放军第七兵团二十一军六十三师参谋长李光军率一八九、一八八团于福州战役胜利后，返回霞浦（李参谋长住县政府隔壁的陈克桂家楼上），根据群众的迫切要求和地方政府的建议，部队决定解放嵛山岛。当时的作战方案是一八八团派出一个加强营由团参谋长马友理指挥，由霞浦地方游击队抽出的 2 个班和福鼎游击队配合参战。部队从霞浦松山、三沙出发，支前工作由霞浦地方政府负责，总攻时间定在 8 月中秋凌晨。总攻开始的前一天，师参谋长李光军亲临三沙指挥。

由于嵛山是海岛，部队要进行跨海作战，必须安排一段时间在海面进行水上训练。所以马友理参谋长亲自带领几位参谋人员，先到松山乡向乡长郑锡同等人了解嵛山岛土匪活动情况，以及潮水规律、航程等等，接着召集乡公所干部开会，他说"部队有跨海作战任务，要先在松山海面进行水上训练，具体由莫股长负责，请地方政府密切配合。"与此同时，县筹委会通知乡里迅速做好征集船只、粮食、马草、担架、扶梯等支前工作，为搞好该项工作，特派郑锡强回松山协助。

一八八团指战员分批进驻松山，进行水上训练将近一个月。期间，乡里的共产党员和积极分子都日夜忙碌着。为确保部队军事训练的正常进行和完成支前任务，乡里干部进行了分工，郑锡强等负责征集船只，郑锡同等负责征集粮食、马草、柴片、担架，吴朝旭负责与部队联络。

松山村当时没有大船，只有北岐有约 10 艘探艇船，大的可载三三百担，后港村林某有二艘"霞兴号"汽轮，经多方动员工作，才把这些船只征集到，但仍不够用，恰巧，这时有一艘从厦门开往上海做生意的汽船，因在嵛山海面遭到王纯惠土匪抢劫，逃到松山码头避难，经派人做工作后，船主老曹同意征用。这样，船只问题就解决了。

10 月 4 日，乡里以"帮助解放军去福鼎运被服"的名义，通知被征用的船只，分别集中到松山村南岐、北岐码头和后岐码头待命，并把粮食、担架、扶梯等军需物资陆续装上船。6日晚，部队登船出发，吴朝旭带领乡里组织的一支民工担架队56人随军支前。这天正值中秋佳节，刮东北风，船队顶风前进，先开到陇头靠岸，与等待在那里的一八八团的另一部分战士和三沙镇的支前民工组成的船队会合后，船队继续向大嵛山方向前进。

当晚10时左右，船队抵达大嵛山岛边沿，按预定作战方案，分出一部分兵力悄悄占领"1号口"滩头，阻击敌人从那里逃跑。主力部队兵分三路从芦竹澳登陆，中路侦察连直接登上沙滩，其余两路队伍用扶梯从澳口两侧上岸。侦察连迅速匍匐前进到了村边，驻在村里的主匪仍然没有发觉，而战士们也无法发现土匪究竟藏在那个角落。于是战士们就朝天开了几枪，听到枪声匪徒们才惊醒过来，朝村外胡乱开枪。经过一阵射击之后，侦察连佯装抵挡不住，徐徐向海滩后撤，匪徒们中计，成群结队地冲出村外追击，埋伏在两侧的部队乘机迂回到其背后，紧接着一颗红色信号弹从船上升起，侦察连立即进行反攻，匪徒们腹背受击，霎时血肉横飞，在滩头倒下几十具尸体，活着的四五十人当场跪地举手投降，只有少数匪徒借夜幕掩护躲进草丛，得以侥幸逃脱。战士们在村里找到匪穴，搜出了大量绸缎布匹、食糖和其他物资。据当地群众举报匪首王纯惠逃向天湖山刀会据点去了。于是，部队决定乘胜追击，攻下天湖山。

天湖山是岛上的制高点，山势险峻。7日晚间，天仍然下着毛毛细雨，700多名战士分三路冒雨向山头挺进。由于大刀会会徒已经全部龟缩到山顶的一座菩萨庙里，因此队伍在一路上没有遇到任何阻挡。到了山顶，战士们在离庙几十米远的地带分布成半月形包围圈隐蔽下来，然后用土广播筒喊话，宣讲解放军对待投诚人员的政策，敦促会徒们认清形势，弃暗投明，争取宽大处理。一遍又一遍的宣讲，但庙里还是死一般寂静。鸡叫二遍的时候，有些战士已经等得不耐烦了，请求发起进攻。就在这时，庙里突然传出急促的钟声，并且烛光通明。顷刻之间，二三百名吃过朱砂酒的会徒蜂拥而出，挥舞着大刀向战士们埋伏的位置俯冲下来，双方很快就搅在一起了。起初，解放军由于处在下方，地形不利，加上不谙熟大刀会的战术，造成一定伤亡。副连长胡忠福身上被砍十几刀，当场牺牲。后来部队改变战术，以战斗小组为单位，占据有利地形各自为战。会徒被迫分散力量后，逐个被解放军消灭。战斗一直持续到次日上午9时左右，大刀会会徒已有100多人倒在战士们的刺刀下，剩下七八十人见大势已去，只好放下武器，乖乖当了俘虏。战斗中，松山、三沙支前担架队表现非常出色，他们冒着战火场上抢救伤员，后来又负责把牺牲的烈士遗体运回三沙妥善加以安葬。

战斗结束时，大刀会头子朱超皋、土匪头子王纯惠以及逃窜到岛上的原国民党福鼎县长曾文光等 13 名首恶分子均被战士们捉获。除匪首王纯惠因三沙民愤极大，报经师参谋长李光军（当时在三沙）同意，10 月 9 日中午于三沙就地镇压外，其余 75 名俘虏由卓明藩率 1 个游击分队押送到福鼎桐山，交福鼎县人民政府处理。

解放军解放大嵛山，剿灭了朱超皋刀匪和王纯惠土匪，沿海的三沙、松山等地人民无不拍手称快。

（本文摘编自《中国共产党霞浦县历史》）

解放嵛山岛

陶大恭

　　随着解放大军的南下，浙闽毗邻的平阳、福鼎、霞浦等县，相继于5月12、6月11、6月17日宣告解放，大嵛山成了风雨一孤舟。6月20日南港大刀会暴乱的平息，斩断了朱超高伸向内地的魔爪，加上各地军民对沿海港澳的封锁，使之变成无脚之蟹。朱超高一伙人为了苟延残喘，只得派出小股匪徒突袭抢掠海滨村庄。

　　大刀会的匪盗暴行，激起了军民的共愤。驻福鼎县城的廿一军六十三师指挥部，据福鼎、霞浦县委的请求，下令驻霞浦的一八八团解放嵛山岛，一八八团把这一任务交给二营。同时，福鼎县委命县大队第一中队配合，并指示秦屿区委派出对嵛山地形、民情熟悉的干部随军前往，以便开展群众工作。

　　战前，福鼎县大队第一中队做了大量的收集情报工作，尤其是9月在黄岐抓到一艘贼船及八名刀匪，从俘虏嘴里了解到嵛山匪类的组织、人员、装备、防守等详细情况。

　　这时，在嵛山岛的有3股反动势力，最大的要算朱超高的大刀会，200多人盘踞马祖，武器装备除部分枪支外，主要是刀矛；第二股是福鼎的流亡县长曾文光和他的胞兄曾世德（原国民兵团副团长）等几个人，携电台一部，几把手枪，一挺轻机枪刚从内地运出时，即被"牙城队"夺去；三是驻芦竹港的"牙城队"，号称霞浦保安队，全是霞浦牙城人，主要是大刀会徒和流氓、兵痞，头头叫王松惠（当过排长），30多人，10多支步枪，1挺轻机枪。3股反动势力，既尔虞我诈，又相濡以沫。

　　解放嵛山岛的时间，师部择定中秋节的次日（10月7日）凌晨，可乘匪徒节日狂饮，戒备松懈，一举聚歼之。

　　10月4日，福鼎县大队第一中队长林乃珍率领一个分队（另两分队于秦屿待命）及秦屿区两名干部到霞浦，向一八八团首长报到，并具体汇报嵛山匪情，研究了作战方案，承担向导任务。

　　中秋这天，各连队分别进行战前动员，出征战士每人分发两个大月饼。霞浦县委动员了12只木帆船和刚进港不久的一艘长乐汽船。因为军事保密，事先没有把任务向船工讲清楚，船工不知部队要他们到哪里打仗，产生疑惧心理，有的偷偷溜脚。当时，为了执行命令，不误战机，林乃珍即令一分队出动，临时从连家船内拉了几个船民，总共凑上十一名，可是每只船要配两名船工，水手仍不够，林乃珍当机立断，建议弃小就大，选用六艘较大的帆船和一般汽船（该汽船由原船员驾驶），缺额一名船工，就由熟悉行船的战士替代，才将就解决了出海问题。

10月6日19时30分，出征部队自松山港启航，途经三沙，编排船队，按各船航速和预定登陆地点，确定备船航线与起锚时间，要求7日清晨四时半，各路发起总围攻，不许提前或延迟。

作战方案是这样确定的：八连分乘3艘木帆船，由唐生因、张振波带路，从马祖强行登陆；七连也分乘三艘木帆船，由林昌宄等二人带路，向东角登陆；九连、机枪连、营指挥部和县第一中队的一个分队计200多人，乘汽船向芦竹港登陆。三路包抄合击，一举歼灭之。

天刚微明，当八连船只向马祖澳靠近时，会匪发觉鸣枪。全连指战员为了不给会匪还魂和喘息的机会，即"扑通、扑通"跃入齐腰深的海里，冲上岸，以迅雷不及掩耳之势，占领了大刀会巢穴。大刀会匪纷纷向芦竹溃逃，企图与芦竹匪徒会合，进行顽抗，嗣闻芦竹方向枪声迭起，又转向天湖顶逃窜。

七连从东角登陆，没有遇到抵抗，队伍很快向纵深挺进，当冲至天湖时，发现红纪洞山上两侧有大刀会"法兵"红、黄二队，他们摇动旗帜，吹着螺号，摆开阵势。当七连进入其伏击地带时，匪徒们念咒弄法，像恶狼一样向七连疯狂杀来，埋伏于天湖寺内的几十名大刀会徒又闻声冲出，七连两面受敌。七连虽遭袭，但毕竟惯打硬仗，他们越战越勇，敢于拼搏冲刺，刀匪一个个接连倒了下去，其余都仓皇溃散。七连长乘机作了简短的火线动员，包扎好伤员创口，全连战士枪匣压满子弹，揭开手榴弹盖子，勇猛地追歼匪群。这时，八连、九连也从不同方向向天湖赶来，3支队伍像一把巨型钢钳，牢牢夹住溃散的匪徒，几十挺轻机抢、冲锋枪伴随步枪、手榴弹一齐作响，弹雨、弹片劈头盖脸压向敌群，大刀会哪里招架得住？十多分钟后，只见草丛间、岩石旁、天湖畔躺着40多具会徒尸体。满地是扔下的红缨枪、大砍刀、红肚兜、"金钟罩"（头巾）、太极旗，余下100多个活着的匪徒举起双手投降。还有13个顽固的，偷偷自西坡向东角逃逸，抢了岸边一只小船向七星岛方向驶去，但部队开动汽船追赶，这13个人乖乖束手就擒。

汽船承载200多名指战员，于清晨四点三十分准时到达芦竹港，匪徒发现时打了二梭子轻机枪，汽船上轻、重机枪一齐开火，并用六〇炮配合还击，匪徒的机枪顿时哑了。当汽船驶近岸边，营长用竹竿测得水深尚有两米有余，人不能下去，如稍迟疑，就会把目标暴露在敌人面前，中队长林乃珍果断地命令船老大向小舢舨靠拢，自己勇敢地承担起驳运任务，一船又一船地连续不断把部队送上岸。林乃珍本是渔民出身，熟悉海性，驾帆、掌舵、摇橹样样都会，隐蔽精干时又在嵛山住了6年多，这次解放箭山岛，他既是指挥员，又是领航员，亦是船上的老把式，充分显示了他的出色才干。

部队占领芦竹后，发现岸上放着一挺机枪和许多步枪，可又不见匪徒出来投降，这是怎么一回事？原来这"牙城队"一听炮声，知道是大部队到来，因此不敢顽抗，放下武器，趁拂晓前尚未揭去的夜幕，悄悄地乘小船向内地逃逸（后在海上被追及，全部就擒，有个别混在群众中的，也被甄别抓获）。

崙山战斗结束后的第二天，一八八团这个营凯旋，一中队另两个排奉命赶到。战斗虽已结束，但许多匪首尚未抓到。一中队严密封锁海岸，发动群众搜山。第一次搜到五个，其中有在芦竹山洞里被抓到的县长曾文光，他把一支手枪埋藏了，随身裹带着一颗包铜的"福鼎县政府"印章。经过几次的搜山和打扫战场，据俘虏交代，除死了的以外，该抓的都抓了，唯有大刀会首朱超高还未抓获。林乃珍又召集一班人分析情况，认为海岸连日来封锁严密，朱不可能逃离本岛，估计隐藏在天湖寺。根据这一判断，即再次发动了二百多群众（其中东角在林乃驾、李建中发动下，群众参加的最多），对天湖寺周围作细致的搜索，终于在寺旁地窖内把他抓了出来。

至此，战斗已胜利结束，计毙敌 48 人，全是大刀会匪。俘 230 人，其中属今苍南籍的朱超高等大刀会匪 189 人，福鼎的曾文光等 5 人，霞浦的王松惠等 36 人。缴获轻机枪 1 挺，步枪 18 支，驳壳枪八支（其中快慢机 1 支），手枪 3 支，大刀、梭镖 100 余件。岛上盗匪全部肃清。俘虏中除"牙城队"运回由一八八团处理外，其余押送秦屿转交福鼎方面。

解往秦屿的匪徒分作两批，第一批送走一百余人，还有百余人关押于一个神庙里，几个匪首另外押在下南坎房屋下的地洞。为了尽快送走这批俘虏，第一中队又准备了 3 艘大船，其中安排匪徒两船，7 个匪首专门一艘船。福鼎县委派吴钦团到崙山协助工作，中队长林乃珍就把押送这批俘虏的任务交给他。吴钦团是解放军的正排长，共产党员，有作战经验，南镇人，知海性，担当这一任务是理当胜任的。启航前，林乃珍又集中押送人员进行交代，特别指出要对几个匪首加强监管，押送途中，要把匪首关进船舱，盖上舱盖，用铁钉钉牢固。上岸时，看热闹的群众一定很多，这时人杂事繁，最容易出纰漏，要带去绳索，到时一个捆一个，一个连一个，使其不便脱逃。吴没带枪，林乃珍又将 1 把快慢机驳壳枪及 20 发子弹交给他，并嘱其带上两把大刀，应急时比步枪好使。

启航后，吴钦团把林乃珍的交代当成耳边风，对匪首放任自流，将驳壳枪交给战士李求益，自己钻进后舱睡觉去。当船驶至跳尾头时，匪首夺枪暴动，打死打伤押送的战士各 1 人，于是夏同春驾驶的这艘大帆船掉转船头，径直向外海仓皇逃窜。

（本文摘编自《苍南文史资料》第 7 期）

解放嵛山的支前活动

嵛山岛位于霞浦与福鼎之间（原属福鼎，解放后曾一度划归霞浦，现仍属福鼎管辖），岛上盘踞着王纯惠等股土匪，经常出没于福宁湾（今亦称三沙湾）海面抢劫财物，搅得民无宁日。福鼎、霞浦相继解放后，地方政府根据人民群众的迫切要求，请人民解放军解放嵛山岛。当时驻霞浦的中国人民解放军七兵团二十一军六十三师一八八，经师部同意，接受了这项任务。

为了搞好征集船只等支前工作，县筹委会抽调时在县公安局工作的郑锡强回松山，配合郑锡同完成支前任务，后来又增派三沙张世家到松山协助工作。由于当年松山渔民只近海作业，使用的是楻桶船和三对板（亦称搭板），因此不能出外海。支前任务重，时间紧，怎么办？郑锡强、郑锡同等人经研究分工，郑锡同等人负责征集马草、单架；郑锡强等人负责征集船只。当时北岐有探艋船10多艘，大的可载二三百担。于是，郑锡强等人就到北岐去做工作，以海上安全生产、防土匪为名，把船工们集中起来开会，集体办伙食，经过一周多的动员教育，船工们总算留下来了。但当部队来到北岐时，有的人又害怕了，结果是人跑船空，部队孙营长很是生气。还好，部队原已向松山党组织派有三位政治干部协助工作，松山党组织在他们的指导下，决定把保甲长叫来开会，说明来意，把任务派给他们去完成，完不成就把他们留下来（他们也是做海的，会驶船），潮水一涨就带他们上船。即使这样，船只仍然不够用。恰好这时，福州"建轮"汽船运海蜇皮到松山，也被征集，才完成了运载部队去解放嵛山的任务。

嵛山解放后，部队又返回松山。

（本文摘编自中共党史出版社2009年9月版《霞浦人民革命史》）

洋鼓尾驻军反特故事

🍃 王可信

中国人民解放军是 1949 年 10 月解放了嵛山岛，先锋是原来闽浙边界游击队的林乃珍中队，因为林乃珍是苍南马站南平人。从 1941 年，国共两党处于"北和南剿态势"，为了躲避国民党的围剿，林乃珍等到嵛山岛灶澳村隐蔽斗争，因此林乃珍对嵛山岛极为熟悉，上级派林乃珍带领解放军解放嵛山岛，剿灭盘踞在岛上的大刀会。

有资料说大刀会逃离嵛山岛是从东角村下水，感觉材料收集有出入，因为灶澳村在天湖山下，下山只要十来分钟。当时大刀会从天湖山上闯进村里，准备抢劫渔船出逃，为什么去东角而不选择灶澳下船，这不是舍近求远吗？根据 80 岁老人郑求财说，解放军解放嵛山岛时他已经 10 岁。那天只听到天湖山上"哒哒哒"枪响，不久大刀会就挥舞着大刀下山了。灶澳村当时有 20 多艘船在澳口泊着。他躲在屋里，外面传来"哐哐"大刀敲打的声，十分刺耳。他悄悄躲在远处，看着大刀会领头的要住在他家上方的姓董"阿群公"开船送他们离岛。为了活命，"阿群公"只得驾船把这些大刀会送到七星岛。

直到 1955 年，解放军进驻嵛山岛后，由于没有营房，在灶澳村的大灶、牛栏仔、天湖的水尾、四湖等地，选择在背风的地方搭帐篷居住的，有住在灶澳村老百姓家的。大概是 1956—1957 年间，发生 3 起台湾国民党军舰炮击洋鼓尾军事设施事件。

据向上辈人了解，曾有一个假装卖围巾的妇女假装送饭到洋鼓尾，当时洋鼓尾还没建设战备基础设施，但有一个的雷达站，一个雷达班在值班，

防空洞（陈维新 供图）

其他空军人员驻扎在大灶，没有营房，住帐篷。当年距离洋鼓尾南方的东引岛是国民党占据，且有先进的各类军舰驻守。第二天从东引岛开来的国民党军舰侵入七星岛内内侧，距离洋鼓尾雷达站三五千米，便向洋鼓尾雷达站开炮，结果雷达站被损毁。当时嵛山岛附近无海军海上力量，国民党军舰在炮击雷达站得逞后离开。小时候有听说此次炮击雷达站有一个雷达兵牺牲，这个女特务可能提供了雷达站位置，上报敌特机关，女特务是霞浦县三沙镇印斗村人，且印斗村曾有多人下海投敌，是个窝点。村山上有个不被人发觉的山洞，成了敌特窝藏点，领头的舰队负责人是浙江苍南县人，姓杨。

第二次是在夏季晚上，大家都在室外乘凉，3艘国民党军舰乘着夜色闯入洋鼓尾附近海域，一艘在洋鼓头，一艘在弯内，另一艘在田澳鼻，呈三点状靠近洋鼓尾，目的事乘着夜色炮击解放军战备设施。忽然一枚照明弹在灶澳村空域照亮大地，随后传来"哒哒"的高射机枪声音，照明弹随之熄灭。原来照明弹在空中受小型降落伞作用可以维持一两分钟，机枪手把照明弹降落伞打了，导致海上国军成了瞎子，找不到打击目标败兴而归。

第三次也是晚上，真是夜黑风高夜，是干坏事的时候。这次我军根据以往经验，采用空城计，在敌舰来时有意在天湖百步岭出现亮点，结果敌舰炮击百步岭，瞬间暴露了自己在海上方位，生怕被解放军炮火攻击，随即迅速撤离洋鼓尾海域。

另外有一个雕刻私章的人，在灶澳村单身汉细致家住了很久，和村里人很熟悉，每次在敌舰来洋鼓尾袭扰时豆和村民一起进入对面山的家庭防空洞躲避，后来在霞浦县被抓，至于给解放军带来什么损失不得而知。

远去的炮声：嵛山海防工事探访

蔡 榆

福建嵛山岛，大家并不陌生，因该岛浓缩了高山、草甸、湖泊、大海，于2005年被《中国国家地理》杂志评为"中国最美的十大海岛"而蜚声国内外。

当大家将视线都聚集在千亩淡水湖的水清如镜、万亩草甸的青翠欲滴、海中青山礁石林立的美丽时，或许都忽略了她地处海防前线的峥嵘岁月。

杂草丛生的海岛地表及地下，如今基本完整地遗存着20世纪五六十年代修筑的海防工事。"军事基地"背后还有多少惊心动魄可以期待呢……

苦难福地

嵛山岛是福建省内海拔最高的岛屿，最高峰海拔541余米，为闽东第一大岛，面积逾21平方千米。她与三沙港仅一水之隔，也由该地码头乘船"漂洋过海"登陆岛上，但两地分属福鼎与霞浦管辖。当地居民以说闽南语为主。

嵛山岛东向与台山列岛之间的海域，渔产丰富，是我国东海著名渔场之一。由于此地土壤上层为腐殖土，有一尺多厚，下层为酸性黄土，加上所处纬度带来的宜人气候，使得当地具备一年三熟的良好条件，因此有"鱼米之乡"之誉。

嵛山岛横峙于大嵛山与三沙港古镇（村名）半岛之间，由此形成大小两个门户，有扼东海南北航道咽喉之势。因此历来在海防、交通等方面具有重要地位。

但这块"福地"在历史上并未给岛民带来几多福祉。自明朝以来，因一直为盗贼所觊觎而屡遭官方的封禁；清乾隆时期，闽浙民间的蔡牵起义、民国时期平阳的"大刀会"，都在这里留有活动的痕迹；抗战期间，日寇也曾占据嵛山岛；日本投降后，还有一名叫岩田幸雄的在逃战犯曾在此避难，并筹备组建公司企图开发嵛山岛……可怜的岛民身处"福地"，却面临流离失所的重重苦难。不过，这已成为历史的记忆了。

目前该岛上有5个行政村，常住居民5600余人。主要以捕捞、海运为业。嵛山岛今已辟为旅游景区，但基础设施建设、整体接待能力还是相当薄弱。来此玩户外的驴友，看重的是那据称有西北韵味的万亩高山草甸、海岛上水清如镜的千亩淡水湖等原生态元素，因此大家喜欢在此露营，以最大程度亲近、体验大自然。此前，2009 新丝路模特大赛浙江赛区的入围选手就曾经在此岛进行户外训练。

从这个意义上说，目前的嵛山岛，基本上还是以"休闲"的姿态呈现给大家。

岁月遗痕

在当地一杨姓村民带领下，我们租了一辆面包车，沿着环山公路前往那片已被开放的军方工事。探访这块曾经的神秘之地是我们此行主要目的，毕竟这里曾经是"战士的第二故乡"，留有一段沧桑的往事，残存一段褪色了的记忆——

据当地人介绍，嵛山岛所处的位置，其正北朝向霞关、七星列岛，正南朝向台湾等相关岛屿，东向有一处叫"洋鼓尾"的小岛防护。

20 世纪 40 年代后期，国民党军队相继在一江山、大陈岛、台山列岛等战争中节节败退，最后去了台湾。此后叫嚣反攻大陆，前些日子曾有消息称，蒋介石当年"反攻大陆"的文件也已被公开了。

在这种历史背景下，沿海一带的海岛当年修筑了不少的海防工事。大嵛山岛海防工事的修筑时间，也基本上落在这一时期。根据当地一位老人介绍，这里原来驻有陆军的一个独立团，还有空军一个连的兵力。他们在 1955 年前后登岛，于 1970 年前后撤走。据说驻军来自北方。

还有村民称，部队原先是驻扎在岛上其他地方的，后来在一次台风中遭到严重损毁，再加上位置不利等原因，遂移到现在中灶村所辖的山坡上，进行重建。重建刚好遇到三年困难时期，所以当时的战士过得很苦，大型工具也没有，基本上都是用手扛肩挑。

在接近这片曾经的禁地之前，一处修在山腰上的哨台，让作为访客的我们看了之后有些兴奋。沿着路基继续前行，右车窗外，即是悬崖以及一望无际的洋面。前行两三分钟，车子在杂草丛生的一片平地上停下之后，我们相继走访了一些基本完好保存的营房、乱草蔓延的战壕等昔日海

牵电线（蓝福基 供图）

防工事。似乎也看到了《战士第二故乡》这首老歌中所描述的情景——"有咱战士在山上，管教那荒岛变模样，搬走那石头，修起那营房，栽上那松树，放牧着牛羊……这儿正是我们第二个故乡。"

"海岛是家"

这个昔日的海防前哨，究竟会有怎样的一种生活状态呢？打着手电筒，跟随向导继续穿行，我们开始了此次工事遗存的寻访。

离这幢营房不远，即有一个被当地人称为"八一洞"的防空洞。洞口上方军徽五角星中"八一"二字依旧清晰，但军徽整体与现在使用的相比，要简单一些，我们没有见到麦穗等元素。

借着手电筒微弱的光线，我们进入"八一洞"。洞内系水泥浇筑，与现在的隧道相差无几，有两道门框。据村民介绍，这里放置大炮之用，门一关，也可以防水进入洞内。在洞内，还有一口当年挖的水井，至今还可见到清幽的井水。据向导称，在此前他们获准进洞清理时，还曾喝过这里的水。他确认这是天然水源。可见当年对饮用水管制的严格。在洞内主道的两旁，还有一些据称是弹药库的小房间。

"八一"洞（陈维新 摄）

在隧道的出口，我们见到了两行用堆塑方式写在墙壁上的标语："人民战士，意志坚强；艰苦为荣，海岛是家。"另外还有一条是用红漆写就的：发扬革命英雄主义精神！

看到这里，我们似乎又隐约听见了当年战士们壮怀激烈的歌唱："云雾满山飘，海水绕海礁，人都说咱岛儿小，远离大陆在前哨，风大浪又高。啊，自从那天上了岛，我们就把你爱心上，陡峭的悬崖，汹涌的海浪，高高的山峰，宽阔的海洋。啊祖国！你可知道战士的心愿，这儿正是我最愿意守卫的地方。"

面对眼前宽阔的洋面，想着这首抒情奋进的老歌，能不让我们心潮澎湃吗？此后，我们在足有齐腰深的杂草丛中穿行，或是走过昔日的战壕，或是踩着昔日的石墙，虽然难抑心潮起伏，但还是有些迷茫，除了这些工事，我们似乎难以听到往日的故事。我们知道，这里不是任何一个外人所能轻易接近的地方，散落在民间的传闻，自然也就少之又少。

在"八一洞"的下方不远处，我们还见到一处台形的小基座，上面一层还铺有大小均匀的洁白小螺壳，旁边一碎块上，一道蓝色的饰纹还依旧。向导称，这里以前有一个缩微版天安门的建筑，当地人称它为"螺北京"，后来被人砸了。

"血的教训"

除部分营房毁坏外，一些工事还基本保存完好，如防空洞、碉堡、瞭望台等，防空洞有三面浇筑水泥，也有的至今仍然泥石裸露；有彼此相通，也有独立的。在一个仅容一人猫着身子进洞口的防空洞里，有 10 级向上的石阶，而尽头则是一个垂直的巷道，沿着简易梯子可以上下。

在这个洞里，有如电缆一样的一条树根贯穿全程，可以当扶手。据向导介绍，这条树根经过了这几十年，依然完整，甚至今天进洞，还可以拿它当扶手。从它沿水泥浇筑的洞壁里长出来，这应该是当年的"产物"。看来这真是扎根海岛坚守海防了。

在一间当年的会议室里，我们见到了水泥抬梁下，一连串的革命标语："没有正确的政治观点，就等于没有灵魂。""把我军办成毛泽东思想的大学校"……

如果说这些标语起着教导战士讲政治、振军心、鼓士气作用的话，那下面见到的一段"血的教训"就让人觉得很压抑——在一处建于山体中的工防设施里，其门框上方，有用油漆写的几行字，字迹斑驳，经过辨认，抄录如下：

六一九事故教训：
一、定位先定思想，思想又必须对机器突然发生的事故做好充分准备；
二、提高机器运作中各种声音的判断能力；
三、进一步熟悉应急措施；
四、永远保留□□□，永远记住这一次血的教训。

机器、突发事故、声音的判断、应急措施、血的教训，对由这些"主题词"构成的一个叙事背景，的确惊心动魄。这背后到底是什么样的一个故事呢？

经过走访，我们了解到一个大致的情况。有一年，有一特务扮作妇女，以卖围裙的系带为名，前来岛上打探情报。可能也是被大家忽略了，结果在第二天，敌军在海面上突然对这个海防基地发射了两枚炮弹，其中一枚炮弹炸毁了这里的一个雷达，"打中后（雷达）全散了"。一位老人在接受我们访问时说起这个事，此后又有一位上了年纪的村民重提这件事。由此看来，此事在当时岛上的影响深广。

结语

在嵛山岛驻军，毕竟是军方的事。从撤走部队至今，也有几十年了。据岛上的几位老人称，他们也是此前的一两年，经过批准才得以打开这些工事的"大门"，清理后准备辟为旅游景点。这样看来，以前当地人也是很难接近这块禁地。

限于当地资料的缺乏，民间叙述并不完整，我们无法获取更多的历史信息。从有关资料显示，2004 年 10 月，曾经有一批当年的退伍老兵故地重访，留下了一点笔墨。辑录两首名为"广东电白县士兵：郑广"于当年 10 月 22 日写的短诗，权当本文的结尾。

嵛山
嵛山一梦四十年，
今非昔比别样天。
公路修直羊肠道，
楼房代替茅草房。
电灯电话现代化，
时代不忘嵛山人。

兵营
人去房空长相思，
战友踪影哪里寻。
唯有脚下东海水，
春风不改旧日浪。

翁桂华、翁继华兄弟在嵛山

王可信

翁桂华（1945—1968）福建省莆田市莆田县黄石公社（镇）清中大队（村）。家里3个兄弟，翁桂华为老大，老三原名翁金山（翁继华）。翁桂华1964年8月入伍，1968年10月29日牺牲，生前为福州军区守备七师九十四团三营十连（94分队）3排炮兵指挥班班长。

1968年10月29日，东角大队5个渔民驾着小帆船到洋鼓尾南部海域捕捞。洋鼓尾半岛与小洋鼓岛中间间隔500米，风和海潮在此汇集，形成海流湍急的洋鼓门。一阵大风刮来，小帆船被

追记翁桂华烈士二等功庆功大会合影（蓝福基 供图）

吹翻倒扣在海里遇险了。渔民紧紧抓住船沿，随着风浪向外漂流，不停喊着："救命啊！救命啊！"危急时刻，驻守洋鼓尾的一团三营十连（番号74分队）官兵紧急集合，带着救生用具，分批下海救人。第一批官兵上岸后，时任指挥班班长的翁桂华同志因牙疼刚从大陆治疗回来，带着一根木头，和第二批救人战士一起跳入海中向外游去。忽然发现同炮排广东籍7班战士潘斌在海里不停扑腾着，十分危险。洋鼓尾门飞流直下，犹如万马奔腾，卷起层层浪花，扑向潘斌。在这紧要关头，翁桂华不顾自身安危，果断地把木头推给潘斌，潘斌得救了。而就这样翁桂华被急流卷入海里，下落不明。第二批官兵上岸后，队伍集合，连长开始清点人数，发现翁桂华不在，立刻查找，此时潘斌低垂着头，情绪低落，欲言又止。连长再三催问，潘斌把翁桂华将自己的木头让给潘斌，他被急流卷入海里的经过说了出来，顿时全连陷入悲痛之中。守备1师派

出艘舰船在洋鼓尾周边搜救 5 天，才找到烈士遗体。翁桂华把生的希望留给战友，把死的威胁留给自己。翁桂华牺牲后，被授予二等功，葬于灶澳村西北方向的黄海兵弯。

根据烈士弟弟翁继华回忆，翁桂华失踪后，连部即刻上报团部。此时团部领导正在开会，团政委当即表态，翁桂华同志是为了抢救落水渔民和战友而牺牲的，是舍己为人的好战士。团部迅速派人来到嵛山岛连队，调查了解翁桂华舍己救人的事迹。这些都是翁桂华所在班副班长（后为班长）在翁继华入伍后告诉他的。

1968 年 11 月 1 日，18 岁的翁继华在上初中二年级，当时正值"文化大革命"，学校也没上什么课，基本上在串联闹革命。中午时分，同学过来告诉他说："你哥哥牺牲了。"翁继华以为家里二哥出事，同学说是部队来人，赶快回家。

"家里来几个人，是我哥哥连队的 3 排排长（后为指导员）和莆田县及当地公社大队干部 4 个人在我家里。我随即跑回家里，全家都瘫痪了，爸爸、妈妈、奶奶都昏过去。"翁继华回忆说，"部队、公社、大队干部问家里有什么要求，可家里人都悲痛万分，一句话没说。当时的形势，当兵光荣，我小小的时候就有当兵的愿望，于是就对在场的领导提出要求，让我去接班。排长看了看我，可能觉得我营养不良身材弱小，指着我二哥说，他去差不多，你太小了。我说，那就我们两个一起去。但是我父母有想法，我二哥是 47 年出生，已经 21 岁，到成家立业的年龄了，要留在家里，心里想的是我到我哥哥的部队接班。在场的领导纷纷赞扬我的思想很好，表示同意。大概 12 月 20 号左右，父亲带着我来到我哥哥所在的部队营部——霞浦县三沙公社。营长接待了我们。那一天我感冒了，非常厉害，浑身哆嗦，心里很慌很怕。部队领导看到我瘦弱的身体（身高 1.62 米）说不接收我，我对在场的部队领导说就是想当兵，当兵光荣。副营长是 46 年的兵，考验我说：'当兵很苦啊，你能吃得了苦吗？'我说我是农村的，不怕苦。副营长拿来一把步枪，我随手把步枪举了起来……"电话里的翁继华回想当年的情景感到十分的欣慰，宛如是回到当年。

"过了两天，部队把我送到嵛山岛，船到了中灶大队澳口（灶澳村）。当时乘坐不是登陆艇（可能是天气或潮水原因），船运大队派出当地人叫汽仔（汽艇）的船，尖头的，靠不了岸。部队后勤常用汽艇给部队送给养到中灶洋鼓尾驻岛部队。汽艇吨位小，甲板封闭式，操作方便，不受潮水等影响。"

"那天到了中灶大队澳口，村里人都知道翁桂华弟弟今天来接班，都到澳口海滩来。有个和我差不多年纪的小年轻，但身体明显比我壮的，划着舢板来靠泊，他把我从汽艇上抱下来，舢板靠到海滩后，他（因为时间长久，翁继华一时忘记这个同龄人的名字）又把我抱到岸上。"经他描述，笔者恍然大悟，是 1969 年入伍的灶澳村原支部书记郑求源。2010 年间，老郑还特意到莆田看望翁继华，翁继华拜托我转达向郑求源全家的问候。

"到了部队后，连部很重视，第二天召开翁继华入伍欢迎会。会上，连长把翁桂华用过的枪和一套《毛泽东选集》第四卷送给我，接过烈士的枪，并嘱咐我要继承烈士遗志。"时年18岁的翁继华入伍后，1969年11月或12月间加入中国共产党，1970年，直接任班长。不久部队整编，连队移防霞浦三沙花园里。驻守花园里2年多后，调到青奥（三营部在三沙，后三营和二营整编，营部移防青奥）。不久后，翁继华任排长、连队副指导员等职务1985年，翁继华转业时将翁桂华烈士遗骸移回老家福建省莆田县。

在翁桂华烈士牺牲后，每年的清明节，已经移防霞浦县三沙的守备七师九十四团三营十连领导和他弟弟翁继华，乘坐登陆艇，来到海岛为烈士扫墓献花圈。嵛山学区为加强革命英雄主义教育，铭记烈士舍己救人和守岛部队军民鱼水情，教育下一代，号召嵛山岛各个小学近千名学生，每年清明节戴着红领巾，来到烈士墓前，祭扫烈士墓，祭奠烈士英灵，一直到1985年烈士遗骸移回莆田老家。

解放军驻防洋鼓尾

✍ 王可信

洋鼓尾，位于嵛山岛东南突出部，呈半岛状深入东海，形成南北两片海域，西连灶澳村，是嵛山岛海防最前沿。

1949年10月8日，中国人民解放军第21军63师188团2营在林乃珍率领的福鼎县大队1中队配合下，从马祖、带鱼澳、芦竹同时登陆，全歼国民党守军及大刀会，解放大嵛山岛。嵛山解放后，解放军并未在嵛山驻防，嵛山的防务由林乃珍领导的福鼎县大队第一中队负责。1950年6月，黄珠宝、陶景美率领的福鼎县大队三中队前来嵛山换防。

1951年，福建军区警备第3团进驻福鼎沿海一线。1952年10月，该团改称为公安第79团，团部驻桐山。1955年3月，该团进驻嵛山岛，最早解放军一个团的兵力，曾经在柴仔栏、四湖顶、灶澳顶灶、灶澳村小海间等地布防，团部设在大天湖。7月，该部改称为边防第19团。10月，团部迁霞浦浮鹰岛，留下一个营。1958年大台风，把原来团部的房子摧倒，营部改设在灶澳村的上灶，洋鼓尾驻扎一个步兵独立连，还有一个空军雷达兵连。约于1960年，营部也搬到羊鼓尾，约有陆军一个加强连160人、空军一个防空分队100人。

1955年2月27日，浙江军区步兵第103师309团1营、2营解放台山列岛后，1营在该岛驻防，2营进驻秦屿镇。11月，该部第3营及直属队进驻大嵛山，接替边防第19团防务，改归福建军区建制，由福安军分区领导指挥。1956年2月，该团改称边防第24团，归福安军分区建制领导。1959年10月，该团改称守备第94团，同年11月，归守备第7师建制领导。1969年12月，改称福州军区守备第1团，归福州军区守备第1师建制领导。1976年2月整编后，该团防区北自福鼎台山列岛南至霞浦西洋岛，团部驻霞浦城关，直至1985年9月撤编。

解放军守备部队进驻嵛山后，在1955年到1960年间，根据对台形势发展需要，将军事基地布设到嵛山岛海防前沿——洋鼓尾。经过子弟兵的长期建设，洋鼓尾有了完整的军事战备基础设施，具备对抗敌特的条件。该部驻防期间，台湾国民党飞机和军舰曾多次进犯，均遭到守备部队有力反击。

守备部队于 1970 年 11 月 5 日前后撤防。空军移防现在的苍南马站牛乾山上（非鹤顶山），陆军移防霞浦。1973—1974 年，洋鼓尾又驻进海军陆战队一个排，不久撤防。

　　解放军驻岛十几年间，驻岛部队充分发挥我军优良传统，民拥军，军爱民，军民鱼水情深似海。1968 年 9 月，东角大队殷兴贤等 5 个渔民驾着小帆船到洋鼓尾南部海域捕捞。当天正值冷空气南下，洋鼓门风大浪急，小帆船被吹翻倒扣在海里遇险。担任洋鼓尾制高点观察班班长的翁桂华同志和其他战士参加抢险。他怀抱一根木头跳入湍急的洋鼓门中，因木头粗大，风潮叠加，木头掉失，被潮流冲走，不幸牺牲。翁桂华牺牲后被授予烈士称号，后葬于灶澳村西北方向的黄海兵弯，20 世纪 90 年代其家人取回遗骸，移葬故乡。

两起特大火灾事故

🌿 郑修喜

　　1969年前，嵊山全岛人民群众的生活都比较艰苦，大部分居民住的是茅草房，只有极少数人住上简易瓦房。

　　1969年10月4日（农历八月二十三日）晚上8点多钟，芦竹村村民陈维海钩网回家，准备炖鸭肉补冬，因为操作不慎起火，烧着自己家的茅草房，一时间火势借着东北风席卷全村，导致芦竹村260多户茅草房被烧毁，只剩5户群众住瓦房没有被烧。

　　就在芦竹村刚刚火灾后的第二天，也就是1969年10月5日（农历八月二十四日）早上9点钟时，东角村一位精神病患者温怀甫，说着要"跟芦竹火烟比斗大"，就点燃了自己的茅草房，又引起了东角全村300多户茅草房被烧毁，只有16户26间瓦房没有被烧。

　　在这两起特大火灾事故中，芦竹、东角两个村被烧死4人，被烧伤20多人，猪、鸡、鸭等家禽家畜被烧死几百头，群众衣服家具大多来不及搬，全被烧毁，生产队集体的渔网、筒竹、根脚绳等渔具也被烧毁很多，造成了十分惨重的经济损失。

20世纪60年代嵊山的茅草房（傅克忠 摄）

汪敬业殉职的前前后后

✑ 张大罗　汪敬礼

　　1989年1月27日晚上，大地一片黑暗，寒风刺骨，不时下着小雨。约9点钟，福鼎县委接到嵛山急电，称秦屿开往嵛山的一只客船不知去向，船上有几十人，中共嵛山乡党委书记汪敬业也搭乘这只船，情况十分火急。县长李元明接到报告，立即指示嵛山乡党政领导马上组织人员进行搜索抢救，又用电话请求流江驻军派艇，霞浦县委派船救援，整个晚上县委办公室灯火通明，电话频繁。第二天9点左右，从各方报告证实，这只船已沉没海底，船上近40人全部遇难，汪敬业也因公殉职。

　　汪敬业，1941年7月26日生于管阳茶阳村一个农民家里，早年失怙，靠哥哥培养长大。1961年福安一中高中毕业，以后读电大，获得大专学历。当过农中教员，1964年参军，任班长、连部秘书，立三等功；1971年复退到地方工作，1987年5月始任嵛山乡党委副书记、书记。

　　为了振兴嵛山经济，汪敬业上任伊始，跑遍嵛山的山山水水，边边角角，进行调查研究，制订了开发嵛山岛的宏伟计划。在不到二年的时间里，造了一艘来往于嵛山、沙埕的客船，解决了岛上与内陆的海上交通问题；加强了天湖顶茶场管理，大大提高了经济效益；利用马祖码头优势，艰苦筹集资金几十万元，建造了一个容量70吨的冷库；勘测规划了环岛公路，自来水厂和海底电缆。这一切都符合岛情，顺乎民意，深受群众的赞扬。1989年1月25日，汪敬业回城向县委汇报工作，还打算在春节前到省计委地区处，争取对开发嵛山岛的支持。时距年关只有9天，而许多工作等待处理。于是，他急匆匆于27日早上乘车经秦屿搭船返嵛山。这一天，风浪很大。由于他一心想尽快安排好工作，尽早赴福州，根本顾不得因恶劣的气候带来的危险，于午后坐上"岛屿1号"木客船。据后来秦屿小筻笭渔民说，这只船开出秦屿海岸不远的海面，就被几个大浪吞没。

　　汪敬业遇难后，县委立即派县纪委书记刘伦岩、组织部长林斌喜率队到嵛山处理善后工作。嵛山乡组织8艘渔船在海面搜索，30多天过去了，还不见尸体。3月4日乡政府得知霞浦烽火岛渔民发现其东南海港汇流处的渔网中有一具尸体，即派员前往辨认，从遗体身上的服装、钥匙和笔记本得到确认，即运回嵛山更衣入殓，次日派专船护送到沙埕登岸，由县公安人员乘坐的两部车一前一后的护卫下运到县殡仪馆火化。当天县委作出"汪敬业同志热心革命，忠于人民，因公遇难，光荣之至"等四条决定，成立以书记杨有志为主任，县长李元明为副主任的治丧委员会。3月6日下午召开追悼大会，由杨有志主持，李元明致悼词。政府礼堂庄重肃穆，哀乐低回。领导以及崙由乡、村干部、生前好友等500多人参加。县委、县人民政府等单位以及个人送的花圈共100多个，还有"甘棠遗荫""笃志成仁""光耀闾里"等匾额及"宏图初展中途夭折归马列，壮志未酬英年献身为人民"等挽联，寄托哀思。

汪敬业骨灰送至家乡安放，当车至管阳时，上千群众、干部在公路两旁站立迎接，人们痛失一位好干部好同志。

"桑美"袭击嵊山

✍刘德清

2006 年 8 月 10 日，这是个让嵊山岛 5600 多岛民永生难忘的日子，铭记在所有人的骨子里永远挥之不去，因为这天是百年一遇的超强台风"桑美"正面袭击嵊山岛导致特大灾难的一天，所经历的人们每每想起都心有余悸、难以平静。"桑美"台风在登录前 10 个小时，嵊山岛晴空万里，和风如煦，和往常平静夏日一样，大家都沉浸在若无其事的繁忙生活里，完全被"假象"所蒙蔽，放松了严防死守的警惕，却不知历史上最大超强台风"桑美"犹如魔鬼一般正悄无声息的一步步紧逼嵊山岛，当日下午三四点"风魔"露出了狰狞的獠牙，突然岛上狂风大作，暴雨如注，瓦片纷飞如镖，大树连根拔起，一度风力达到 17 级以上，疯狂肆虐长达 3 个多小时，整个岛屿都在剧烈颤抖，孤悬海中飘摇欲坠，岛上尖叫声、嚎哭声、呼救声接连不断，仿如世界末日。约当晚 7 点多钟，台风过境，全岛所有通讯中断与外界失去联系，所有电力系统被摧

"桑美"台风带来巨浪

毁整座岛陷入无尽黑夜，所有往来各村道路崩塌中断无法通行，受灾最严重的鱼鸟村满目疮痍，村内所有瓦片房屋几乎全部被掀翻了顶，群众房门上插满瓦片，房间里满是乱石，村庄周边香樟树全部倒伏，许多树被拦腰劈断，真正见证"风如刀、雨如箭"的巨大威力，让人深感人类在大自然面前的微不足道与无尽渺小，所幸的是在岛群众无一人伤亡。次日，从内地传来惊人噩耗，嵛山岛前往沙埕港避风的100多艘大马力船只，有44艘沉没，其中10人死亡、11人失踪（最终认定死亡）。数灶澳村前往沙埕港避风船只沉没最多，经济损失最为惨重，人员死亡最多，其中一家四个亲兄弟死亡三个，整村陷入无尽的悲悸之中。时任福鼎市委书记唐颐三次到村看望慰问重灾户，亲自指导整村恢复生产、灾后重建。

据不完全统计，超强"桑美"台风给嵛山岛造成经济损失高达1.2亿元，共有倒损房屋476间，其中全倒60间、倒房266间，需灾后重建户数104户、232间房，芦竹村海上1000多口鱼排网箱全被摧毁，前往沙埕港避风的大马力船只沉没44艘，人员确定死亡21人，岛上唯一余留的5000多亩松树林被摧毁殆尽，失去了天然的绿色屏障。

文教卫生

嵛山岛文教事业发展概况

✎ 周 绶

嵛山地处闽浙海疆，向为海盗出没渊薮。人烟稀少，生产落后，文化教育更是无足谈起。1949年后，岛民生活从贫困饥饿逐步走向富裕，文化教育事业也随之蓬勃发展。

昔日荒岛文盲充斥

据有关资料考证，在抗日战争以前，嵛山全岛没有一所学校，仅东角、芦竹、鱼鸟3村先后开设私塾，就学儿童不上50人。

敌伪长期盘踞该岛时期，除东角、芦竹两村原有私塾外，在马祖澳设小学一所，学生20多人，大部分是乌军（日伪军）子弟。

抗战胜利后，国民党政府于1946年春开办"嵛山国民小学校"，校址设在东角，教师2人，学生20多人。鱼鸟、芦竹仍设私塾。由于当时教师月薪只有四十五斤糙米，加以岛上生活困难，交通不便，不安心教学工作，相继离校，学校之设有名无实，群众只好另办私塾以满足子女求学的需要。到1949年前夕，全岛没有一个初中毕业生，1700多人中，文盲、半文盲约占95%。

今日宝岛欣欣向荣

1949年10月8日（农历八月十六日），人民解放军一举捣毁匪窝，嵛山宣告解放，建立人民政权，百废待兴。1950年2月，福鼎县人民政府派周绶前往嵛山筹办学校。一所新型的嵛山初级小学在东角建立起来，并在芦竹设分班，3月1日学校正式开学上课，教师3人，在校学生60多人。第二年秋季又在芒垱、灶澳、小嵛山、七星列岛（当时属嵛山）各澳陆续办起起民办小学和夜班，教师增至7人，学生300多人。自1953年秋季起，各校初小毕业生分别保送到秦屿、三沙各地念高级小学。

1954年，为适应海防备战需要，划嵛山及所属岛屿归霞浦县海岛区管辖。霞浦县人委会鉴于海岛儿童入学率日增，到内地念高小困难很大，于1956年8月办起嵛山

嵛山初级小学学生（倪希显 供图）

第一所完小——东角小学，仍以周绶任校长，配备 5 名教师，解决了全岛学生念高小的要求。第二年起第一批毕业生到三沙、秦屿中学学习。这时，嵛山的公、民办学校学生数激增，生机勃勃，欣欣向荣。自 1958 年至"文革"前这一时期，增办完小 2 所，初小 4 所。全岛共有公、民办小学 12 所，20 个班级，20 名教师，400 多个学生。

"文革"中，虽然嵛山社会处于动乱不安状态，但由于当地群众的重视，文化教育事业没有受到冲击，相反地，为了方便子女入学，还把学校办到家门口。小学学生在学数也有所增加。教师 35 名，学龄儿童入学率达 92%。

随着小学毕业生逐年增多，必须满足他们的升学要求。1970 年秋，福鼎县教育局（嵛山于 1962 年由霞浦县划回福鼎县管辖）派庄严同志负责筹办中学，于是嵛山岛有史以来的第一所中学校在马祖澳建立起来。校园里书声朗朗，学生好学上进，园丁辛勤耕耘。3 年后，又成立高中部，吸收首届毕业生 20 名入学。1976 年，还在东角增设戴帽初中班。当时共有中学生 94 人，专职教师 7 人。

党的十一届三中全会以来，嵛山面貌发生了根本变化，文化教育事业也有了较大发展。全岛小学教师达 42 人，其中公办的 29 人，学生 560 人，入学率 96.2%。幼儿班 4 班，入学幼儿 80 人。业余学校 4 班，学员 70 人。中学校有初中 5 个班，教师 16

人，在校学生 200 多人，其中女生 77 人，占总数 38.5%。嵛山开设文化站与流动文化组，订阅各类报刊 150 种，有电影队来放映。大大丰富了群众的精神文化生活。

过去全岛各个学校的校舍都是借用民房、宫庙或兵房，大都破烂不堪。现在学校有新建校舍，宽敞明亮，建筑面积达 1300 多平方米。设备逐步完善，提供了教学有利条件，为教改工作与提高教学质量打下基础。

阳光雨露硕果丰收

在各级党委和政府领导下，通过教师们的辛勤工作，嵛山各校正确地贯彻了党的教育方针、政策，培养出一批德、智、体全面发展，具有社会主义觉悟的有文化的新人。现有大专以上毕业生 4 人，其中重点大学毕业的 2 人；中专毕业生 25 人，还有一批在学的大中专及高中学生；参加各行业工作的有专业技术人员 15 人，在本区任公办教师的 12 人，民办教师 10 人；参加政府机关工作的 15 人……可谓硕果累累，景象喜人。

目前，嵛山人民正按照"七五"计划蓝图，在普及义务教育，进一步发展文化设施，加强农村智力开发，振兴岛区经济的道路上继续前进。

（本文摘编自《福鼎文史资料》第 5 辑，写于 1986 年）

嵛山兴学记

✎余振泉

一

　　嵛山是个海岛，它由马祖、东角、芦竹、鱼鸟、灶澳、带鱼澳（现已撤销）6个行政村构成，下辖芒垱、天湖、桌澳、柴仔林、桌澳、火管澳、小嵛山、山楼、南风湖、牛栏仔、竹子坑10个自然村。岛上居民以渔业为主，也有务农的。在20世纪六七十年代人口近5000人。曾在嵛山闹过革命的老一辈革命家十分重视嵛山海岛的文化建设，多次强调：要办好嵛山的教育事业。从50年代开始政府就分配公办教师和师范生到嵛山任教办学校。嵛山党委也根据县委指示，于1952年秋首先在东角、芦竹两个大行政村办起了完小，不久又在鱼鸟村办起了公办初小校，接着在马祖、灶澳、带鱼澳

嵛山中心校1981届毕业照

和芒垱相继办起了民办初小校，在校学生达 300 人左右。芦竹、东角、鱼鸟 3 个村还选送一部分高小毕业生到霞浦、三沙、福鼎、福安等中学深造。那时，鱼鸟村郑敬平同学被该村党支部选送到福建漳州医学院深造，成为嵛山第一代大学生，也让嵛山有了自己培养的医生。

二

在上级党委、政府关怀下，1963 年秋，灶澳村民办初小改为公办初小（单人校）。使全嵛山 7 所小学公办校就有 4 所，占学校总数 57%；公办教师达 13 人，占教师总数的 75% 左右。1974 年秋，嵛山各村掀起办学热潮，6 个行政村的老师齐动员，扩大招生，增加学生数，千方百计抓学额巩固工作。有的自然村如马祖的天湖、柴子林，灶澳的南风湖，芦竹的小嵛山，带鱼澳的竹子坑等自然村都办起学校，学生数猛增了 200 多人，学校增加 4 所，全岛学生数达 400 多人。学生增加，教师不足，怎么办？当时，大家提出：教师不足要向上级领导反应，公办不够，民办来补。于是，就从在岛上的上山下乡知青和回乡知青中招收民办教师。为了提高师资教学水平，每年分期分批组织民办教师到县进修校参加培训学习。教师水平提高了，学校办好了，普及率也提高了。那时，嵛山的学龄儿童小学普及率达 96%。

办好全日制学校的同时，老师们还要担起扫盲任务。当年，嵛山青壮年文盲人数很多，文盲率高达 75% 以上。各村干部负责动员、组织男女文盲青壮年参加扫盲学习，学校教师负责教学，教学内容是 1500 个常用汉字。为搞好扫盲工作，县主管局还派出两名扫盲专干到嵛山负责检查督导扫盲工作。老师们白天教全日制学生，晚上教扫盲班学员，许多老师备课、写教案都安排在深夜里。教师们工作辛苦，但没有一个叫苦喊累。

三

嵛山在 20 世纪 50 年代属霞浦县三沙管辖，到了 60 年代改由福鼎管辖。学校也一样，先是属三沙学区管理，转福鼎后属秦屿学区下的小学教育嵛山管理片，陈永西老师任片区负责人，他一手抓本校教学，一手抓本片各村的教育教学管理工作。

到了 20 世纪 70 年代，嵛山成立公社，嵛山学校管理工作也从秦屿学区分离出来，成立教革办，余振泉同志为教革办主任。1979 年初经上级批准改为学区，余振泉为学区校长，东角校负责人倪希显同志兼任学区教导。

为进一步加强嵛山学校的教育教学工作，上级部门每年除分配新教师到嵛山任教，还调来一些骨干教师，如李笃融（原秦屿中心小学校长）、许怀德（原硋门中心校校长），他俩一到嵛山就主动要求下基层学校任教。根据他们要求，李笃融老校长到芦竹小学任教，许怀德老校长到灶澳学校任教。后因工作需要李笃融老校长调公社办公室任秘书，许怀德同志调嵛山中心校任校长，他俩工作积极肯干、认真负责的，得到嵛山人民群众赞颂和好评。嵛山初中的本岛首届毕业生丁振清同志宁德师范毕业后仍回嵛山到芦竹小学任教，后调嵛山边远的灶澳小学、芦竹小学，鱼鸟小学，1984年学区与初中分设，老校长余振泉任初中校长，丁振清接任学区校长。嵛山初中第四届毕业生姚仁贵从宁德师范毕业后到鱼鸟小学任教，后任学区教导、副校长等职。嵛山学校从此有了嵛山自己培养的校长、教导。

四

东角村是全岛第一大村，人口近2000人。学校设在一个破宫里，宫内用木板隔开6间，其中5间做教室，1间做学校办公室。当时老师只有5人，丁邦德兼学校负责人，其中岛外教师3人，他们睡在村部客房，寄在东角水产站职工食堂吃饭。当时在校生130多人，按年级编成5个班。学校没有操场，只有一个供学生下课时活动的场所。高小毕业生有条件的都送到三沙等岛外初中就学，其他到马祖初中就读。东角离马祖有20多里海边山路，初中学生上学既远又不安全，1976年，东角干部群众纷纷要求办初中，让学生就近入学，经上级研究同意，把东角小学搬迁到东角岗上的里湾，同时办附设初中班，生源扩大到灶澳、芒垱，这两个村的四、五年级和初中的学生也到东角小学就读。在搬迁校舍过程中，东角师生一边上课，一边自己动手，砍柴烧灰，挖红土踩泥浆，到10多里的天湖背条石。经过努力，旧营房改造成新校舍。紧接着，他们又开始平整操场，种花植树，绿化校园。一个环境优美的校园开始招生报名了，第一学期就招收了近40名初中新生。随着学生数不断增长，教师也增派了4位，学校从此旧貌换新颜。但美中不足的是学科教师不足，全嵛山没有一位英语教师。这时，教数学的苏正旺老师自告奋勇，在业余时间用收音机坚持自学英语，边学边教，这种精神得到了大家的好评。

五

嵛山远离内陆，以前交通非常不便，如果遇上大风、台风，船只停航。岛上的渔民子弟到内地求学困难重重,继续深造机会受限,岛上九年义务教育也受到影响。因此,嵛山群众纷纷要求办初中。1971年初,经上级有关部门批准,嵛山办起了初中班。县主管局很重视,在筹办嵛山初中前期就分配福建师大毕业的薛鸣道老师到嵛山初中任教,嵛山小学也挑选出骨干教师庄严同志到初中班任教,并担任初中班负责人。聘请临时炊事员林新官同志为师生烧饭煮菜。人事解决了,办学校舍怎么办? 嵛山公社领导多次研究,决定暂时借用马祖一座民房(草棚房)作为初中班教室和学生宿舍,又借用嵛山运输社一间厅房作为学生伙房和膳厅,这年春季,嵛山初中班筹办就绪,并隆重开学了。当时招生21人。那时候,学生人人珍惜时间,勤奋学习。师生还要利用每周六下午上山割草,供食堂烧饭用,大大减轻了学生家庭经济负担,当地干部群众都亲切地称嵛山初中班为"草棚中学"。

师生虽然在这阴暗潮湿的"草棚中学"学习、生活,但大家都能和睦相处,师生亲为父子,同学也亲如兄弟姐妹。老师认真备课上课,勤于辅导,同学们认真听课,勤奋读书。经过两年的学习,学生们学业提高很快。毕业后,他们有的到内地中学上高中,有的直接回乡,参加各行各业的工作,如首届毕业生丁振清、朱雪香、魏定团、林春英等当上人民教师,成为教学骨干。丁振清同志在1991年还被评上全国优秀教师。

1972年,继续招收了第二届初中新生。几年后,在初中办学高峰时,学生达到4个班,学生近300人,便又新盖了校舍。1986年,经上级批准,嵛山初中班改为嵛山初级中学,配备了师专、师大毕业专任教师10名。当时,校长是余振泉,教导是余光田。初中教学质量逐年稳步上升,有不少学生高中毕业后考上了名牌大学。如芦竹的潘鸾凤同学考上了上海医科大学,芒垱自然村杨为城同学考上了南京水利学院,马祖的谢作顿同学考入西安交大,陈国周同学考入厦大,等等。

嵛山四十年教育大事回顾

⟋ 倪希显

1962年，嵛山由霞浦划归福鼎管辖，各小学也归属秦屿学区管辖。1966年，各校停课，直至1969年8月开始复课。之后秦屿学区建制取消，成立教育革命委员会，下设"教革办"，嵛山属秦屿的一个管理片。

1968年，嵛山设人民公社，同时成立嵛山教育革命委员会，由余振泉负责。1969年11月，改小学为五年制。

1979年，"嵛山教育革命委员会"改为"嵛山学区"，余振泉为学区校长。

1982年7月2日，中心校小学毕业班7名女生集体投海自杀，死了6人。福鼎县教育局配合地区、县公安部门到嵛山调查，并通报全县。

1984年，学区与附设初中班分设，丁振清任学区校长，余振泉任初中校长。

1985年，嵛山初中班改称为独立初级中学，余振泉任校长。

1985年5月，福鼎县教育局对嵛山学区普及初等教育进行验收，"四率"达福建省教育厅要求。

1989年6月，福鼎县成立普及教育督导室，倪希显兼任嵛山督导员。同年，嵛山乡宣布实施普及初等义务教育。

1989年6月，嵛山乡党委为了加强海岛成人教育，成立了文化技术学校。

1992年6月，学区校长丁振清调往前岐学区任职，倪希显负责学区工作。

1994年，倪希显任嵛山学区校长。

1995年2月，嵛山宣布实施普及初级中学义务教育。

1999年，倪希显调往山前学区，余光田任学区校长，并将初中合并到学区统筹管理。

2003年8月，嵛山学区改制为嵛山中心小学。

嵛山教育的琐碎记忆

余光田　陈照同

嵛山中心小学是嵛山镇唯一一所寄宿制小学（有附属幼儿园），学校占地总面积11837.63平方米，建筑面积2538平方米，绿化面积4500多平方米。学校设有图书室、音乐室、美术室、科学室、计算机室、交互式电子白板教室、心理咨询室、体育活动室、心理健康咨询室、保健室、禁毒宣教室、文化墙等。近年来，学校办学条件不断完善，教育教学设备比较齐全，教师结构基本合理，较好地满足教育教学工作的需要。校园环境不断优化，建有学生社会劳动实践"知能园""果园"和"茶园"，校园绿树成荫，形成"书香、墨香、花香、果香、茶香"的美丽校园。学校始终以"办人民满意的学校"为目标，坚持"巩固成果、深化改革、提高质量、持续发展"的方针，秉承"建海岛优质学校、育儒雅智慧学生"的办学理念。2020年12月，获评"福建省义务教育管理标准化学校"。

嵛山初级中学停办

1994年9月至2005年7月，嵛山初级中学"两基"期间办学规模最大，最多的学期有6个教学班，教职员工28人，学生近300人，多数为寄宿生。余光田任校长，陈玉薇任教导主任，林宇敏任团支部书记。2000年后，由于城镇化进程不断推进，在岛上就读学生数量逐年减少，以致嵛山初级中学最终于2005年秋停止办学，学生分流到福鼎四中和福鼎十七中就读，教师由教育局统一调配到其他乡镇中学任教。之后，嵛山中心小学毕业生到福鼎四中和福鼎十七中就读。

学校基础设施建设

2004年春，嵛山中心小学动工修建一栋建筑面积600平方米（10个套间）教师宿舍楼，于2005年4月竣工，改善了住岛教师居住条件。

2013年11月，开工建设学校综合楼，于2014年10月竣工，建筑面积800多平方米，

嵛山小学全景（陈照同 供图）

投入资金 160 多万元，改善了教师办公条件。

2015 年春，投入资金 60 多万元，修建围墙 130 多米，硬化校内道路和操场，完善了办学硬件条件。

村级学校撤并

2006 年秋，撤销灶澳小学，师生并入东角小学。

2007 年秋，撤销鱼鸟小学，师生并入嵛山中心校。

2010 年秋，撤并芦竹小学、东角小学，师生并入嵛山中心小学。自此，嵛山中心小学成为嵛山镇唯一一所寄宿制小学（附属幼儿园）。

政策支持

2010 年 9 月 26 日，福鼎市人民政府出台《关于研究嵛山中心小学学生寄宿相关事宜》的专题会议纪要（〔2010〕125 号），会议议定：

1. 鉴于嵛山中心小学新办为寄宿制学校，需要配备相关的设备和器具，决定一次性补助 25 万元用于购买食堂器具、宿舍维修、学生菜金补助、炊事员工资、水电费开支等；

2.今后每年补助 11 万元用于学生的菜金补助及水电、炊事员工资；

3.嵛山镇负责协调旅游车义务接送学生；

4.嵛山中心小学要办理食堂的卫生许可证，要求生管老师做好学生安全工作及学生宿舍的卫生。

2015 年 2 月，中共福鼎市委办公室和福鼎市人民政府办公室出台关于印发《福鼎市扶持嵛山海岛发展的特殊政策》的通知（鼎委办〔2015〕6 号），主要内容如下：

1.在嵛山岛工作满 5 年的教师，本人提出申请，经考核合格的，可以调到其他乡镇学校工作；

2.在嵛山工作满 3 年的教师，可以参加农村教师进城考试；

3.对嵛山中心小学学生实行升学照顾，具有嵛山中心小学学籍并在该校读满 6 年的小学毕业生，可视同市区三个街道办事处户籍参加电脑派位，就学城区初中（嵛山户籍不在岛内学校就读的学生不予享受）；

4.强化师资力量，每年在嵛山中心小学设置新聘教师岗位 1 名，补充教学力量，并选派其他学校后备干部到嵛山中心小学挂职锻炼，福鼎市实验小学对口帮扶嵛山中心小学，每年派 1 名教师到嵛山中心小学支教。

嵛山医疗卫生发展简史

李如喜　康永生

中华人民共和国成立初期，东角、芦竹为嵛山人口最多的两大行政村，虽然乡镇所在地因地势原因（比较平坦）设在马祖村，但马祖村人口较少，故初期医疗卫生保健站设在东角、芦竹，东角村乡村医生为林华钦、刘成瑾，芦竹村为万廷卿、陈景元，当时没有血压计和听诊器，条件非常简陋，只有体温计，靠的是三个小指头诊脉，主要从事中医诊疗，用的是中药饮片，当初看病1次只要几分钱，医生的工资1个月只有10元钱。

1969年，成立嵛山卫生院，当初院址设在马祖大使澳村上首（即现在的嵛山中心小学校址），为单层的水泥房石头墙结构，由洪玉琴（代理院长）主持工作，人员组成有纪月莲、戴铁铮（福建医科大学1965届毕业生）、潘翠凤（中专）、江伟生（1966届大学毕业，后为福鼎防疫站站长）等人。这时已经有了血压计和听诊器，看病西医为主，中医为辅。

1969年，东角村和芦竹村保健站改为合作医疗，由各村推荐本村比较优秀的青年进行卫生专业知识培训充实到各村所，同时新成立鱼鸟村卫生所，参加委培者有林礼宝（东角卫生所）、康永生（分配到鱼鸟卫生所）、陈长云（芦竹卫生所）、李求应（东角卫生所）、陈瑞香（东角卫生所）、余光世（芦竹卫生所）、杨成涨（后来分配到卫生院）、张全义（灶澳）。当时，东角村医生有林华钦、林礼宝、李求应，芦竹村医生有：老万、陈长云、余光世，乡村医生的工资是按照工分制，看病1次只要1毛钱。

1971年，卫生院从马祖大使澳搬迁到嵛山镇政府（原公社）脚下的二层楼砖木结构楼房，与当时的邮电所同一楼房，由李国安任院长，成员有洪玉琴、郭一忠（医生）、陈扬为、李敬平、洪彩云、黄加池（中医师）、邓时碧、梁碧玲、黄正吉、杨成涨等。两年后李国安调走，由黄正吉任院长。当时交通非常落后，只有渔民的舢板船，只有山间的羊肠小道，看病以中医为主、西医为辅。医生只要看好病就行，不要考虑经济效益，那时防疫空白，麻疹大流行，郭一中等医生，挑着中药材，天还没亮就下乡巡诊，天黑才回到卫生院，医生很苦很累，岛民对医生很尊重。

嵛山各村卫生机构于1978年由合作医疗改名为村卫生所，分别是东角、鱼鸟、芦竹村卫生所，东角人员有林礼宝（负责人）、李求应、陈瑞香、林礼辉，鱼鸟人员有康永生（负责人）、陈尔应，芦竹人员陈长云（负责人）、黄孝阳，灶澳为张全义。他们从事当地的日常诊疗工作，为岛民服务，没有财政支持，自负盈亏。

1978年，嵛山卫生院在现住址上兴建综合楼，为两层预制板结构砖混楼房，于1979年正式搬迁到新院区办公至今。当时由曾敬斌任院长，人员有洪玉琴、黄彩云、杨成涨、康永生、董吓娥、林思爱、黄大文等14人。两年后曾敬斌调走，由黄大文任院长；再过两年，院长一职改由洪玉琴代理；洪玉琴退休后，由杨成涨任院长，人员有王健、潘世才、卓佐钢、王丽丹、朱丹、李如喜（停薪留职）等。2000年实行医改，院长一职改由沙埕卫生院吴建秀兼任，由康永生副院长主持工作。1年后，吴建秀辞去嵛山卫生院院长，改由康永生任嵛山卫生院院长。为充实嵛山卫生队伍，新招入芦竹村卫生所人员有蔡碧松、殷丽辉、殷兴钦，东角村卫生所人员有：林元君、苏忠新。当初实行乡村一体化管理模式，卫生院职工有李如喜、杨成涨、刘雪辉，乡村医生有蔡碧松、林礼宝、陈尔应、殷丽辉、苏忠新、林元君等。2004年乡村一体化管理模式宣告失败，康永生辞去卫生院院长职务，改由杨成涨任院长。2009年开始卫生院人员逐步增加，有李如喜、朱维、陈宗扬、吴瑜、吴小玲等。2013年开始杨成涨退休返聘，由李如喜任副院长主持工作，吴小玲为副院长分管妇幼儿保，卫生院人员杨成涨、朱维、陈宗扬、吴瑜。

从2009年开始，卫生院逐步步入正轨，设备上拥有蓝韵F-60黑白B超1台，并在临床上开展使用，年业务量做到15万以上。因方便了老百姓就诊治病，此后卫生院的诊疗量逐年上升。从2011年开始实行基本公共卫生服务项目以来，卫生院对全岛户籍人口进行了信息录入，加强了老年人、慢性病、重性精神病的健康管理，尤其到2018年卫生院增添血常规仪、血生化仪、尿常规仪、彩超、心电图机等设备。每年的下乡免费体检总会检查出一些对象的隐性疾病，而当事人还不清楚自己患病，避免了患者病情恶化。经过每年的免费体检，我们也筛查出一些糖尿病患者，并指导他们用药，基本公共卫生服务项目为老百姓办了实事，使老百姓得到实惠。

2015年，福鼎市委、市政府出台《福鼎市扶持嵛山海岛发展的特殊政策》（鼎委办〔2015〕6号）文件。自2016年9月开始卫生院人员从原来的李如喜、杨成涨（退休返聘）、朱维、苏忠新、黄佳佳5人，增加张敏鹏、章国祥2名入编人员，支医人员池春生、林丽婵、蔡雅童3人，卫生院人员增加到10人。

2019年，福鼎市成立总院，福鼎市嵛山卫生院更名为福鼎市总医院嵛山分院。到2020年卫生院人员支医3人进城，新来支医2人为陈爱雪、朱宝秋，后考入的有王建锋、施静南、郑海亮、王美玲、张宁、陈政。为培养行政干部，还从桐山下派一名副院长试用期人员周建清。

卫生院从当初的老三件（血压计、听诊器、体温计）到目前拥有DR、彩超、血生化分析仪、血常规分析仪、尿常规分析仪、心电图机等基层六大件，诊断方式也从单一的望闻问切到目前的多项检查，同时可以开展远程会诊进行总院信息化统一建设，自2012年开始实行基本公共卫生服务项目以来到目前共有14项服务项目，让老百姓感受到卫生改革的福利。2016年卫生院建起了医生周转房，改善了就医环境，为老百姓的卫生健康提供了极大方便。2017年，李如喜被评为全国卫生计生系统先进工作者。

2020年新冠肺炎疫情暴发，嵛山镇相应成立疫情防控工作领导小组，由镇党委书记连俊成任组长、镇长杨世凌任第一副组长，镇党委副书记、宣传委员陈维新任常务副组长。领导小组下设综合协调组、数据信息组、核算采样组、交通管控组、村级网格组、宣传舆论组、服务保障组、督导检查组等8个工作组，严格落实疫情防控要求，精准高效防控工作。在镇党委、政府有效指挥，卫健办、卫生院等成员单位和广大干群通力协作下，嵛山镇有效抵御了多波次疫情冲击，实现了防疫三年"零感染"。

海上鱼名歌

董其勇

  《海上鱼名歌》流传于福鼎市与霞浦县邻近的沿海地区，代代相传，确切的起源年代已无从考证，亦无文字脚本，纯粹依靠口头传授。渔民根据他们所熟悉的鱼类形态和习性，编成歌词，内容生动风趣，用当地闽南方言歌唱。福鼎与霞浦沿海渔民唱鱼名歌，采用的曲调各不相同，霞浦三沙用的民间流行的"石榴歌"曲调演唱，而福鼎嵛山则是用嘭嘭鼓调演唱，均是土腔土调，独具一格，是闽东地区保留使用闽南方言的原生态民歌，今已濒临失传，亟须加以保护和传承。

大海咸水起浪花，渔民最爱唱鱼歌。
鱼名编作曲来唱，自古流传在海咖。

大海咸水深又深，正月十五唱渔情。
章兹出在元宵水，鲤鱼出世闹花灯。

大海咸水深又深，龙王点将在龙宫。
虾兵虾将骑海马，刺鲂藤牌做头阵。

大海咸水思又思，海龟背脊八卦书。
龙虾威武当元帅，奇门遁甲做军师。

大海咸水浪又浪，鲨鱼海上称霸王。
红瓜披挂黄金甲，身穿银袍带鱼郎。

大海咸水蓝又蓝，锁管大来变鱿筒。
黄实腹脐插黄旗，红虾头上一枚针。

大海咸水浪涛涛，先锋出阵是马头。
国公身上生翅膀，跳鱼步步向前跑。
大海咸水向东来，蛤蟆嘴阔透腹脐。
虾蛄纱帽倒头戴，笑煞水蜓脱下颔。

大海咸水浪花浮，红梅头内二粒珠。
鲩鱼膘上四个角，章兹头上八脚嘟。

大海咸水咸又咸，蝘仔一生在土坪。
门蟹出世撩草库，青蟳名誉透京城。

大海咸水咸又咸，马鲛公子上京城。
红瓜来住招商店，丁香小姐出来迎。

大海咸水咸又甜，蛤蟆贪财钓金钱。
身穿红衫硬壳窜，水蜓无骨软绵绵。

大海咸水流向西，乌贼落笼做媒来。
无形无骸虎鱼母，一心思想岐头狮。

大海咸水浪滔滔，鲙鱼上街去佚运。
碰着黄实做媒人，一心想娶打铁婆。

大海咸水长又长，鲳鱼小姐坐眠床。
芦鳗欢喜脱剥体，鲨鱼也想跳龙门。

大海咸水奇又奇，飞乌生卵着草枝。
红梅不是红瓜仔，带柳不是带鱼生。

大海咸水透九洲，乌贼头上两条楸。
红古一身六点痣，鳗鱼身体滑溜溜。

大海咸水幽又幽，乌贼吐烟倒头溜。
海蜇没目难行走，虾仔帮忙做目睭。

大海咸水清又清，青蟳戈仔都横行。
刀鱼身长刀法好，仗义行侠打不平。

大海咸水清又清，白鲳比武来招亲。
春只使包大合唱，又请虾蛄来弹琴。

大海咸水宽又宽，鲤鱼传信过台湾。
四海同心归一统，海中鱼虾庆团圆。

附：

崳山诗

盘古开天生现成，各地乡村地头名。
崳山烽火三个屿，马祖锭位透京城。

烟墩点火照大使，水流白坑小麓城。
坑里起来崳山子，九猪下槽生现成。

山头开河罕得见，红纪洞内大小天。
柴仔栏中好芦竹，山楼过去竹子坑。

带鱼游水满街市，埠头出在洋船澜。
澜里无水叮咚响，曲蹄抱子钻狗空。

叠石无椅官厅坐，田澳全出石头滩。
狮子下山螺球岛，七星照月透大弯。

洋鼓长长南北偏，獭狸洞中好羊声。
上灶煮饭捧不出，下灶煮菜办酒缘。

南风湖中酒缘散，牛栏出在桌身边。
火管长长通东角，鸳鸯偏尾米帽礁。

娘子吊钟开箱笼，猴头跳鼻小乡村。
芒垱其实好风水，双狮抢球出人才。

尖山顶尾狮头岗，杨府爷岗松柏脚。
猴头鼠耳笼寮鼻，状元骑马上高山。

后吞打鼓会鱼鸟，官岐后面是鹿城。
头湖二湖讲不尽，三湖四海会团圆。

民
俗
风
情

崳山嘭嘭鼓的历史渊源与传承

✎ 董其勇

　　我的老家崳山，是座海岛，静立在东海之滨，历经风浪却波澜不惊，虽孤悬海外，却与大陆紧密相连，譬如民间文化的传播与继承。我出生在20世纪60年代，适逢"文革"自记事起除读书外，接触不到什么文学艺术，最高兴的事是公社电影队到村里来放映电影。那对我们这些小屁孩来说就是盛大的节日，从电影担进村到放映结束，都处在一种高度兴奋的激情中。此外，还有一种大部分小孩不怎么喜欢的节目也是我的最爱，那就是听嘭嘭鼓。

　　我的出生地叫芒垱，夹在鱼鸟与东角两个大村之间，数十户人家，两三百口人。村子小，人与人之间的关系却近，邻里之间和和睦睦，团结得像一大家人似的。我奶奶是乡亲们公认的好人，慈眉善目，心地善良，村里大大小小的事她都帮忙，从未与人计较过什么。她有一个很受人尊敬的善举，就是收留所有来到崳山、来到我们村的岛外客人，为他们提供食物、安排住宿，几十年坚持下来，从无怨言。因此，从小我就接触了不少三教九流的人物，这些人中间不乏后来闽浙边界民间艺术界的知名人物，如福鼎七条线（傀儡戏）、铁板算大师姚仁贵，苍南著名的嘭嘭鼓大师陈韦莲。

　　陈韦莲先生是个盲人，大约在20世纪70年代初迫于生计，流落到崳山。听说芒垱有个叫"仁来婶"的老人会收留他们这些生计无着落的外地人，就摸索着到了芒垱。后来，我奶奶就收留他住下了。到了夜幕四合之时，我们家院内的空场中间，一堆青草燃起，浓郁的艾香四处弥漫，蚊虫被熏得难觅踪迹。大厅上的太师椅，早早被搬到门口大埕靠南面稍高的空场处，面前高低不平、大小不一的木凳子、竹椅子上坐满老人，孩子们在院内飞跑嬉戏。此时，陈韦莲老先生走上太师椅，端坐其上，一支竹筒斜倚臂弯，左手持两片竹板。颔首施礼后，轻轻收合左掌，两片竹板响起两声清脆的"跷、喊"声，霎时，现场一片寂静，只见他右手指轻叩竹筒端口的皮膜，发出三声"嘭、嘭、嘭"，少顷，板子再敲两下，接着启口用闽南语娓娓唱道：

> 言不言来青不青，二人土上说原因。
>
> 三人骑牛牛无角，草木之间有一人。

开首字猜当说口，让弟卖音书来迎。

……

这种场景曾无数次出现在我的梦境中，它是我童年时期的精神寄托。我的祖辈、父辈和我都酷爱这种由一个人表演，以竹筒和竹片为道具，用闽南方言演唱的民间曲艺——嘭嘭鼓，它是闽南移民后裔基因里的一缕永难磨灭的遗传记忆。

嘭嘭鼓，又称蓬鼓、嘭鼓，是渔鼓的一种。渔鼓源于道教的道情，而道情则源于东汉张道陵时期道教在道观所唱的经韵道歌。汉唐时期的道歌，自古就有用渔鼓、简板演唱之记载，最早的道士表演道情道具是用鱼皮蒙面的鼓，所以叫渔鼓。

渔鼓曲韵如道教诵曲中道士所唱经韵——散花，多为五言、七言、词曲等。道教醮坛散花的诵唱形式，除词调略有变化外，其表演形式一直传承至今。在闽浙边界的福鼎、霞浦、苍南、平阳、泰顺等讲闽南话区域，嘭嘭鼓曲调与道士唱"散花"的曲调腔韵颇有相似之处，不是内行，几难分辨。

宋时，道情中的诗赞体一支主流随中原人口南迁而流传到南方，为曲白相间的说唱道情，是渔鼓曲的前身。约在宋元交际时期，道情的形式和唱法被民间说唱艺术吸收，演说内容则变成叙事性的传奇，脱离了道教的说教范畴。当时的渔鼓艺人，多为走村串户求得施舍而唱，艺人们怀抱渔鼓、手持竹板击节而歌，悠扬的曲调淋漓尽致地描绘出各种人物的音容笑貌、喜怒哀乐。

明清时期，郑板桥、王夫之等都写过渔鼓词，渔鼓因文人介入而大行于世，戏剧《珍珠塔》等文艺作品中，均有渔鼓的印记。正如《清稗类钞》所言："道情，乐歌词之类，亦谓之黄冠体。盖本道士所歌，为离尘绝俗之语者。今俚俗之鼓儿词，亦谓之唱道情。江浙河南多有之，以男子为多。"可见，渔鼓已经完全变成一种市井艺术。早

明代中国南方的渔鼓首先在福建泉州、漳州等地得到发展。明代江苏松江府（今上海市）人王圻，是著名文献学家、藏书家，通晓音律，才华横溢，曾黜为福建按察金事，在他的《三才图会》中形象描绘了渔鼓的基本特征："渔鼓，裁竹为筒，长三四尺，以皮冒其首，皮用猪膋上之最薄者，用两指击之。又有简子，以竹为之，长二尺许，阔四五分，厚半之，其末俱略外反。歌时用二片合击之，以和者也。"

福鼎嘭嘭鼓的流入大致在明末清初，成型于清朝中叶，流行于清末民初，距今已有400多年的历史，是深受当地民众喜爱和欢迎的传统曲艺。据《福宁府志》和清乾隆《平阳县志》等地方志书记载，明清时期，闽南一带人口大幅增长，加上明朝中叶倭寇犯窜，明末清初的战乱、海禁和温州地区因自然灾害人口锐减，大批闽南人迁居闽浙边界的福宁、温州平阳等地。随着人口的迁移流动，渔鼓也自闽南传入闽浙边界的福鼎、

平阳等多数讲闽南语的地区，与同期流入的另外两种民间曲艺表演形式"莲花落""布袋戏"，以及福鼎、平阳等闽南语系地区的民间音乐、歌谣结合，通过交揉融汇，形成了至今仍流传在闽浙边界闽南语区域的民间曲艺奇葩——嘭嘭鼓。

嘭嘭鼓表演道具的制作工艺简单，仅为一筒一拍，但选材和削制上还是有讲究的。鼓筒选用多年生面阳长势笔挺的毛竹，立秋后砍伐置阴凉通风处阴干，再截取长80—100厘米、内径约5厘米竹筒，刮衣中通，浸泡于石灰水中，消毒防蛀裂，两端修整平滑。嘭嘭鼓的膜一般采用猪脊膜，也有人选用鸡嗉囊。猪脊俗称猪板油，取猪板油上覆着的薄膜，刮油晾干待用。鸡嗉囊俗称鸡龟，就是鸡食管下方储存未进入消化系统食物的袋状食囊，最好选用家养多年土公鸡的囊，截留两端食管寸许，掏出洗净内储之物，用细线扎住一端，从另一端用管吹气，使之鼓胀扎紧，置阴凉通风处晾干。鼓筒、覆膜制作完成后，还需制作一段宽约3厘米的竹篾编成的套圈，用于连接筒身和膜囊。套圈内径需比鼓筒外径略宽，用棉布条捆扎。蒙膜时剪取一块20厘米见方的干猪油膜或一个已剪开的干鸡嗉囊，居中蒙于鼓筒上端，拉紧绷严，套上套圈，用中指和无名指击叩试音，待闻得清脆悦耳的嘭嘭声，嘭嘭鼓就算制作完成。当今演唱嘭嘭鼓为了使其看上去更加美观，舞台效果更好，艺人们会在鼓筒的外面裹上一层彩布，缠上彩条。嘭嘭鼓以前鼓长是3尺3（约1米），后来改为2尺8（约80厘米）。竹拍又

董其勇表演嘭嘭鼓（张晋 摄）

称板子，最早的板有两尺长，后缩为一对长约 10 厘米、宽约 5 厘米的长方形竹片，竹片两边制成锯齿状，不易打滑，便于扣捏击打。竹子中空，猪膋膜薄韧，发出的声音显得沉郁内敛，竹制的板子相击，声音清脆利落。

传统嘭嘭鼓，生、旦、净、末、丑均通过一个艺人的一张嘴来表现，伴奏乐器只一鼓一拍。艺人演唱曲目时，端坐于用八仙桌子搭成的高台上，将竹筒斜放在左膝盖上，以左肘护住，左手拇指和中指、无名指捏着一对竹片，和着鼓声扣动板子，发出"跷、喊"之声为"板"；右手拇指按住竹筒下端，其余四指以击、滚、抹、弹等指法轻轻而有节奏地拍打着蒙皮，发出"嘭！嘭！"之声为"眼"。鼓声响亮、板声清脆，曲调高昂雄浑，尾声悠长传神，别具韵味，正所谓"有板有眼"。

嘭嘭鼓音乐的声腔主要是诗赞系，基本腔调通常是两段式，其中一段称正腔，用于表现正常情绪或较欢乐、较激愤的情绪；另一段称悲腔，是表现悲苦情绪的专用曲。它和道情曲的"四情"极为相似，即"平、怒、哀、乐"。另外，还有不少的拖腔，特别是在一个乐句的句尾，经常用"哎、哩、呜"等衬词或鼻音表现拖腔，使听者感到很有韵味。福鼎嘭嘭鼓与苍南、平阳的嘭嘭鼓相比略有不同之处是它的腔韵，有比较明显的"桐诗调"，就是在每句唱词之后，拖的尾音较长，余韵悠扬，曲调柔软。

嘭嘭鼓有两种演唱形式：一种叫"门头词"，即早前艺人白天走家串户到人家门口演唱一折"劝世文""诉牌"或"新闻"，获取番薯米、大米、铜板等为报酬，聊以生计。这种形式表演者多为生活困顿、残障之人，现已几近绝迹。但现今在文艺晚会、政策宣传等场合表演的嘭嘭鼓节目，从严格意义上说，是"门头词"表演形式的传承。门头词表演以唱为主，少有说白，唱词相对押韵，唱腔平稳，曲调平实，情感起伏不大，易于传学。该类嘭嘭鼓传统传唱曲目有《忠孝节义》《嫂劝姑》《赌博诗》《看牛诗》《单身诗》《孟丽君探母》《孟姜女送寒衣》《闹洞房》《劝善文》《哭夫》《十二生肖》《十劝哥》《五更等郎》等；新编的门头词曲目有《六合彩害死人》《移风易俗好》《计划生育》《台风新闻》《客车新闻》等。

另一种演唱形式称"传书"，表演艺人大都于夜间在街头或村庄庭院里演唱。这种嘭嘭鼓表演形式唱白相间，以诵唱为主，道白为辅，唱、白纯用闽南方言。叙事方式有顺叙、插叙，构思技巧有伏笔、悬念等手法，还将心理描写、肖像描写、抒情形容等手法有机结合。唱腔高亢明快、淳厚质朴、韵律悠扬、节奏优美。唱词格律和押韵方式灵活自由，文字平实，语句通俗易懂。基本为七字词句，又常以四三分逗形式分节演唱，由上起、下落两个乐句构成一段的套式结构。旋律基础为宫、商、角、徵、羽五声音阶，间或有清角音出现。旋律朴素婉转，常以一个基础曲调反复咏唱的形式，叠句出现。其说唱式的曲调，根据方言音调的自然变化而起伏跌宕，自然而流畅。艺人在演唱和说白中，常运用声音的高低疾缓变化，淋漓尽致地描摹曲目中各种人物的音容笑貌，表达喜乐哀怒等情感，表现激昂慷慨、悲壮高歌抑或柔情蜜意、呢喃委婉的场景，并借助伴奏乐器——鼓和拍的轻重徐疾、跌宕多变来烘托气氛，让听众恍若身临其境，深受感染。演唱技巧随着内容的变化而变化，悲愤时唱腔激昂高亢，苦难处则如诉如泣，伴之以鼓、板之声的烘托，效果独特，颇能引起听众共鸣。

旧时，传书艺人有点文化的一般被地方"头家"做红白喜事、保平安活动等聘请去搭台演唱十天半个月，"头家"家人、邻里与亲朋好友一起，一边听唱，一边喝茶。唱传书的嘭嘭鼓艺人每次演唱时，一般要先唱一段"游头"，再开唱正本。游头或为一首诗，或为一个谜语，抑或一则笑话，略同古典小说的"回前诗"。

传书艺人每不间断表演嘭嘭鼓一段，称"一关"，"一关"演唱时间大致45分钟至一个小时，在一关没有演唱结束前是必须连续演唱，中途不能休息、停顿的。与传统章回体小说一样，嘭嘭鼓艺人总是在每段故事情节最生动、最具悬念之际，停唱歇关。传书每晚一般演唱三关，三关唱完，嘭嘭鼓艺人谢神、收板、停鼓，结束一天演出。

嘭嘭鼓传书类传唱曲目相当丰富，涉及的题材很广泛，包括剑侠传奇、历史演义、神话传说、民间故事、社会案例等。但是由于历史悠久，加之"文革"，演唱艺人断层等因素，很多曲目都已经失传。目前，保存完好的传统曲目有《封神榜》《说唐》《玉刺刀》《说岳全传》《薛仁贵征东》《万花楼》《龙凤再生缘》《七侠五义》《五虎平西》《杨家将》《麒麟袍》《龙凤帕》《绿牡丹》《张罗带》《南京五状元》《再生缘》《八美图》《珍珠塔》《秦香莲》《梁山伯与祝英台》《林钟英告御状》《高机与吴三春》等上百种，其中《林钟英告御状》《高机与吴三春》这两个曲目都是浙南的民间故事。

传统嘭嘭鼓是口头文学，演唱唱本没有文字记载，代代传承都是师徒之间的口口相传。先生表演时，学徒在一旁边听边悟，主要是记住先生说唱的每部书的主要人物、年代、地点、故事情节等。唱词、说白没有固定的词句，唱腔曲调也没有固定的曲谱，全凭表演者文学修养和现场应变能力发挥。先生授徒只教如何击鼓拍板，以及嘭嘭鼓艺人操守、礼节和行业禁忌等。至于怎么唱怎么演，就应了那句古话"师傅带进门，修行靠个人"。嘭嘭鼓演唱对艺人的音色嗓子也有要求的，业内把艺人嗓子分为水喉、火喉、木喉三种。水喉是最好的，音色好听且久唱不哑，连续唱上十天半个月，音不走色，温润如初；火喉听上去不错，可时间稍长就像被火烧了似的干哑了，这种嗓子的艺人，平时少说话，饮食起居都要注意；木喉是最糟的，就像柴禾一样又涩又硬，只好从丹田里调一口气硬撑着，一场堂唱下来，人累得不行。

作为民间曲艺，嘭嘭鼓演唱词句立足民间，汲取闽南方言精华，经过一代又一代民间艺人的加工、提炼、传承，至今多数唱词中仍保留着丰富的古代闽南方言词汇，这对于研究古闽南方言的演变、发展、进化具有一定的价值。

1949 年前，嘭嘭鼓多为民间艺人谋生之技得以传承。1950 年后，成为群众文化活动的一种艺术形式，许多业余作者运用嘭嘭鼓形式，创作了许多歌颂社会主义祖国、歌颂英雄模范、宣传党和国家政策的新曲目。

20 世纪 70 年代之前，听传书类嘭嘭鼓一直是闽浙边界闽南语系区域民众一项主要的文化娱乐内容，福鼎、苍南曾有多位嘭嘭鼓艺人活跃于乡村海岛，嘭嘭鼓曾给许多村民带来了几多欢乐，曾是福鼎市井和乡村繁荣的装饰品。行走在闽南语通行区域，时常会与嘭嘭鼓不期而遇，尤其是赶圩、庙会、节庆、物资交流之类的活动，街巷和村头总少不了嘭嘭鼓表演。

20 世纪 70 年代以后，随着录音机的逐渐普及，不少嘭嘭鼓艺人把自己演唱的节目录在磁带上托人在街坊出售，也有人手拿录音机走村串户巡回播放嘭嘭鼓节目以获取收入，而直接请人演唱则大大减少。最近几年，在苍南县城出现了多家卖音像制品的店铺，他们更是利用现代音像制作技术，将艺人演唱的嘭嘭鼓曲目刻录在 SM 卡上，用收录机演唱，更有一种类似于小型电视机的"做戏机"，将嘭嘭鼓、布袋戏等表演视频刻录播放。

随着社会推行普通话，闽南语境淡化，下一代人很少讲闽南话，如今听、学嘭嘭鼓更为困难，嘭嘭鼓艺术濒临后继乏人的境地。像福鼎贯岭、前岐、沙埕、嵛山这样大多数居民讲闽南语的乡镇，问个 30 岁以下的人，多半不知道"嘭嘭鼓"为何物了。

近几年，我在工作之余，醉心于挖掘传承嘭嘭鼓技艺，备了嘭嘭鼓演奏道具，无师自通，对着存有陈韦莲老先生和闽浙边界几位著名嘭嘭鼓大师唱本的收录机，通过自学苦练嘭嘭鼓演奏与演唱技巧，利用闲暇时间编写嘭嘭鼓唱词，自编自演了不少曲目，如《同心协力抗疫情》《沙埕湾上起大桥》《福鼎美食天下传》《毁林种茶理不该》《芋乡芋乡》《创建全国文明城》《潋城风物咏流传》《餐饮浪费要不得》《新编嵛山地名诗》等。我还着手编修《福鼎民间曲艺》，将现代生活融入曲中，主题鲜明，时代气息浓郁，描绘新生活，讴歌新时代，赞颂党和国家好政策，到达"文以载道，曲以化人"的目的。

嘭嘭鼓作为传统文化的一个重要组成部分，由于表演者去世或转行、新生代听众锐减、闽南语境的缩退等原因而面临消亡的困境，而它的发源地——福建漳泉地区也极难找到它的存在。因而对嘭嘭鼓曲艺文化的发掘、保护和研究尤为重要。在抢救和传承嘭嘭鼓这一传统民间曲艺方面，浙江苍南、平阳的经验值得我们学习。早在 2007 年，苍南县、平阳县分别以"嘭嘭咚""平阳渔鼓"之名申报非遗，皆被列入第二批浙江省非物质文化遗产名录。

现今，你如果真想聆听一段这渐渐远去的乡音，重拾这份温馨的乡愁，要绕过喧嚣与时尚，慢慢地踱入门面整齐却陈旧的街巷，这里昔日繁华已然逝去，留居于此大半是神情淡然的老人。不经意间，耳际会传来"嘭嘭跶""嘭嘭跶"的奏鸣声，古老的闽南语，古老的曲调，传唱着古老的故事……

嵛山婚俗之闹夜宴

✑董其勇

嵛山婚俗渊源复杂，这与迁居此地居民的源流有关。清末民初以来，霞浦、福鼎的三沙、牙城、秦屿、硖门、店下、前岐、管阳、点头、贯岭，平阳（现苍南）的马站、沿浦、矾山、桥墩、灵溪等地居民，或为生计，或为避祸，或因战乱，陆续迁居嵛山，这使嵛山居民的来源构成变得复杂。这些来自不同区域、操不同口音、有着不同习俗的居民，混杂居住在嵛山几个村落中，经过几十年的融合交流，产生了嵛山海岛独特的民间婚俗。虽如此，但这些迁居嵛山居民的原居住地皆为闽南语区域，祖籍几乎都来自闽南的泉州、漳州等地区。因此，嵛山婚俗源于闽南，承自浙南，与近海相邻的霞浦、福鼎、苍南等地比较接近。俗话说，十里不同天，三里不同俗。嵛山也有不同于他乡的婚俗，比较突出的是闹夜宴这一出。

所谓闹夜宴，是指结婚当日晚宴。

嵛山人结婚，要请三大餐。第一餐叫"起媒酒"，主要宴请对象是媒人及提前到来的亲友。起媒酒比较普通，没有大鱼大肉，以粗食为主，佐以一些下酒菜，席间男方亲友可以逗弄一下媒婆，灌她酒。第二餐是婚宴正餐，嵛山人称"正顿"，在结婚当日中午办宴，所有亲朋好友都来参加。嵛山人常说"亲不过母舅"，这餐宴请的主宾是娘舅。早前请母舅吃婚席，要三呼六请，新郎要亲自到娘舅家中吁请多次，母舅一家才肯姗姗起步离家赴宴。正餐那就大肆铺张，上的都是封肉、浮炸、大黄鱼、全鸡、黄膏蟳、大对虾，喝的是提前一年酿制封存的家酿好酒，不醉不归。第三餐就是"闹夜宴"，不请别人，专门宴请新郎伴、新娘伴，姐夫、妹夫和同辈年轻的堂兄弟、堂姐妹、表兄弟、表姐妹，其他人无论是谁不能上酒桌，甚至包括中午还"威风凛凛""至高无上"的娘舅。

开封

闹夜宴酒席摆在主人家大厅，用八仙桌排联桌，座位要双数，24、26、28、30、32座，甚至36座，依主人确定的人数排桌位。厅堂正中挂大红双囍，堂前第一张桌上置一对雕龙画凤的红喜烛，桌面依次摆上酒壶、酒杯、茶杯、筷子、汤匙，这些物件皆用红纸粘封，桌子、椅子也用红纸粘封，各自摆放停当。晚6时许，应邀参加闹夜宴的年轻男女各自就位，规矩是：男左女右列队，新郎新娘在厅堂最前的酒桌正中，面对大门，姐夫头、朋友头面对新郎新娘。所有参加婚宴的人入场后不得坐下，先站着，静待朋友头开封。

开封既是闹夜宴的开场戏，也是重头戏。旧时我们村里年轻人结婚，闹夜宴这晚的热闹程度不亚于今天我们去参加明星演唱会。宴会还没开始，村中老少早早就围在大厅联桌两旁，里三层外三层，层层叠叠地站着，有人甚至搬来凳子，站在凳子上面围观。闹夜宴还没开始，就进入第一波高潮。此时，但见朋友头挥手示意全场，即刻现场鸦雀无声。只听他娓娓诵道：

> 云想衣裳花想容，春风拂槛露华浓。
> 若非群玉山头见，会向瑶台月下逢。
> 一枝红艳露凝香，云雨巫山枉断肠。
> 借问汉宫谁得似？可怜飞燕倚新妆。
> 名花倾国两相欢，长得君王带笑看。
> 解释春风无限好，沉香亭北倚阑干。

这是开场诗。开场诗无固定诗句、格式、韵律，依个人学养而作。可以吟一首古诗，也可以诵一阕古词，更可以用自编七言好句，"文革"时还可以唱一首革命歌曲。朋友头每吟诵一句诗词，末尾都会带一个"啊"字音，参加闹夜宴的众男女必须接着喝道："好啊！"声音越大，气势越雄，主人越高兴，看客就越兴奋。

诵完开场诗，就进入主题"开封"。前面说过，闹夜宴开始前，主人帮工已经将桌椅、餐具、酒具、茶具用红纸粘封，参加闹夜宴的众人在桌椅未拆封前只能站着不能坐下。这时，朋友头就要开封桌椅了。下面是开桌椅的传统诗句：

开桌诗
两块金桌合成双，龙肝凤剑敬八仙。
八仙下降传贵子，财丁两旺千万年。

开椅诗
鲁班师傅通真通，做起金椅用纸封。
天子身坐金銮殿，七百文武伴君王。

先桌后椅开封后，众人就可以入座了。

喜烛是今夜新婚夫妇百年好合的象征，预示着小两口今后日子红红火火，必须先开。于是，朋友头又唱道：

喜烛诗

一对喜烛长又长，放在宴桌照新人。

年终必定生贵子，贵子必中状元郎。

朋友头唱罢喜烛诗，坐在联桌左右两侧最上首的两位男女，要把一对喜烛点上，摆好。

喜烛开了，可是，那些餐具、酒具还封着呢，怎么办？没关系，朋友头又会接着开掉筷子、汤匙、酒瓶、酒杯、茶杯。诗词如下：

筷子诗

一

八仙桌上金筷排，仙人有意来分开。

原始天尊昆仑界，十二文人摆亭台。

二

十个孩儿正少年，十双玉箸肉相连。

十岁孩童中金榜，十代子孙中状元。

汤匙诗

一

瓷烧汤匙变成金，一王千岁管万民。

太极仙师来献宝，云头经过吕洞宾。

二

瓷烧汤匙变成金，武曲星君降凡尘。

星君下降传贵子，云头经过吕洞滨。

酒瓶诗

一

玉瓶鲜花插一枝，铁拐仙师真稀奇。

肩背葫芦游仙界，送来仙酒香又甜。

二

一条丝线头上安，文武百官分两班。
皇帝赐我金加剪，剪了丝线开了瓶。

酒杯诗

九龙玉杯桌上排，老子道君放下来。
会过全班文共武，又赐宝贝给恁猜。

茶杯诗

茶杯出生头点金，盘古开天到如今。
鲁班仙师企皇府，杜康做酒会六亲。

上述一应餐饮器具开封完毕，闹夜宴第一波高潮算是渐渐褪去，夜宴进入吃席环节。闹夜宴的酒菜规格与中午正餐差不多，只是因为摆联桌，菜不能按桌数上，而是按人数上，一般8个人按一桌计算上菜。其实，闹夜宴菜怎么样参加的人已经不在乎了。在席的人在乎的是，接下的难题怎么解。观宴的人在乎的他们拳怎么划，姐夫头、朋友头喝的醉成什么样，一应佳肴都给谁拿去了。

猜拳

众人落座，酒菜上桌，按照规矩，这时候该姐夫头露脸了。闹夜宴姐夫头就一个任务：喝酒，要替新郎酒，要敬朋友酒，还要应付众人敬酒。开喝之前，姐夫头要与朋友头一道，为夜宴开拳。为了猜拳猜得敞亮，姐夫头要走到新郎旁边，与朋友头面对面划拳。早前，崳山婚宴划拳的基本拳令是"全福寿"。闹夜宴虽然主打一个闹，但是，规则还是要的，双方开拳第一句必须是"全福寿，满堂红呀"，第二句则为"全福寿，两相好呀"，第三句是"全福寿，五子登科呀"，接下来可以随便出拳，叫数句。这种猜法，崳山人叫戴帽猜，每句都带"全福寿"。现在的年轻人烦拖拉，讲究速战速决，直奔主题，喊过一句"全福寿"，就下了就是"一呀一""二呀二"的，全然没有那时划拳的雅致和韵味，失掉了划拳应有文化和乐感。除了"全福寿"，崳山人还会猜"三国志""双炮台"，这些拳令或以三国历史人物、故事为题材编拳诗，或以抑扬顿挫，尾韵悠长而见长。开拳之后，各路英豪纷纷登场，捉对厮杀，拳来拳往，好生热闹。

拆封

酒酣耳热之际，帮工端上一盘菜肴，只是这盘菜肴上面另外还盖着一个大碗，碗上还贴着一张红纸条。这可不是厨师怕菜凉了好心盖个碗，而是闹夜宴重头戏，真正的婚宴文化大餐，也是嵛山婚宴的最高潮节目——拆封。

所谓"拆封"，就是观看闹夜宴的人群中，有那么几位高人，在酒宴进行过程中，经主人家、厨师同意，选几样高端菜品，出题盖碗贴封条，端到宴席上，要求全体参与宴席成员，解析回答封题上的字谜、诗句或其他极具难度的文艺难题。解答得了或解析正确，菜肴当场揭开，众人享用。若宴席上无人能解，有两种解决办法：一是所有参加闹夜宴的男女青年凑一包烟或一瓶酒给出题人，出题人当场解答，公布答案；二是大家都答不上来，又舍不得烟酒，那么，不好意思，这道菜就归出题人享用，而且还不告诉你答案和碗里的菜肴是什么。好多参加朋友闹夜宴的人，都要在此之前，向村内外有文化的前辈请教，积累一些文艺知识，以备闹夜宴之需。要不然几道菜吃不了事小，没一题答得出来，那你这帮朋友今后在整个村甚至整个嵛山都没面子，混不下去了。

拆封的封题形式多样，以出题人的文化素质高低决定。早前，我三叔就是一个拆封出题的高手，我自小跟在他身边，他教会我好多种封题，都十分刁钻古怪，而又极具传统文化色彩，如回形诗、十字诗、神智体、山字体等。举个例子，封题上写着这一行字：

莺啼绿柳浪春晴夜月明

要你就这一行字吟诵一首七言律诗，怎么办？

其实，这就是古诗回形体。正确的解法是，前面七个字成第一句，第二句退三个字取后七个字为一句，第三句从最后往前倒读七个字，最后一句后往前退三字倒读最后七个字。你看，这就成一首诗：

莺啼绿柳浪春情，柳浪春情夜月明。
明月夜情春浪柳，情春浪柳绿啼莺。

有人说，嵊山闹夜宴拆封环节，是嵊山婚宴中最具文化色彩的活动，是海岛渔民智慧的结晶，也是传统文化在渔民后代中代代传承最有效的途径和最生动的课堂。

几道拆封题过后，闹夜宴也将进入尾声。按照嵊山婚俗约定，新郎新娘必须在当晚十二点前入洞房行周公之礼。于是，十点半前，新娘及其女伴就会提前离席，前往婚房布置另外一项活动。男孩子们则继续猜拳行令，吃肉喝酒。

十一点前，闹夜宴酒席基本结束。这时姐夫头、朋友头走到席前，各自捧起一根喜烛，准备请喜烛，入洞房。

唱房门诗

请喜烛由姐夫头或朋友头主持（主要看看哪个喝醉了），这个没有具体规定，按照流程，还是要唱请喜烛诗：

请喜烛

喜烛请上台，凤凰进房来。
新娘生贵子，贵子中秀才。
喜烛下土脚，芙蓉牡丹花。
新娘生贵子，贵子中探花。

请完喜烛，一行人来到新房外，将喜烛放在新房门前两旁地下，众人抬手敲门。这时发现新房门被反锁了，怎么敲、怎么推都进不了。于是，新房内大娘姐（新郎姐姐或妹妹）发话了，一众小姐妹跟着起哄："唱房门诗，唱房门诗！"无奈之下，众兄弟扯着嗓子，连续不断地唱房门诗，一帮兄齐声喊："好！"

打房门诗

南山取木长又长，仙人取来做房门。
麒麟送子云头过，劳驾小姐开房门。

脚踏房中八字开，八个八仙进房来。
八个人仙同庆贺，麒麟送子来投胎。

脚踏房中八字开，弟兄朋友进房来。
弟兄朋友来庆贺，先旺人丁后来财。

手拍房中八字开，史文公子梦月台。
小姐赠他白绫帕，这世姻缘天送来。

新娘头上一朵花，明日爬起破金瓜。
金瓜腹内全是子，明年生子仲探花。

新娘打扮新又新，玉貌花容世难得。
可比天仙嫦娥女，亲像南海活观音。

鲁班师父真正通，做起眠床四角方。
床头有画龙共凤，床尾有画姐牵郎。

鲁班师父真正通，做起眠床四角方。
右边一头睡奶奶，左边一头捆相公。

脚踏房中闹凄凄，新娘坐在眠床边。
眉清目秀生得好，可比越国一西施。

　　口干舌燥唱房门诗的时间，大概要持续15—20分钟，嗓子哑了，兄弟们也江郎才尽了，房内才不是很情愿地把新房门打开。一众兄弟推着新郎，捧着喜烛一拥而上，涌入新房，开始另一项婚庆活动——闹洞房！

嵛山俗语

陈岳正

闽南语历史悠久，有"古汉语活化石"之美誉，是我国七大方言之一。据说目前全世界有 6000 多万人在讲闽南语。

福鼎沿海部分群众使用闽南方言，嵛山就是一个全镇居民都讲闽南话的海岛。基于闽南语深厚的语言文化底蕴，群众除了继承祖先流传下来的话语外，还在长期的使用过程中不断丰富自己的语言词汇，创造了许许多多目前被民间认可并广泛使用的俗语，被称为"散话"，意思是不能在正规、严肃场合讲的话。这些俗语听起来确实很"土"，但它却是群众喜闻乐听的大众文学艺术之一，是人民群众智慧的结晶、实践经验的总结。有的俗语用词生动形象贴切，语句幽默诙谐辛辣，往往使一句平常的话顿时增色不少；有的俗语寓意深刻，富有人生哲理，指导人们待人处世和生活劳动；有的俗语对仗押韵，通俗易记，说来朗朗上口……

以下为嵛山流通的数百条俗语，略加注释予分享。

俚语

睏落阴	叫不醒。
无米乐	苦中作乐。
后手巴	暗地里。
十堵十	不打折扣。
打啦连	闲聊。
时露数	洋洋自得。
门内狗	无本事。
没看头	没预测后果。
韧皮四	不怕痛的小孩。
牵山漫藤	说不清。
粗脚重手	毛手毛脚。

没天没地　　不懂礼貌。

墨虱（臭虫）吃客　　专门蒙骗陌生人。

喏喏道道　　大大方方。

忧头打角　　愁眉苦脸。

唱歌念曲　　手舞足蹈。

牵声拔调　　声情并茂。

捉风捉影　　无中生有。

工头工尾　　业余时间。

三心四不齐　　内部不团结。

团仔（小孩）尻川屁股三斗火　　不怕冷。

拉屎糊尻川屁股　　办事留尾巴。

目屎（眼泪）流内过　　苦不堪言。

无时鬼碰着灯笼笃　　并非故意为之。

十三岁做母拉拉爪　　手忙脚乱。

皇天没处叫　　无处申诉。

猪肝连猪肚　　关系十分密切。

狼烟二无散　　一塌涂地。

家仙上不了灯台桌　　资格不够。

杀土猪　　蒙人、欺骗人而自己得利。

拾裤脚　　钻空子。

打别拗　　较劲、抬杠。

没头兜　　靠不住。

三不七　　啥都会一点的人。

盘嘴花　　无聊的争辩。

乌面贼　　看不准。

细螺尾　　越来越差。

自挂煤　　可怜。

爱哭笑　　哭笑不得。

三角穿裤　　同伙。

假痴假眯　　装糊涂。

透尾直出　　自始至终。

鬼里三怪　　经常耍小聪明、小计谋。

臭心烂肚　　　坏心肠。

平垟千楚　　　一望无际。

乌云色暗　　　雷雨前的天气。

三岁两周　　　年纪小。

死不搭活　　　不三不四。

厝边头尾　　　邻居。

好酒沉瓮底　　　好东西在后头。

无米加润月　　　困难和不利因素叠加在一起。

半桶屎假溢　　　本事一般的人却经常吹嘘表现自己。

讲功不如试手　　　说的再好还不如做给人家看。

鸡屎落土三分气　　　做人要有志气。

自己鼻子臭怨天臭　　　不检查自己老是怨天尤人。

烂脚莲包着臭　　　坏事情不敢说出来。

鸡嘴变鸭嘴　　　开始时滔滔不绝，到后来哑口无言。

尫师（巫师）和鬼一起讨吃　　　内外勾结，狼狈为奸。

大头猪吓客　　　没有真本事，仅靠外貌吓唬人。

没毛鸟趁早飞　　　没啥本事的人要早作准备。

谚语

甘蔗倒头甜，越老越后生　　　越活越年轻。

出癖（麻疹）不死，出珠天花也会死　　　劫数难逃。

金厝边，银亲戚　　　远亲不如近邻。

矾浆抹面，六亲不认　　　大公无私。

看黑黑，摸平平　　　不识字。

好囝不要祖公业，好女不穿嫁妆衣　　　年轻人要自己创业。

芥菜不剥不成株，囝仔（小孩）不打不成人　　　教育很重要。

无法冬瓜把内蒲蒲瓜无法老么（老婆）打睏橱（衣柜）　　　迁怒于人

在时破布袋，没时丈二布　　　要懂得爱惜。

没吃假打呃（嗝），没穿假鸟脆潇洒　　　死撑面子。

一个吹箫，一个捏窟（孔）　　　一个人能干的事两个人在干。

运（运气）出一针救两命，运倒甘草透死人　　　运气很重要。

温州熟漏漏，平阳甬北到　　只知其一，不知其二。

鹅子不吃草，项规脖子有弊窍　　行为反常总有什么原因。

七十不过眠（夜），八十不留顿（餐）　　老年人随时都有可能发生意外，做客要早回。

一分钱要省，一百钱要用　　该省的要省，该花的要花。

天看成笠斗，皇帝看成保长　　不知天高地厚。

面前有佛你不拜，偏去南海拜观音　　舍近求远白费力。

有借有还，再借不难　　诚信的人别人不会怕他。

狮头八卦面，追鬼不用打锣　　相貌极为丑陋。

歇后语

心肝头沉蛋——噗噗跳　　意为"担心"。

鸡角企站草索——咯咯抖　　意为"十分害怕"。

擤涕糊壁——不牢　　意为"敷衍了事"。

做卦不用龟壳——一猜就着　　意为"明摆着的事"。

六月的鸡屎蜂——是它的势　　意为"奈何不得"。

老鼠尾巴捶一棒槌——肿不了多少　　意为"效果有限"。

棺材头放炮——惊死人　　意为"非常吓人"。

棺材边烧草——熏鬼　　意为"烟鬼，闽语的烟与熏同音"。

金瓶内放炮子——弹骨　　意为"懒惰的人，闽语的懒惰叫弹"。

驼背人做衫——存后布（步）　　意为"想好退路"。

矮子昌打锣——坏啦　　闽南话的"坏"字读音与锣的声音谐音。

请阿郎放火炮——耍耍　　意为"有去无回，干白"。

棺材头放炮——惊死人　　意为"非常害怕"。

死老蛇披竹竿——没了没尽　　意为"喋喋不休"。

三更半夜吃带鱼——头尾不知　　意为"乱插嘴"。

屎拉在棉絮上——洗擦不得　　意为"难以收拾"。

土内蕃茹肚内子——猜不着　　意为"真相不知"。

金团（小孩）造沙塔——莽（乱）来　　意为"不计后果"。

王西（巫师）死老婆——无法可做　　意为"办法用尽"。

六月出门带棉袄头——老客　　意为"老经验"。

猴子捡着火烧石——假（以为）是宝　　意为"不识货"。

上梁习俗

董其勇

　　"上梁"是嵊山人建瓦房的一个非常重要环节，而且极为隆重，有着独特的习俗。长期以来，嵊山海岛居民大都居住茅草房，怕风、怕雨、怕火。积蓄一定的资金，有了建瓦房的基础，那是一件非常大的喜事，是一个家庭甚至一个家族的盛事。嵊山有句俗语："房顶有梁，家中有粮，房顶无梁，六畜不旺。"可见，上梁在嵊山是一件十分重要的事情，嵊山人特别注重建房的上梁环节，认为这是至关重要的一环，容不得半点差错。

　　上梁指的是上"正梁"。新盖的房子基本结构完成之后，做木师傅将一根由东家精心挑选的圆木抬上正厅房顶，不钉不卯，不锤不凿，安放在上方，然后在梁中间贴上"上梁大吉""紫微銮驾"等用大红纸写成的梁披，再压上大红"五谷袋"，披红挂彩，以示大吉。上梁习俗看似简单，但其中有不少烦琐环节，每一个环节都寄托着美好的生活愿望。如今，尽管房子的结构和样式在不断演绎和改进，上梁习俗仍在流传，有些环节至今亦无法省删。在嵊山百姓心中，兴家之计从上梁开始。

南山挑选"栋梁"

　　在嵊山，要挑选一根好的梁木并非易事。历史上，嵊山历经多次劫难，山上原始林木被毁殆尽。好在 1949 年后，嵊山政府和民众极为重视植树造林，自 20 世纪 50 年代开始，大力发展林业，种下了逾万亩的松树、杉树，岛上郁郁葱葱。嵊山民众建瓦房大部分集中在 20 世纪七八十年代，那时山上的树木已经成林。建房、上梁的日子选定后，东家就亲自去南山的山上物色好梁木，而这根梁木必须是杉木，一要笔直参天，枝繁叶茂；二是树龄不宜长不宜短，树形要从下到上大小尽量一致；三是梁木的四周要长有许多小杉木，越多越好，意谓多子多孙，否则独木一根不可取；四是要再选定吉日上山砍伐。

　　砍伐梁木的时候，不能破坏周边小杉木，梁木伐倒时的方向要朝南，还不能触地，随即量好尺寸，去其树枝，贴上红纸，由两人抬回，路上还要一个人在前鸣放鞭炮，告知行人要给梁木让道。抬梁木者要走露天道，不能经过任何房子的屋檐下，若遇上"骑路亭"，抬梁者要想办法避开，更不能在亭内歇息，其意是梁木为整座房子最高贵的木材，是"栋梁"，不能居于其他木材之下。

梁木抬到家后，要置于露天之下，两头平放在早已准备好的两个一人多高的木杈桩上，不能触地，然后削去树皮将它晒干，直到正式制作成"梁"为止。

露天制作"栋梁"

崟山人建瓦房，一般单独成户，联排共建的较少，兄弟多者才会联栋建房。瓦房占地约30—45平方米，两层建筑，少有三层。一层外墙用块石浆砌，二层砖砌外墙，坡屋顶，灰瓦盖顶，大梁就置于两扇边墙之间。

栋梁要在露天制作。动斧锛刨的那一天，也要挑吉日，做木师傅要先点三支清香于露天之下，再放两串鞭炮，然后将梁木轻放在刨木专用的"柴马"之上，开口念唱一段"梁木"的由来。如：

> 此木长在终南山，鲁班弟子将它搬。
> 锛刨斧锯做成材，用在此地定平安。

念唱完之后，当头做木师傅手执"墨斗""曲尺"，一边把墨线一边接着念唱：

> 墨斗金线定中央，财丁富贵两头量。
> 不偏不斜分风水，西厢东房各相当。

念唱到这，当头做木师傅立即拿起斧头，将第一斧头轻放在梁木中央，接着一斧向左，一斧向右，意思将"栋梁"风水两边均分。之后，方可锛刨，精心制作。

"上梁"与"掼梁红"

"栋梁"制作完工后，紧接着是按预先选定的吉日良辰"上梁"。上梁那天，亲朋好友要送彩礼红包，前来庆贺，讨吉祥，特别是主要亲戚不可缺漏，如舅舅、姑父、姐夫、妹夫等，他们除了包红包之外还要挑上一担"五谷彩袋"（大红袋，内装100多斤稻谷），另送一匹"彩红"（大红布），长者数丈，短者六尺、八尺、一丈二不等。

上梁仪式开始，要供祭筵、放鞭炮，接"龙火"，所谓的接"龙火"是将一束用竹篾捆成的火把点燃，意思迎接风水。然后，挑选两名被认定命运好的人在做木师傅的呵护下抬着栋梁，分别来到两边特意搭好的木梯子前，一步一步慢慢往上攀登。由于栋梁粗大较重，其他人也用"Y"字形木杈帮助将栋梁杈上屋顶。

做木师傅一边攀梯子一边念唱着：

> 东家造屋接云霄，脚踏云梯攀高楼。
> 肩扛栋梁脚踩稳，一步更比一步高。

也有做木师傅这样念唱：

> 太白金星云头走，东家平地起高楼。
> 好时好日挑今日，财丁富贵在后头。

抬栋梁时要平平稳稳往上抬，不能一前一后，高低倾斜，否则被视为风水一边倒，这是东家最忌讳的。栋梁到了屋顶后，不钉不卯，平放在早已预备好的凹槽内，然后拿来"发锤"，轻轻在"栋梁"两头敲打，最多三下，让栋梁入槽。

"发锤"指的是一个特地为上"栋梁"而制作的木槌，事后分别挂在栋梁左右两边，有人将这两个"发锤"比作两员大将，日夜守护着栋梁。

栋梁放平稳后，还要再找两个父母双全、被公认为好命运的人"骑梁"。然后，一当头做木师傅站在大梁旁接着大声念唱：

> 栋梁好比一条龙，摇头摆尾卧当中。
> 问伊为何身不动，身上还缺掼梁红。

"掼梁红"指的是在大梁正中压上"五谷彩袋"、披挂"彩红"，以示吉庆。唱念到此，东家要将亲朋好友事先送来的所有"五谷彩袋"搬到屋顶，放在栋梁身上，并将"彩红"——披挂而下，每一条"彩红"的底端都缝有一双布鞋垫，寓意给新房主人铺垫家底，从此产业兴旺，财源滚滚。

最后，在梁中间再贴上一张大红纸梁披，上面写着"上梁大吉""紫微銮驾"等吉祥词语，整个"掼梁红"宣告结束。

"喊厝"与"接财宝"

"喊厝"是整个上梁过程中的一个重要环节，当栋梁上好后，由当头做木师傅站在梁边高声喧喊着一些吉利的话，如：

一喊

千里来龙万里山，万里来龙坐中央。

千里来龙添丁财，万里来龙富贵长。

二喊

进上金梁，金玉满堂。

护好金梁，旺子旺孙。

三喊

东家盖厝盖官厅，子孙读书中头名。

财丁富贵双双旺，世世代代有功名。

四喊

上定房顶金梁丁财贵，下定算盘地基发田庄。

五喊

鲁班师傅到，时辰日子到。

罗天大正到，紫微銮驾到。

六喊

一进栋梁东方甲卯乙，二进栋梁南方丙午丁。

三进栋梁北方壬子癸，四进栋梁西方庚酉辛。

五进栋梁财丁样样旺，六进栋梁富贵双双全。

七进栋梁朝中做宰相，八进栋梁朝中伴君王。

九进栋梁子孙长福寿，十进栋梁子孙永满堂。

当头做木师傅在"喊厝"的同时，一边撒"财宝"，就是将东家事先装在"金斗"（簸箕斗）和"财宝袋"（小手袋）内的竹钉子、银角子、茶叶、谷米、米曲等5种东西，一把一把慢慢往下撒。这时东家夫妻、子女在梁下扯着大红被单，把撒下来的东西一一接住，此举称"接财宝"。

在"撒财宝"时，如遇上有口才的当头做木师傅，还会即兴创作一些口头彩，如：

东家公婆心肠好，手扯绫罗接财宝。

接了财宝心欢喜，夜里做梦笑嘻嘻。

"喊厝"和"撒财宝"过后，东家随即要将上梁时摆在厅堂方桌上的迎龙神的供品，除了猪头、大年糕、封肉、大鱼等大件东西外，其他的小冥斋、糖块、水果、花生等，四处抛撒，让前来看热闹的小孩子争抢，抢的人越多东家越开心。东家还会制作很多糯米糍粑，粘上糖粉，分发给到场的所有人以及村人，以示同庆。"撒财宝"是上梁仪式中最热闹的一个场面，大人小孩都乐意观看，格外高兴。

完成这些仪式后，接着是当头做木师傅要将一根与正厅柱子一样长的被称作"丈篙"的木尺子横放在栋梁下面，然后念唱着：

> 栋梁好比屋中王，丈篙好比老丞相。
>
> 丞相君王长相守，发锤大将在两旁。

念唱完毕，当头做木师傅要即刻下房，下房前要面朝天，躬拜上苍，并念着：

> 鲁班弟子下金梁，各位神圣回本宫。
>
> 从此来龙风水应，世世代代永其昌。

"上梁酒"与"赠工酒"

上完梁，当日东家要办一场丰盛的"上梁酒"，宴请前来庆贺的亲朋好友。早前崂山人盖房子，村中人会主动帮忙，叫作"赠工"，所以到了办"上梁酒"时，东家也一起宴请"赠工"者，这就是人们常说的"上梁酒"与"赠工酒"同时操办，此举既节省了花费，又图个方便，直至今日还是如此。

随着社会的进步和人们生活水平的不断提高，钢筋、水泥、红砖、琉璃瓦等现代建筑材料结构的楼房逐渐替代了古老的木屋。如今崂山几乎见不着有人盖木房上栋梁了，但象征性的上梁习俗仍在沿袭传承，如"洋房"盖到最高一层浇水泥板封顶时，也要挑选吉日，以此代作上梁之喜，"掼梁红"的时候也照样按老习俗，只是少了梁下"供祭筵""喊厝""撒财宝""接财宝"等情节，不过当夜也多了放花炮、烟花等，以伴乡民情趣，使整个场十分热闹、喜庆。

嵛山茅草房

董其勇　郑修喜

　　嵛山孤悬海外，明清时期，被朝廷列为禁岛，不准民众开发。数百年间，嵛山成为倭寇、海盗、匪贼的据点，鲜有民众落籍。清末民初，嵛山岛解禁，始有居民陆续迁居嵛山。初时，移居嵛山的内陆居民大多数为生活所迫，来岛定居后，囿于生活条件和生存环境，绝大部分是利用嵛山特有五节芒的茅草资源，捡拾海上飘来的竹木，就地搭建草茅房度日。早前嵛山流传一句话："嵛山是渡仔大的地方。"意思是说，嵛山物产丰富，随便山上下海劳作，只要勤劳肯干，养活一家人容易，可以选择在这里暂住。但是，嵛山海氛不平，盗寇四起，民生不安，待孩子长大了，就回故土老家。因此，那个时期来嵛山的人，大都修建茅草房暂居。

　　1949 年 10 月 8 日，嵛山解放，人民从此过上安稳的日子，大多数人就安下心来，扎根嵛山，开始轰轰烈烈的大干社会主义事业。但是，在相当长的一段时间里，嵛山人民的生产生活受到海岛条件的限制，都过得特别艰苦，一户渔民要盖一间瓦房实属不易。经过数百年战火和台风等自然灾害袭扰，嵛山植被日渐稀少，已没有可供建房的木材，当时的嵛山，也没有砖窑、瓦窑，修建瓦房的木料、砖瓦都要到内地的三沙、牙城、秦屿、硖门一带购买，加上当时嵛山渔民的捕捞运输船只小且少，要采购一批建房材料费数年积累不可。到 20 世纪六七十年代，嵛山岛民的居住环境一直没有什么改变，有 95% 以上的群众居住的仍然是茅草房。

　　嵛山人修建茅草房皆就地取材，打地基砌边墙的石头村内抬，搭房架的毛竹岸边捡，编草帘的茅草山上割，做帘骨的竹子村边砍。早前嵛山林木虽少，但是山上茅草奇多。能用于盖茅草房的茅草有两种，一种嵛山话叫"寒草"，另一种叫"芒杆"。其实"寒草"就是茅根草，一种叶片修长如剑形，边缘较顺滑，韧性极好的野草。这种草是盖茅草房的上等材料，但对生存条件要求较高，适宜生长地方不多，量较少。茅根草的根茎白嫩，一节一节如甘蔗，嚼之甘甜，我们小时候时常挖茅草根当零食吃。"芒杆"学名叫五节芒，嵛山山上村边到处都是五节芒。五节芒虽繁殖快、四处疯长，令人生烦，但也非一无是处。阳春三月，芒杆初长，叶茎鲜嫩，是喂养耕牛的好饲料，内地人常来嵛山收购鲜芒杆。我们小时候，课余时间也上山帮忙割芒杆，卖得几毛、

244

数元，可以当私房钱买零食、交学费，多了上交父母，补贴家用。端午节后，是芒秆生长旺盛的时期，这段时间芒秆，秆身初成叶片柔韧，割下晒干，易于结编，不易腐烂，是编扎茅草帘的好材料。夏末初秋芒秆抽穗扬花，四处白茫茫一片，微风过处，袅袅婷婷，煞是好看。芒秆的穗梗微黄、柔韧，割来晾干，可以编扫把、笤帚、斗笠和其他织品，也实用、耐用。盛长期的芒秆粉碎后，还可以替代稻草、木屑、麦秆等，成为食用菌培养基，用于栽培蘑菇等食用菌，用途大着呢。

搭建茅草房，是海岛渔民的一件大事，早早要准备好各种建造材料。新建一座茅草房，要有选址、挖地基、做基础、砌墙、编草帘、立柱子、搭房架、盖草编、修草边、拉结绳等程序。嵊山有人居住的澳口，大多坐南面北，茅草房最怕西北风和东南风，选址要避开风口、规避风向。茅草房仅有一层，地基基础不用挖太深、砌太厚，一般深 1.8—2.2 米、宽 1—1.2 米即可。外墙大部分就地取毛石干切，正墙高 2.8—3.2 米，后墙略低，墙体宽约 0.8—1 米；边墙顶端高不超过 3.8 米，呈"人"字状。为避火患，加之地形受限，嵊山人大都散居各处建房，少有联排合建。2—3 间为一座，间宽 3 米多，深度视地基条件而定，一般不会超过 8 米，但房前一定要留有门口大埕空地，方便渔业生产。间房之间没有隔墙，一般都立毛竹为柱，用簟匾或细竹匾抹泥灰隔间。

嵊山人把盖茅草房的草帘叫做"草编""草青"，结草帘的竹子叫"草编骨""草青骨"，个中缘由不得而知。编草帘是个技术活，编帘人坐在板凳上，拿来一根胸径 2—3 厘米、笔直的花竹（长短依房屋宽度而定）为帘杆，在花竹首段 2—3 厘米处切个口，扎上事先准备好的寒草为编绳，尔后抓一把寒草或芒秆，将草头端平，靠在绳杆之间，留头 3 厘米左右，绕编绳将茅草固定在帘杆上，接着再上草把，如此反复，直至杆尾结绳固定，一片草帘就是编完了。草帘编好后，要将帘头修剪整齐，帘身还要梳耙清楚，才能上屋盖帘。

草房正中选用胸径较大、笔直、首尾均衡的毛竹为梁，两边房椽也用毛竹搭架，每边视宽度、深度竖排 9—11 根、横排 5—7 根。墙、架搭好后，就开始上草帘、盖草房了。盖草房没有专门的师傅，盖房时村里亲友乡亲会来帮忙，熟练盖草房工艺的青壮年男子架梯上屋顶，两三成排坐在房架上，底下众人三三五五帮忙递草帘，草帘从屋檐开始绑定，出檐 0.8—1 米，从下往上层层铺盖、绑定，直至屋脊。待两边草帘都绑到梁位，再在屋脊处绑盖上事先备好的盖顶草把，整座草房算是基本盖好了。嵊山海岛，大风天气多，茅草房怕风，茅草房盖好后，很多人都会用破旧渔网蒙在草房屋顶，拉绳固定，防止大风掀顶。茅草房一般五至七年翻盖一次，期间草帘和架竹若有破损，修补替换即可。

茅草房虽低矮昏暗，但防寒保温，夏天也蛮阴凉，平常居住岛民也不觉得怎么样。

但是，居住茅草房毕竟安全系数极低，怕火怕风，一旦用火不慎就会引发重大火灾事故，也经受不了10级以上的台风。一旦有台风袭击，就要用很粗的绳子捆挷设防，否则就会被刮倒。住茅草房灰尘特别多，整个屋内基本都有挂着乌黑的尘条，一旦大风吹过，都会满地黑尘，居住生活质量十分低下。1969年10月，嵛山芦竹、东角相继发生了两起重大火灾事故，烧毁茅草房560多间。火灾事故后，在各级党委政府的支持下，两村灾民自力更生，开始修建石头瓦房。此后，嵛山岛人民逐步改造茅草房，建造瓦房和钢筋水泥房。

1997年，福建省委、省政府将闽东农村茅草房改造列为全省扶贫攻坚的重点，福鼎市委、市政府先后召开扶贫攻坚动员会、"草改"研讨会等各类专题会议，摸清底细、营造声势、明确任务、落实措施、抓点带面、分类指导，凡"草改"户均享受"造福工程"的土地、村建规费减免等优惠政策，补助标准为少数民族每户3500元，汉族每户2800元，并采取草房户筹一点、省地市扶一点、村财挤一点、乡镇垫一点、政策让一点、银行借一点、建材赊一点、工钱欠一点、部门支持一点、亲邻帮一点的"十个一点"筹资方式，如期完成了1291户茅草房改造任务，其中就地改建1139户，异地搬迁152户。嵛山剩余的60多间茅草房，也在本次茅草房改造行动中完成改造。至此，嵛山茅草房完全消失了，成了海岛人的历史记忆。

嵊山传统渔业生产与渔具制作技艺

⟨文⟩ 王可信

海岛渔民生产作业的主要生产方式和工具种类很多。渔业捕捞作业方式有大围缯、小围缯、敲罟、拖目鱼、捞目鱼、捞海蜇皮、钩定置网，主要生产工具有渔船、定置网、轻网、拖网、鳗苗网、镰网、拖网、韩国网、蜈蚣网等。

捕捞技艺

大围缯　用两艘子、母船，选好海上位置后，子船停留不动，母船不断往海里放网，不断向子船围圈，直到子船合并进行收网，完成捕鱼过程。这种网长度达 40 多米，网口大、网尾小、网目粗。最早期是用地麻线编织而成，而且用山上草本"狗骨刺头"和"薯黄"蒸汁染网，使网变成黑色，后期用乙烯线织网，主要捕捞黄瓜鱼、鮸鱼等。

小围缯　小围缯作业方式与大围缯的放网、收网方式相同。围缯网是用乙烯细线编织而成，织网时也要用小旗牌和小梭，靠人工一梭一目编织而成，网长 18 米左右，网目较小、较密，主要捕小白京鱼、小杂鱼等。

敲罟　主要的捕捞对象是大黄鱼，渔网接近 100 米长，网口较大，生产时，要用两艘母船，多条子船，人员配备要多，而且子船先要离开母船几十米远，渔民在船沿敲打棒槌，慢慢向母船包围式靠拢，以敲打的声音追赶黄瓜鱼、鮸鱼等鱼群向母船集中入网，直至子船全部靠拢母船时收网。这种捕捞方式，手法恶劣，大鱼小鱼都会因震动而亡，闽东黄瓜鱼几近灭绝，就是当年渔民采用这种作业方式造成的，已被严令禁止。

拖目鱼　单船摇橹作业，一般一条小船 3 个人，渔民将目鱼拖网放入海底，随船沿着海岸摇拖一小段后，起网捕目鱼。

笼目鱼　将目鱼笼用绳子一个又一个连成一串，再用一条小船运至离岸 2—3 米海面，一个笼接一个笼不断放下海底，排成一排，等待第二天将笼收起抓目鱼。

捞目鱼　一个人拿着一根 4 米长左右的目鱼捞，站在海岸边，不断往海岸礁石底部从外往内刮过来，靠近岸边时，提起目鱼捞，收取网兜里的目鱼。

捞海蜇皮　单船作业，摇着小船在海面不断观察，一旦发现有海蜇皮浮上海面，马上用事先准备好的单头尖尖的小标杆，插向海蜇背面，再捞上船。

渔具制作技艺

造船　　首先要选根木头，以樟木为佳，分三段，做一条船的龙骨，船头和尾部段短一些，中间段长一些，竖两根头筋，要看船造多大而定。然后用樟木板围绕着龙骨、隔肚和围边，用铁钉钉上成船形，再由桐油灰和麻绒或竹丝捣碎，将船板和木头间的缝隙，用锥赞和锤子顶紧、顶饱，再用"桐油灰"勾缝，桐油盖漆，使整艘船不漏水，就能在海上生产作业。"桐油灰"的主要原料是海蛎石灰，伴以桐油，具有很强的防水、防腐功能。

修船　　针对船的破损情况，按照造船的方式，对船体破损部位进行修补。若是船体基本完好，只是船身漏水，说明船板之间的填充物及勾缝出了问题。修船师傅就挖掉旧灰，再用桐油灰，进行修补。

围缯网　　围缯网具，是用梭旗穿线结目而成，因网张不同，规格也不相同，都是从网尾小的一头开始编织，不断扩目，增大网桶和网身的长度。

目鱼拖　　用一根横杆，把20多斤的铜钱和20多斤的瓷坠用粗绳子串起来，形成三个弓网口，再用乙烯线织成的目鱼拖网身相连，网口大，网尾小，总长约5米。

目鱼笼　　用竹篾编织而成。首先编织1米长圆形笼子，再将笼的两头用竹篾编织成圆锥形漏塞，目鱼进笼容易，退出很难。

目鱼捞　　嵊山人也叫"乌贼靴"，用一支4米长左右的竹竿，尾端绑一个铁环，绕着铁环套一个小捞网，目鱼捞就算做成了。

定置网　　20世纪70—90年代，定置作业是嵊山渔业生产最主要的作业方式，船只从小船5马力、12马力，不断发展到100马力、120马力、160马力，从内海不断向外海发展。网张从一张网几十斤，发展到一张网几百斤，最大的达800多斤。90年代后，嵊山外海生产的渔船造的更大，有的150—300匹马力，而且大部分都是铁壳船，这种船配套的网具就会更大。刚开始，定置网根脚绳是用竹篾包稻草拧成的，后来有了塑料绳做根脚绳，再后来全用乙烯绳做根脚绳，定置网也从麻线、塑料线编织改为乙烯线编织。定置网为长圆锥形，网口较大，网目也较大，网桶是主要整张网的部分，比较长，网目相应编小，网尾较密，总长度内海网约50米，外海网约70米。早前，小张渔网由本岛渔民一梭一目自己编织，后来大张网都是靠岛外织网厂编织。定置网规格是由内海生产和外海生产而定，不同的海区有不同的网具。之所以称定置网，是因为它一般在适宜海区固定打桩，一桩桩、一排排形成网桁，常年都固定在一个位置上。

打桩的桩头（也叫"超头"）用毛竹片和木头长2—3米左右捆绑而成，每张定置网要用两根桩头打入海底，打桩时要用铁超头连接一根长长的筒竹或木头，用两艘船和十几个人帮忙。打桩时，为了力往一处使，由一人指挥，统一口号发力打桩，才能将桩头打入海底。将根脚绳绑入海底网的一端，将定置网挂上并绑上塑料浮标。这样定置网捕捞的基本工具就制作完成了。定置网捕捞作业，一般每天四个潮水，两次平潮、两次低潮，海面即将平潮或低潮前，渔民就要提前驾船出海，到达自己的定置网作业海区，勾起浮标，拉上渔网，打开尾袋，一网的渔获就是每次劳作的最好奖赏了。

轻网　　在嵊山，轻网是在20世纪90年代后期发展起来的，冬转沈家门、石浦一带鱼区生产，春转莆田、台山一带鱼场生产。轻网网目较小、较密，以生产虾皮为主，轻网是流动性作业，一艘船有多条轻网，配置很多铁锚，每张网配一枚铁锚，网长约30多米，接近200斤，生产时按海域试轻情况而定，一旦试轻有虾皮，就马上抛锚下轻，多网生产，一般放下海里1—2个小时就会收网，收网时一切工具全部收回船上。虾皮生产，一般船都有随船加工半成品虾皮，这种作业技术性很强，关键在于船老大的决断，大部分轻网生产船是铁壳船，有200—300匹马力。

鳗苗网　　当下嵊山最普遍的一种捕捞工具，一般都是小船和中等船生产捕捞，都是内海定置网生产船，冬季转为鳗苗网生产，鳗苗网网目很细密，有专门的网纱，用缝纫机织成的，网口大、网尾小，特别细密，总长度30多米，100斤左右，它像定置网一样固定打桩，一般都在冬季和春早生产。最早捕捞鳗苗，没有技术，只认为鳗苗从港里来，一艘船只做两张挂网，挂在船上，围堵在港口进行捕捞鳗苗，产量较低，现在一船多网冲出外海捕捞，产量就很多。

镰网　　嵊山不是很多，镰网是用很细的一种玻璃丝编织而成，网张小，网目大，是流动性作用，放入海里，随潮水飘移，主要镰鳗鱼、螃蟹、水鳝（也叫龙头鱼）等等海产品，靠季节性生产。

拖网　　用铁横杆和瓷坠以及张网组成，网口较大，网尾小，放到海底，两条粗粗绳子绑在船上。开动机器拖行作业，主要拖鱿鱼、红虾、铁钉螺等海产品。

韩国网　　近十几年发展起来的一种网具，网口一边绑在海岸上，一边用铁锚放入海底，每一天收网一次，也可以两天收网一次，主要捕捞鲈鱼、黄瓜鱼、杂鱼，网目较大，网长有20米左右。

地笼网　　用铁圈连着圆袋网，生产时一笼筐一笼筐地放入海底，当天收网一次，主要捕捞水古鱼、小杂鱼、红虾、螺等。

蜈蚣网　　放在岸边的滩涂里，网形一节一节连串在一起，主要捕捉一些土虾、螺、小杂鱼等。

捕乌贼

董其勇

20世纪六七十年代，嵛山岛乌贼出奇的多。乌贼又称墨鱼、目鱼，特别喜欢在岸边礁石周围活动，乌贼主要的食物是沿海石壁爬行的蟹类等，它一般是不会潜在海底的，平时都吸附在岸边的礁石上，当然浅水活动小鱼虾也是它主要的食物来源。乌贼在浅海、岸边的固定物进行产卵哺育繁殖后代，它的卵会排泄附着在固定物上。小时候，每当海水退潮，低潮位的礁石裸露出来，我们经常会看到那一串串黑黑的，状如石榴籽模样的乌贼籽，吸附在礁石上的珊瑚条上。于是，我们就拿着篮子，一串串地撸乌贼籽，这些乌贼籽像青蛙卵既柔软，又有一定黏稠和弹性。

捕捞乌贼有很多种方法，记得小时候，我爷爷是生产队长，带领生产队渔船拖乌贼、用定置网捕乌贼。我外公参加农业队，农业队没有渔船，外公就编乌贼笼，用乌贼笼笼乌贼。大哥刚刚参加生产队，没有经验下不了海，就制作捕捞乌贼最简单的工具——"乌贼靴""乌贼斗"，捕捞乌贼。下面简单介绍几种捕捞乌贼的工具和作业方法。

拖乌贼　　每年的谷雨前后是捕乌贼的黄金时期。在这之前，渔民会准备好拖具，最早拖乌贼的拖网用麻纱线（后改用乙烯线）起网目，编织成有一定间距网眼的网。将山上挖回来的俗名叫"狗骨头"的荆棘类植物的块根，用柴刀剁成片放入大锅里煎煮2—3个钟头后，汤就变成了浓褐色，将水倒入大木桶里，把网放入染色。据说用这种植物染色后，渔网耐用，能经海水浸泡不腐烂。太阳晒干后，网的4个边缘绑上铅坠子，形成"拖网"。开始"拖"乌贼时，一个人摇橹，两人捉住绑在两端的绳索，船靠着海岸边向前，经过10多分钟就起一次网把乌贼捞上来，放入船舱。旺季的时候，拖乌贼是捕捞乌贼主要作业方式。

定置网捕乌贼　　定置网捕捞的其实不仅仅是捕乌贼，所有经过此海域的鱼虾蟹统统入网，当然乌贼也会进入定置网，这种网一天内可以捕捉4次。

"斗"捕乌贼　　织一个圆形渔网，把铁丝穿在网口上，折成为正方形，四周同时穿上椭圆形瓷筒，在网口四个角上绑好绳子，拉到正中系在一条主绳上，这样乌贼斗就算做成了。人站在岸边的礁石上，把绳子的一头抓在手里，将"斗"用力甩出去，停留片刻后，再轻轻地沿着岩壁把"斗"收上来，嵊山人称这种捕捞方式为"甩斗"。乌贼大部分时间吸附在岩石上觅食、休息或产卵，把"斗"拉上来，有时"斗"网里有十几只乌贼。这种捕捞形式大多为妇女和老人来操作，虽然捕捞量少些，一天也能捕捞几十斤。

捞乌贼 用一根约4米长的竹竿，一个套上上大下小渔网的铁圈，将铁圈绑在竹竿上，这个捞乌贼的工具就算做成了。我们嵊山人习惯将这个叫"乌贼靴"。拿上"乌贼靴"，挑一处比较平坦的礁石，将"乌贼靴"伸下海底，再沿着礁石旁边慢慢地捞上来，这时候吸附在礁石上的那些乌贼们就成猎物了。有一次我和小伙伴闲来无事，拿着我外公的"乌贼靴"，在宫后门石屋下面的海岸边两人合力操作，第一"靴"就捞上七八只乌贼。那乌贼刚出水，唧唧吱吱地叫着，身上纹路变幻着五颜六色的色彩，吐着黑黑墨水，在石坑内不停地翻腾。那个场景至今回忆起来都不知道有多高兴。

笼捕乌贼 每年清明时节，外公就着手准备成熟的毛竹，劈竹破篾后，开始编织乌贼笼。乌贼笼圆柱形长1米左右，直径0.3米左右，左右两侧插入编成竹斗笠状的盖子，渔民称"鳍"，口园尾尖，乌贼能进不能出。谷雨时节，外公把竹笼挑到海岸上，每个笼子的中间都绑上一块长方形的石块，再把竹笼的中央绑上绳。开始放竹笼前用一只活的乌贼放入竹笼里做诱饵，人站在岐头上向海里一个笼一个笼地放笼，有时候也将乌贼笼拿到船上，用小船放乌贼笼，然后一头绳子固定绑在岐头的岩石上。第二天退潮时，就可以前来收乌贼笼了。笼中不但有许多乌贼，有时也捕到石斑鱼、海鲫、鲈鱼等名贵的鱼类。

捡乌贼管 乌贼是利用海水的反推力，吐水后退而行的。除了觅食，大部分时间吸附在岸边礁石上休闲、产卵。谷雨时节，时常打雷，每当雷声突然炸裂震响，这些吸附在礁石上乌贼突然受到惊吓，情急之下整个身体往前冲出。但是，他们往往忘记了自己的足部有许多吸盘，此刻正牢牢吸附在礁石上，冲出去的只是身体，头部还稳稳当当的吸在石头上没有出来，就这一瞬间，乌贼已身首异处。这些离开头部的乌贼身子一两天后会浮出水面，随着海漂物慢慢向海湾内漂浮，很多时候都拍垮在沙滩上。这时候，就是我们小孩子的高光时刻了，大家呼喊着冲向沙澳，捡拾乌贼身子，我们叫这个乌贼身子为"乌贼管"。"乌贼管"拿回家后，大人们会用厚盐腌制成咸乌贼，俗称"乌贼枣"。这乌贼枣虽然苦咸，却是我们孩提时候下饭配菜的主料，家家有备。嵊山人常说，海上有"四绝"——鲜瓜、拗勒，蜕皮带、咸乌贼。乌贼管经过一两天海上自然发酵，经海盐腌制后，味道特别醇香。这种咸香味道，至今仍留在我的味蕾之中。

现在海洋渔业资源的逐渐匮乏，乌贼的产量已经很少很少了，昔日的乌贼捕捞工具也渐渐消失在人们的视野里。

嵛山的海珍美味

🍃郭雄通

嵛山海域水质富含溶解氧，pH 值稳定，营养盐适中，适宜各种海洋生物的栖息繁殖和生长，海洋生物物种资源丰富。海水品种主要有大黄鱼、石斑鱼、鲈鱼、黄鳍鲷、鱿鱼、真鲷、鲐鱼、锯缘青蟹、三疣梭子蟹、刀额新对虾、厚壳贻贝、褶牡蛎、紫菜、海带等。这里推荐几种嵛山常见的海产品。

大黄鱼　俗称黄瓜鱼、黄花鱼，早前是福鼎沿海主要捕捞鱼类，当下是福鼎市主要的养殖品种之一。它的经济价值高、肉味美，富含蛋白质，鲜销、制罐或加工成黄鱼鲞，极受欢迎。鱼鳔可制成名贵食品——鱼肚，也是制胶合剂——黄鱼鳔胶的良好原料。

鲷鱼　通常指鲈形目的鲷科鱼类。许多鲷科鱼类是主要海洋经济鱼类，其肉质鲜美，深受消费者的欢迎。福鼎市鲷科鱼类中主要品种有真鲷、黄鳍鲷，由于鲷科鱼类具有广温性、广盐性、杂食性、生长快等特性，也是福鼎市海水养殖的当家品种。

鲈鱼　为近岸浅海中下层鱼类，性凶猛，主食鱼类和甲壳类，其肉细嫩，味鲜美，为上等食用鱼类，被视为上等滋补品，手术后患者食鲈鱼具有生肌长肉之功效。

石斑鱼　头大眼绿、体长椭圆形，肚皮有梅花形斑点。其具有肉质鲜嫩、营养丰富、色泽艳丽等特点，深受国内外市场的欢迎。石斑鱼生长较快、市场价格较高，是福鼎市海水网箱养殖的重要品种。

紫菜　紫菜种类繁多，福鼎市的紫菜品种主要是坛紫菜，其野生种生长于太姥山下的石兰湾，故又称为石兰紫菜。天然野生紫菜久负盛名，民间还有野生紫菜成贡品之说，因此至今在太姥山民间祭神供佛"五谷六素"中的供品中有一项就是紫菜。野生紫菜具有叶厚、色深、低盐、脆嫩、味道鲜美等特点，富含人体所需的多种维生素。李时珍在《本草纲目》中，曾提到紫菜有"主治热气"的功效。近年来还有报道经常食用紫菜，可以清除血管壁上聚集的胆固醇，对软化血管防止动脉硬化和降低血压有一定疗效。

嵛山海产品品种繁多，各呈异彩。除上述之外，还有被人推崇的三疣梭子蟹、虾菇、尖头虾、红虾、毛虾、藤壶、笔架、米螺、观音螺，凡此种种，不胜枚举。

嵛山虾皮

✍董其勇

虾皮，是中国毛虾经加工制成干品的总称。毛虾是我国海产虾类中产量最大的虾类资源，主产地在闽东渔场、舟山渔场。生产旺期为芒种前后与冬至前后，肥满度也最佳。特别在芒种季节，毛虾将要产卵，体质肥硕，这段时间晒制的虾皮粒籽大，虾皮背至尾带红膏，色泽鲜亮，肉质坚实，体型完整，品质上乘，营养丰富，风味独特，故称之为"芒种皮"。

传统的中国毛虾捕捞方法以定置网为主要生产工具，渔民在海上选好毛虾密集洄游水域，把根脚打入海底，以根桩固定作架，挂上方锥形网具，借潮汐之力令毛虾入网，是守株待兔式的作业方法。这种捕捞方式由于大小鱼虾蟹经过此海域统统入网，不利于海洋生物保护，已经被严禁作业而淘汰，嵛山渔民现在多以轻网捕捞毛虾。毛虾为上层浮游虾类，轻网借助浮球的力量，浮在海面上层，比较容易捕捞到优质的毛虾，又不致损伤毛虾外表，造成品相不佳。轻网捕捞虾皮不打固定桩，网随潮水涨落，捕捞生产方便。全岛目前约有100艘渔船从事季节性毛虾作业。

虾皮根据不同加工方法，有鲜淡晒与加盐炊熟晒两种，简称"淡皮"与"熟皮"。鲜毛虾不加盐直接晒干，称"生皮"，亦叫"生干毛虾"，俗称"淡皮"，旧称"虾秕"。"淡皮"呈月牙弯钩型，甲壳透亮，颜色红白，富有光泽，无盐分，鲜味浓，口感好，不易发潮霉变，可长期存放。由于虾皮捕获量大且集中，渔民大多就地设大口锅，将鲜毛虾洗净，加适量食盐，置于大锅沸水里，用旺火炊熟（"炊坍"一名由此而来），捞起沥干，撒在竹苇上晒干，就成了炊虾，俗称"熟皮"。"熟皮"色泽淡红，有光泽，质地软硬适中，形体完整，含盐量6%左右，含水量20%左右，咸味不重，以有鲜味者为佳，随时可以取食。

中华人民共和国成立前，嵛山一带海域盛产虾皮，而且质量甚佳。嵛山虾皮以含水量少、含盐量低、体形完整、味鲜美、耐贮存、不易变质而闻名。民国初期，朱腾芬先生在嵛山经营垦殖公司，有多名合作伙伴是台湾人，他们将产自嵛山的虾皮销往台湾，一时成为抢手货，得名"嵛山银钩"。2002年，福建海鸥水产食品有限公司在嵛山建厂，收购、加工产自嵛山海域的毛虾，创立"九洋牌虾皮"品牌，成为福建省名牌农产品。

　　一段时期以来，嵊山海域的毛虾资源日渐枯竭。本岛渔民大都转场至浙江的沈家门、定海、舟山或福建的莆田湄洲岛一带捕捞作业，渔获就地加工、销售。四五年前，浙江沿浦、霞关一带渔民推出大马力全自动虾皮生产加工船，这种船集生产、加工、仓储于一体，捕捞上来的毛虾依靠全自动生产线，毛虾离水、入锅、烘干、装箱、冷藏一条龙生产，极大提高了虾皮品质和生产效益。

蛇

🌿 董其勇

嵊山人的"蛇"，指的是海蜇，是生活在海洋里的一种腔肠动物。20世纪80年代以前，在嵊山海域盛产。记忆中，那时候海面上到处可以见到，有时在海岸上用竹竿绑上竹钩还可以捕到它。嵊山人习惯将蛇的上部分叫蛇身，色白，形如一把张开的伞。成熟的海蜇还长有一层暗红色的表皮，我们叫"蛇血"。蛇身的下部叫"蛇头"，褐红色。刚捕捞上来的蛇头下还连着一根根柱状软体，我们叫"蛇脚"。海蜇在游动的时候，蛇头、蛇脚下面时常跟着许多小虾，海边人常说："蛇没目，虾做目。"

嵊山虽是海岛渔区，但早年海上交通不便，物资匮乏。遇到台风、风暴潮天气，海况不好年份，渔获没有，蔬菜又少，食物特别配菜就很紧张。我们小时候，家里一日三餐中最常见的配饭佐菜就"三大样"——海蜇皮、咸带柳、乌贼管，吃都吃厌了。

海蜇，为海生腔肠动物，隶属腔肠动物门，钵水母纲，根口水母目，根口水母科，海蜇属。蜇体呈伞盖半球状，通体呈半透明，白色、青色或微黄色，可食用。蜇体上部呈伞状，借以伸缩运动，称为海蜇皮；下有八条口腕，其下有丝状物，呈灰红色，叫海蜇头。海蜇伞部直径达50厘米，最大可达约1.5米，胶质较坚硬，通常青蓝色，触手乳白色。口腕8枚，缺裂成许多瓣片。广布于我国南北各海中，以浙江和福建沿海最多。每年8—9月成群出没海面，依靠缘瓣上的小型吸口吸食小型动植物。

海蜇俗称水母，顾名思义就是水分特别多。小时候，每年8、9月，渔业生产队每次出海都能捕到很多海蜇。初上水的海蜇，蜇体、蜇头不停地往下滴水。海蜇上岸后，家里的女人就忙开了。先是用竹刀将海蜇分身，挖出海蜇肠；而后用刀将伞盖上一层褐红的表层揭开，是为海蜇血；接着将海蜇伞分成若干块，海蜇头也一个一个割下来，扔进事先准备好的明矾水中泡制。明矾苦涩，但能去水，肥厚的海蜇经过明矾水的泡制，脱了许多水，瘦身不少。将泡过明矾水的海蜇皮、海蜇头，切成长条，用海盐腌制，装在罐、桶中，就是成品的"蛇"了。

海蜇许多部位可以食用，最好吃的有两样——海蜇肠、海蜇血。

海蜇肠，就是海蜇肠子。海蜇杀后，把肠子取出，用刀剖开，将其肠内杂物洗净，放入开水中，大火烧开5—6分钟，捞上来滤干水分，用刀切碎备用。在锅里放入少量油，先将葱、姜、辣椒入油锅煸炒，而后放入切碎的海蜇肠，佐以米酒，加少许盐，爆炒后装盘即可食用。爆炒海蜇肠，鲜嫩脆爽，滑而不腻，至今想起来还是垂涎欲滴。

海蜇血是海蜇身上另一道美味，它长在海蜇伞背上，鲜海蜇血褐红色，一片片揭下后，用清水洗净，放入沸水煮4—5分钟，捞上来沥水，而后将海蜇血放到岸边石壁或竹匾上晒干。干海蜇血颜色暗红，有异香。小时候，海蜇年年发海，产量巨大，村里岸边的石壁上，满满都是带着清香的海蜇血。晒得半干的海蜇血最是好吃的。那个时节放学后我们不是先回家，而是成群结队到海边石壁上偷取海蜇血吃。拿生产队的海蜇血吃不算偷，看管海蜇血的我外公总会嘱咐我们这些小孩子：太阳底下的海蜇血吃多了容易胀肚子，要少吃。将干待干的海蜇血香气扑鼻，入口鲜甜，嚼之嫩滑、Q弹，满口生香，那种滋味，至今仍在我的味蕾中久久回旋，不忍离去。奶奶总会将晒干的海蜇血放在家里装干货的大木桶里，大货桶比我那时候的个子还高，每每闻到香味，我就会不由自主地拿着凳子爬到货桶上掏海蜇血吃。奶奶即使知道了，也假装没看见，任由我拿。我们小时候没有"零食"这个概念，海蜇血、炒豌豆就是我们儿时最好、最难忘的零食！海蜇血煮芹菜，是海边人待客的上佳食材。家里来客人，奶奶就会把珍藏多时的海蜇血拿出来，到菜园里割几株芹菜，然后做一碗香醇可口的海蜇血煮芹菜，大人们就着这碗下酒菜，能喝个半天不离席。

吃海蜇皮的日子离我远去了，但我时常会回忆当年捕海蜇、挑海蜇、腌海蜇皮（肠）、晒海蜇血那种忙碌的情景。

龙头鱼

🌿董其勇

龙头鱼，俗名"水潺"，嵊山人则称之为"水鳝"。算是一种平民海鲜，至今仍是市场上最廉价的海鲜产品之一。潺，常用来形容溪水、泉水缓缓流动的样子，水潺鱼如其名，就像水一样柔软。龙头鱼大体呈灰色与白色，它没有鱼鳞，只有一条主骨，并且主骨很柔软。刚出水的水潺如贵妃出浴似的，又白又嫩，表面

龙头鱼

相当光滑。你可别小瞧了它，别看它软不拉几的，在海里可不是省油的灯，不是好欺的主，它的厉害就在头上，其实说头也就是一张嘴，身披铠甲的虾兵蟹将常常成为它肚中的美味，所以其学名为"龙头鱼"。如果你吃海鲜，也喜欢"嗫然大块吹"的酣畅淋漓，能满足这一爱好的海鲜非它莫属了。

传说故事

传说，龙头鱼原先外表并不美，但有一副好心肠。有一次，鲫鱼向龙王要骨头壮身，龙王下令让百种鱼类各捐赠一根骨头。龙头鱼把唯一的一根硬骨头献了出去，顷刻就瘫软在龙宫门口。龙王问明情由，方知龙头鱼失去了硬骨，今后实有"软弱"可欺之忧，便对龙头鱼说："我赐你一个龙头，别的鱼见到龙头，就像见到我一样恭恭敬敬，不敢欺负你了。"它这才有了如今的嘴脸，所以被称"龙头鱼"。

又一说，龙头鱼和虾蛄参加水族文武状元选拔会试，龙头鱼得了文状元，虾蛄得了武状元，龙王授冠的日子，龙头鱼生病在床，托虾蛄帮它带回头冠，虾蛄看自己头戴武状元头冠，脚套文状元冠帽的模样很威武，起了坏心眼，独吞了龙头鱼的头冠，

龙头鱼发誓要把虾蛄生吞活剥，出这口怨，从此以后，虾蛄一见龙头鱼死抱冠帽，缩成一团。

烹饪方法

脆炸龙头鱼

配料：龙头鱼 300 克、油适量、食盐适量、料酒适量、淀粉 50 克、面包糠 50 克。

做法：将龙头鱼洗净切成段，用盐和料酒腌制十分钟，先将龙头鱼放入淀粉水中，然后裹一层面包糠，油温七成热时放入鱼段炸制焦黄即可。

龙头鱼滚豆腐

配料：龙头鱼、豆腐、姜、葱、蒜。

做法：龙头鱼去头洗净、切段；豆腐切成小方块，放入热油锅，煎成金黄色，盛出；锅里油热，放入姜、葱、蒜末煸炒出香味，放入一大碗清水煮开；放入龙头鱼，放入豆腐，加料酒、糖，先煮开 5 分钟；加些盐，胡椒粉，大火煮开；中火炖煮至汤汁浓郁，撒些葱花即可。

龙头鱼豆腐汤

配料：龙头鱼、嫩豆腐、葱、姜、蒜。

做法：将龙头鱼洗杀干净，控干水分，用少许料酒和胡椒粉腌制 15 分钟；将姜、蒜切片，葱白切寸段，葱绿切葱花；将炒锅加热，倒入少许油，放入姜片和龙头鱼，中火煎制；煎约 1—2 分钟，晃动一下锅，等到龙头鱼能移动的时候，加入蒜片和葱白；往锅中加入适量的开水和少许料酒，开盖大火沸煮约 10 分钟；将切块的豆腐加入锅中，继续沸煮 3 分钟，再加入少许盐和白糖煮上约 2 分钟，出锅后撒上少许胡椒粉和葱花即可。

海良姜

董其勇

海良姜，学名月桃，姜科，多年生草本植物，又称艳山姜、野山姜，嵛山人叫"粿叶"。在福鼎，嵛山是海良姜分布最广、面积最大、品质最优、种子产量最高的主产地，海良姜也成为嵛山独具特色陆生物种。

海良姜自然生长在海岛山间，叶子最大可长到2—3米，初夏开放白色和粉色花朵。叶子、花中都含有芳香物质。叶子中含有的多元酚是红酒的30多倍，用于花草茶也十分受人们的欢迎。内部嫩茎及花可食，种子供药用。植株高2—3米，单叶互生，具短叶柄，叶舌2裂，披针形，两端渐尖形。叶片呈长披针形，花成串地悬挂在下垂的花序上。花序为圆锥花序，长25—30厘米，花序轴被毛，花梗长1—2厘米，

海良姜

通常具2朵花，无苞片。花期4—6月，果期7—10月。果实（蒴果）具棱，未成熟时鲜绿色，成熟时深红色，玲珑可爱。花序为圆锥花序种子多数，黑色，具白色膜质假种皮。

种子具特殊香味，是制造仁丹的重要原料，可制成芳香健胃剂，治胃脘胀满痛。叶鞘含纤维可制绳索。嫩茎、花皆可食用，或煮或炸均可，具有极高的药用、食用、观赏价值。根状茎和果实，味辛、涩，性温，具燥湿祛寒、除痰截疟、健脾暖胃的功效。

嵛山是中国海良姜生长的最北部，越过嵛山基本见不到她的踪影，嵛山、秦屿、霞浦三沙一带居民对海良姜的使用比较多，如用宽大叶片做粽叶来包裹粽子，将嫩茎作为姜的替代品，用海良姜叶来包裹糍粑和蒸鱼羹、红龟、九稔包，把茎状叶鞘晒干编织成绳索、篮子、凉席等编织品。海良姜还是渔乡房前屋后绿化的好品种。

附录：

大事记

宋

至道三年（997）

邱一引自泉州府永春县西门迁居嵛山，为该支邱氏五世祖。祥兴戊寅年（1278）邱一引后裔邱择岐，因避沿海战乱，迁回内地，定居福宁州八都塘后岐里。嘉靖年间，后裔邱日旺再迁八都邱厝里（今属硖门畲族乡瑞云村）。

建炎元年（1127）

靖康之变后，宋南迁。陈圣猎为避战乱，从福州长乐玉溪举家迁移到嵛山岛，择地关家澳（今嵛山镇鱼鸟村关岐）而居。玉溪陈氏在关家澳生活了百余年，到南宋末年第五世陈开、陈旭、陈升三兄弟时，时值宋元之变，海氛不靖，陈开于宋祥兴元年即元至元十五年（1278）迁居内地福宁州育仁里十三都关盘（今店下镇阮洋村关盘自然村）；陈旭迁居育仁里十二都澳腰（今沙埕镇澳腰村）；陈升迁居遥香里二十都东湾（今点头镇观洋村）。

明

洪武二十年（1387）

江夏侯周德兴入闽防倭，于烽火门（今小嵛山西侧烽火岛）设置水寨，配把总1员、中军官1员、左右前后四哨哨官4员、中哨哨官1员，共有官兵1017名。有福船、哨船、冬船、鸟船、鸟快号船等25艘。烽火门水寨统辖三沙、嵛山、台山一带海域，与南日、浯屿、小埕、铜山合称闽海五寨。

洪武二十一年（1388）

江夏侯周德兴视察福宁卫，因虑嵛山岛孤悬海中，易生弊端，乃徙其民于福宁州七八都等内陆。

叶林青自长溪县劝儒乡擢秀里七都嵛山（今福鼎市嵛山镇）迁居秦屿东埕后岐里，后裔六世孙叶伯累、伯达于明嘉靖年间再迁东埕开基立业。东埕叶姓有祖墓葬在小嵛山。

嘉靖三十八年（1559）

四月，参将黎鹏举自嵛山冲倭舟为两截，击沉其一。追至三沙火焰山，大破之。

嘉靖四十二年（1563）

冬，倭舟十六艘流突台山仍趋烽火门，署把总朱玑督千户陈聪等舟师追至七星洋，攻覆倭寇大舰一艘，小舰七艘，生擒23人，斩首13级，沉溺500余人。

万历二十年（1592）

设嵛山游，派参将驻守嵛山，配把总1员、哨官2员，共有官兵459名。有福船、哨船、东船、大鸟船、快船等22艘。

万历二十八年（1600）

在台山设游。连同嵛山游作为烽火营左右哨之两翼。该游配把总1员、哨官1员，共有官兵623名。

万历二十九年（1601）

五月，倭船三只突至嵛山，杀死哨官王某。船进泊于松山，霞浦城中戒严。

清

乾隆五十八年至嘉庆十二年（1794—1807）

闽浙沿海，北接诸山，东南通两粤，三面数千里皆为盗薮。其内地曰"洋匪"，蔡牵为魁；外地曰"夷匪"，多中国奸民挟安南人为之。蔡牵有百数十艘船，东南沿海，皆遭蹂躏。蔡牵以大、小嵛山为根据地，聚集战船队伍，于闽浙沿海抗击清军。

嘉庆三年（1798）

闽浙水师提督李长庚率部在嵛山海面击败蔡牵队伍。

嘉庆六年（1801）

二月初六，蔡牵率战船四十余艘在嵛山、冬瓜屿的闽浙边界之间海域游弋，被福建参将兵船击败逃去。

嘉庆十二年（1807）

十一月二十五日，蔡牵队伍从嵛山岛撤出，退往潮州黑水洋。

中华民国

1914 年

重划霞浦、福鼎县界，嵛山列岛划归福鼎县管辖。

嵛山解禁开垦。

1924 年

秋，朱腾芬返鼎为母营葬，送客乘船赴榕，遇大风抛锚嵛山芦竹港，第一次登上嵛山。

1925 年

应朱腾芬申请，福建省政府批准设立"福建省嵛山垦殖有限公司"。

1926 年

朱腾芬出任福建省嵛山垦殖有限公司总经理。

1931 年

霞匪数十来袭嵛山保卫团，夺去枪支 20 余支，乘势攻劫民居，掳人掠物，嵛山民众损失颇多。

1932 年

12 月 7 日，朱腾芬因病在嵛山马祖逝世，享年 51 岁。遗体安葬在他生前选择的公司后门山上（原嵛山信用社办公楼旁）。"文革"期间墓遭破坏，1981 年，政府拨款将其墓茔迁葬到其老家点头果阳蕉坑。其墓原墓碑仍遗留在马祖西北澳山上（现嵛山供电所后门山）。

1939 年

5 月，日本侵略军占领嵛山；8 月，成立日伪政权"福建嵛山维持会"，委任蔡功为会长。

1942 年

2 月，中共浙闽边区委书记王明扬根据浙南特委关于"隐蔽精干，长期埋伏，积蓄力量，等待时机"的指示，确定林乃珍、林江流、苏廷居、黄连财等人到福鼎筼筜、嵛山等沿海及岛屿，以自寻职业为掩护，进行革命活动。

成立伪"闽浙边区和平救国军司令部"，蔡功兼任司令。

1943 年

中共福鼎县委领导人陈辉、谢秉培等与嵛山国民党保长陈上注建立联系，使福鼎党的一部分干部继续坚持在嵛山一带活动。

1944 年

春，浙南特委书记郑丹甫指派陈辉为福鼎特派员与谢秉培、夏国忠去箕笃、大嵛山边隐蔽，边生产边派郑衍宗、陈勉良、张传朴到南麂岛一带去搞瓦解伪军工作。

日军海军中佐片山吾率舰抵嵛，委任蔡功为"闽浙绥靖区"司令，余长淦为副司令。

1946 年

嵛山光复，福建省政府批准恢复嵛山乡，兼管台山、七星诸岛。

日本商人岩田幸雄化名蔡德海，经国民党福建省政府主席刘建绪同意，取得嵛山岛开发权。次年，岩田幸雄被捕，后押遣回日本。

1948 年

8 月，王烈评带浙南第三县队苏廷居、林江流和龚显凑 3 个小队，到七星、大嵛山等沿海岛屿收集枪支，共收集步枪 11 支，手枪 1 支。

中华人民共和国

1949 年

10 月 8 日，中国人民解放军第 21 军 63 师 188 团 2 营在福鼎县大队 1 中队配合下，从马祖、带鱼澳、芦竹同时登陆，全歼国民党守军及大刀会，解放大嵛山岛。

1955 年

1 月，嵛山岛划给霞浦县管辖。

3 月，福建军区警备第 3 团进驻嵛山岛。7 月，改称为边防第 19 团。10 月，团部迁霞浦浮鹰岛。

1958 年

夏，嵛山运输小组 4 艘停泊在嵛山马祖港的运输船，受强台风袭击沉没，7 人死亡，经济损失 5 万余元。

1960 年

4 月，福鼎县嵛山民兵连长黄红纪等 6 人出席全国民兵代表大会，受到党和国家领导人的接见，并获大会赠授国产半自动步枪。

1962 年

10 月 24 日，嵛山从霞浦县划归福鼎县辖。

1972 年

年初，马祖到天湖公路开工建设，途经马祖、柴仔栏、天湖，路基宽度 4.5—6.5 米，里程 7 千米，1972 年底竣工。

1975 年

3 月，嵛山鱼鸟 50 吨级直立式码头工程竣工。

1978 年

8 月，嵛山天湖水库工程动工建设，同时开建天湖水库电站。1981 年春，工程竣工，投入运行。天湖水库总库容 103.1 万立方米，建供水站 7 处，供全岛 4500 多人用水。修电站渠道 1500 米，引水至灶澳牛栏仔顶部，铺压力管道至天湖水电站，电站装机 1 台容量 160 千瓦，发电供嵛山全岛居民用电。

1980 年

6 月，嵛山马祖港码头动工建设；1983 年 5 月，码头工程竣工，投入使用。马祖码头为嵛山马祖港开发的第一个基础设施建设项目，系 500 吨级重力式实体斜坡码头，长 136 米，宽 8.5 米，项目总投资 12.2 万元。1986 年，交通部门又投资 2 万元，扩建嵛山马祖港码头，提高停靠能力。

嵛山建造 1 艘 350 吨、80 匹马力木质客轮，航行于嵛山、沙埕和城关之间。

1983 年

2 月 24 日，嵛山东角 1 艘机动船运猪往霞浦三沙，从三沙返航时，因船底漏水船沉海中，死亡 6 人。

1984 年

12 月，福鼎县航运公司嵛山第四船队，首先试行"船只折价承包"方式的经济体制改革。

1985 年

5 月，嵛山芦竹、东南（马祖）民兵海防哨所撤销。

6 月，福建省交通厅拨款 25.5 万元，为嵛山修造一艘能抗 8 级风浪的钢质客轮，由浙江省瑞安造船厂承接建造。

1986 年

10 月，桐山港、姚家屿港、沙埕港、秦屿港、嵛山港等 5 个港口被列为全国港口。

1988 年

5 月，由省交通厅拨款，浙江瑞安造船厂建造的福鼎沿海第一艘钢质客轮"嵛山号"，正式投入营运。

1989 年

5 月 18 日上午，宁德地委书记习近平到嵛山岛调研视察，乘船绕岛视察了马祖、芦竹、鱼鸟、东角等村，并在嵛山乡政府召开座谈会，听取嵛山乡简要工作汇报，对嵛山提出的有关海底电缆、环岛公路、改革开放、乡级财政、干部待遇等要求表示支持，并设法帮助解决。午后，步行至嵛山天湖，对天湖的自然风光多有赞赏，指示嵛山要做好海岛旅游开发工作。

1991 年

5 月 25 日，经省计委、建委批准，嵛山 10 千伏海底电缆供电工程开工建设；8 月 11 日，全长 8.6 千米的海底电力电缆一次性铺设成功；8 月 14 日，海缆通电试运行成功；12 月 20 日，建成举行通电试运行仪式。1992 年 6 月 8 日，福鼎县嵛山 10 千伏海底电缆供电工程通过竣工验收。嵛山 10 千伏海底电缆供电工程线路全长 13.9 千米，其中海缆布线 8.6 千米，总投资 150 万元，实际施工时间仅 79 天，提前三个月交付使用。

10 月 10 日，福建省人民政府确定嵛山岛为鼓励外商投资的农业综合开发区。

11 月初，嵛山马祖 100 吨级客货码头工程动工；1992 年 10 月 25 日，客货码头工程全面竣工。1993 年 8 月 8 日，该工程通过省、地区正式验收。

11 月初，嵛山环岛公路工程正式动工；1993 年 8 月 8 日，环岛公路工程竣工，并通过省、地正式验收。

1992 年

6 月 7—8 日，宁德地委书记陈增光、行署专员汤金华带领宁德地直有关部门领导到嵛山乡现场办公，宣传贯彻中央 2 号文件和省政府 53 次专题办公会议精神，调研嵛山岛落实全省 29 个鼓励外商投资农业综合开发区政策情况，现场解决嵛山乡的一些实际困难问题，允许在嵛山岛开展对台民间小额贸易。

1997 年

5 月 18 日，沟通闽浙边界的 100 吨级鼎霞客货轮举行首航仪式，该客轮往返沙埕、霞关、嵛山、三沙。

9 月 27—30 日，由省计委、省电力局、省工程咨询总公司组成的省新能源规划考察组到福鼎市考察风能和潮汐能资源。考察组到嵛山、秦屿、太姥山、八尺门、南镇、沙埕等地考察，并呈报福鼎市风能和潮汐能开发规划。

1999 年

9 月 23 日，福鼎市人大常委会授予市公安局嵛山派出所"人民满意派出所"称号，是宁德地区边防部门第一个被授予"人民满意派出所"称号的单位。

2001 年

3 月，2 名台湾水产养殖专家到嵛山岛芦竹港进行水温、水流、浮游生物饵料等方面考察，认为此地适宜深海抗风浪大网箱仿生态养殖。

12 月，嵛山岛马祖二级渔港建设项目正式通过省级专家审定。

2002 年

3 月 1—3 日，由省政府 8 部门组成的台轮停泊点调研组到福鼎沙埕、嵛山台轮停泊点调研，听取有关工作汇报。

8 月，嵛山镇芦竹三级渔港工程竣工。

2005 年

10 月 14 日，由《中国国家地理》杂志、全国数家媒体联合举办的"中国最美的十大海岛"评选活动揭晓，大嵛山岛获评，位列第七（与浙江舟山岛并列）。

福鼎沿海一线的民兵哨所大部分撤销，嵛山东角民兵观察哨所成为全市保留的仅有 3 个观察哨所之一。

2006 年

4 月 6 日，中国扶贫基金会会长段应碧带队到福鼎，考察嵛山岛、太姥山。

4 月，福鼎市太姥山嵛山岛旅游开发公司注册成立。

6 月 16 日，全国政协港澳台侨委副主任何少川到福鼎嵛山镇开展海岛基础设施建设专题考察。

8 月 10 日，百年一遇的超强台风"桑美"正面袭击嵛山岛，一度风力达到 17 级以上。

10 月 21 日，嵛山灶澳至秦屿东星岛海底电缆试通电成功。

2007 年

4 月 9—10 日，由世界旅游组织旅游专家委员会委员徐讯、福建师大旅游学校教师郑耀星、中科院地理所旅游研究与规划设计中心副研究员刘家明、北京达沃斯巅峰旅游规划设计院院长霍光等组成的国家旅游局专家组到达福鼎，考察嵛山岛旅游资源。

5 月 1 日，嵛山岛旅游景区正式对游客开放。

6 月 17 日，台湾马祖（连江县）交通、财政、观光及旅游企业负责人到福鼎嵛山岛参观考察。

6 月 18 日，国家林业局科工委副主任、原林业部副部长蔡延松到嵛山镇，考察嵛山岛沿海防护林等生态体系建设情况。

6 月 27 日，福建省副省长王美香到嵛山岛景区实地调研福鼎市旅游产业发展现状、旅游项目建设及旅游发展规划等，听取旅游工作汇报，与当地干部探讨进一步加快旅游产业发展思路。

8 月 21 日，农工党中央考察组到嵛山岛调研考察。

2008 年

7 月 9—10 日，全国政协委员、省政协原副主席邹哲开到嵛山岛考察旅游工作。

7月12日，宁德市委书记陈荣凯到福鼎市嵛山岛，考察调研综合旅游开发项目。

10月，福建省海洋与渔业局把福鼎市小嵛山岛、南船屿列入全省无居民岛生态保护示范岛屿。

2009 年

12月，嵛山镇被福鼎市人民政府、福建省农村信用社联合社宁德办事处授予福鼎市首个"信用镇"荣誉称号，授牌仪式在嵛山镇举行。

2010 年

4月，由省村镇建设发展中心编制的《嵛山岛风景旅游总体规划》完成编修，并通过专家评审。

9月8日，由中国青年报社主办，太姥山风景名胜区冠名协办的"太姥山·2010中国青年喜爱的海西旅游目的地"揭晓，太姥山、大嵛山岛同时上榜，颁奖典礼在厦门举行。

2011 年

6月24日，福建省环保厅公布第六批省级生态乡镇和第四批省级生态村，福鼎市佳阳畲族乡、嵛山镇入选省第六批生态乡镇，嵛山镇灶澳村、秦屿镇潋城村入选第四批省级生态村。

6月，中央电视台科学教育频道《地理中国》栏目组第二次到福鼎，对嵛山岛进行为期一周的拍摄，解密海上天湖的成因。摄制的《海上天湖》科教专题片，于9月22日、23日，分上下两集在央视科教频道《地理中国》栏目播出，时长计30分钟。

2012 年

7月26—31日，应台湾海峡两岸音乐交流协会和台湾省屏东县邀请，福鼎太姥山·快乐合唱团赴台湾参加嘉年华活动。福鼎市文联与台湾红柿子数位影音股份有限公司签订《嵛山岛组曲》谱曲及委托编曲制作伴奏音乐、演唱等相关事宜。

9月12—13日，以中国产业报协会会长、中国产经新闻报社社长姚军率记者"走转改"海疆万里行采访报道组，到福鼎市嵛山镇进行采访。

10月25日，福建省政府公布《福建省现代海洋服务业发展规划》，将建设6个定位不同、各具特色的旅游海岛，嵛山岛名列其中。

2013 年

1月1日，在2013年中国海洋旅游年启动仪式上，国家旅游局以纪念明信片的形式对外揭晓2013"美丽中国海洋之旅"中国滨海城市和中国美丽海岛名单，嵛山岛入选中国美丽海岛。

5月30日，由省海洋与渔业厅、人民网福建频道等单位联合举办的首批"福建十大美丽海岛"评选活动投票阶段结束，嵛山岛位列第七。

6月29日，台湾工商经济、文化演艺界代表考察团到福鼎，参观考察嵛山岛景区。

10月14日，多名参加由商务部主办的发展中国家无公害茶叶生产技术培训班学员，到嵛山岛实地考察有机茶园基地。

2014 年

2月19日，"福建省2013年市长带你游·99必游必购必尝"网络征集票选活动落幕，嵛山岛上榜"必游景区"。

6月8日，中国国际海洋摄影协会到福鼎市开展摄影采风活动，决定在嵛山岛设立"福芳茗沁嵛山岛"摄影创作基地。7月11日，举行摄影创作基地授牌仪式。

10月8日，福鼎市磻溪镇、嵛山镇被环境保护部授予"国家级生态乡镇"称号。

2015 年

1月，中央文明办向国网福鼎市供电有限公司嵛山供电所所长丁国龙颁发"中国好人榜"纪念证书。

3月5—6日，中央电视台《春天的脚步》"两会"特别节目组到福鼎直播《雨润太姥山　白茶叶新芽》节目，时长1分零3秒。太姥山、嵛山岛、福鼎白茶等福鼎名片得到广泛关注。

4月1—7日，央视7套《乡土》栏目摄制组先后深入太姥山、嵛山岛和点头镇柏柳村、管阳镇、佳阳乡等地，将镜头对准优美的自然风光和风土人情。7月7日12时27分，在央视七套《乡土》栏目播出福鼎专题《神奇的叶子》。

4月8日，全国"美丽海岛"评选活动网络投票工作正式启动，福鼎市嵛山岛、西台山岛入围。

5月21—22日，"春天送你一首诗·诗意太姥"诗歌创作研讨会暨青春诗会诗人走进福鼎活动在太姥山开幕。北京大学博士生导师、文艺评论家谢冕，《诗刊》常务副主编商震，《人民文学》事业发展部主任朱零，中国作家协会创研部创研员霍俊明，福建师范大学教授、诗评家陈卫等学者及部分"青春诗会"诗人到太姥山、嵛山岛开展采风创作。

7月13日，福鼎市嵛山镇入选住建部、国家旅游局联合发布的第三批全国特色景观旅游名镇名村名单。

2016 年

4月22日，中国国际广播电台俄语、意大利语、德语广播部的中外记者到福鼎采访，以"品白茶文化，看社会变化，城市美丽生态新发展"为主题，到赤溪村、佳阳畲族乡、嵛山岛、福鼎白茶基地等地采访。

6月10—12日，央视二套节目组摄影记者在嵛山镇进行采风。

7月1—2日，中央电视台财经频道《生财有道》栏目组到嵛山岛拍摄《生态中国系列（沿海行）》节目，摄制组走进芦竹淡菜养殖场、芒垱月亮湾、天湖景区采访。7月24日晚8点，摄制的《仙境嵛山岛创富弄潮人》专题片在央视二套黄金时段播出，时长26分。

7月11日，嵛山边防派出所"边警驿站"旅游警务室揭牌暨"嵛山军民融合救助队"授旗仪式在嵛山镇旅游码头举行。

8月17日，嵛山镇卫生院院长李如喜获评全国卫生系统先进工作者，前往北京参加表彰大会。

2017年

2月24日—3月2日，央视财经频道《生财有道》栏目组一行到福鼎采访拍摄。2016年，中央电视台财经频道《生财有道》栏目组在福鼎采访播出了《生态中国沿海行》《精准扶贫一年间》系列节目共5集。此次栏目组回访福鼎，摄制《2016话说获得感》节目，主要针对曾经采访过的嵛山岛等，围绕2016年以来采访对象的新收获、新变化和新一年的目标和信心等，进行采访拍摄。

4月23日，嵛山镇举办首届渔旅文化节，举办文艺演出、龙灯巡游、体育嘉年华骑行、宝马车队试驾、野外露营等系列活动。

2018年

2月，省政府发布2018年度福建省重点项目名单，福鼎市嵛山一级渔港及配套综合服务区名列其中。

4月26日，嵛山岛马祖游客综合服务中心举行动工仪式，项目有力推进嵛山镇海洋生态休闲旅游特色名镇建设。

5月，嵛山岛环岛公路建设项目入选福建省政府发布的政府和社会资本合作PPP项目库清单。

5月，福鼎市嵛山蔓丹农业专业合作社入选宁德市人民政府公布的2017年市级"科学扶贫精准扶贫示范社"，为福鼎市唯一入选合作社。

9月22—24日，嵛山镇举办第二届渔旅文化节暨户外体育嘉年华活动，以全国性知名运动APP线上互动和线下活动两种参与形式，将文化交流、海岛旅游、户外运动等元素有机融合，让来自全国的游客从文化、风光等方面，感受"中国最美的十大海岛"之一的嵛山岛近几年的旅游开发建设成果。

2019年

3月8日，嵛山镇10名建档立卡贫困户领到入股嵛山蔓丹农业合作社2019年第一季度分红，产业扶贫初见成效。

3月25日，清华大学乡村振兴站福鼎站（嵛山）一期工程——东角村大礼堂竣工启用。

5月10日，嵛山镇举办第三届渔旅文化节暨户外体育嘉年华活动，精英海钓、环岛马拉松、沙滩气排球、文创集市等系列文体活动吸引运动员和游客6000多人。

6月17—18日，中国作家协会副主席高洪波率刘醒龙、王阿成、乔叶、葛水平、陆春祥、吴克敬、王祥夫、温亚军、王十月、汤养宗、何光喜11名历届鲁迅文学奖得主走进嵛山岛，开展"闽东之光·文韵太姥"采风创作活动。

7月5日，福鼎城市名片福鼎白茶、太姥山、嵛山岛、翠郊古民居、赤溪村等视频出现在中华人民共和国外交部和福建省人民政府举行的"新时代的中国：生态福建丝路扬帆"的外交部福建全球推介活动现场。

8月24日，嵛山镇村灶澳民间环保站正式挂牌启用。来自岛内外的民间环保志愿者和嵛山岛群众部共80多人参加挂牌仪式。该环保站由灶澳村民闲置的旧房子改造而成，面积60平方米。

2020年

1月26日，2020年度福建省农民专业合作社示范社名单公布，福鼎市嵛山蔓丹农业专业合作社为本年度福鼎唯一上榜合作社。

10月17—18日，福鼎市文联组织太姥诗社、一片瓦诗社30多位成员到嵛山岛开展"大美嵛山·诗涌福瑶"采风创作活动，主办方还邀请福州反克诗群10多位主要成员共同参加，并举办"福州·福鼎双城诗会"。

12月11—13日，嵛山镇第四届文化旅游节暨户外体育嘉年华活动举行，活动以"旅游文化＋体育文化"的结合为核心，分海钓精英邀请赛、主题文艺演出、自行车爬坡赛三个项目。

2021年

10月19日，福鼎市嵛山镇入选2021年福建省"全域生态旅游小镇"。

10月30日，第六届中国大黄鱼文化节（宁德·福鼎）暨嵛山岛第五届渔旅文化节在嵛山岛举行。此次活动以"嵛山岛之恋"为主题。

2022年

1月14日，清华大学乡村振兴工作站福鼎站原创推广歌曲《山海》MV首播仪式在嵛山镇东角村乡村振兴工作站研学基地举行。

10月，清华大学学生书脊支教团与唯爱公益、乡村振兴工作站福鼎、福鼎市嵛山中心小学合作开展"伴学1+1"线上课堂活动。清华大学志愿者在线对嵛山中心小学学生进行语文、数学学科一对一辅导，每周辅导时长1小时。

12月，东角村获评宁德市金牌旅游村。

2023年

6月8日，"2023年世界海洋日暨全国海洋宣传日"主场活动在广东汕头举办。活动现场发布了"和美海岛"评选结果，并举行授牌仪式。嵛山岛等全国33个"生态美、生活美、生产美"的和美海岛获颁证书和牌匾。

7月5日，福建省委书记周祖翼到嵛山镇调研，了解当地发展文旅产业、促进乡村振兴等情况。

7月12日，在嵛山岛举办的"山海有歌声·海岛音乐会"在中央广播电视总台央视频客户端及合作社交媒体平台推出。

12月26日，嵛山镇获评"福建省卫生乡镇"。

12月29日，宁德市金牌旅游村现场推进会在福安召开。马祖村获评第二批宁德市金牌旅游村。

2024年

2月28日上午，福鼎市桐北中心小学嵛山校区授牌仪式在嵛山中心小学举行。

3月9日，国家民委及港澳台考察团一行赴嵛山镇开展"中华一家亲·2024年各民族欢度二月二会亲节"暨宁德市铸牢中华民族共同体意识主题月启动仪式活动。

3月27日，中央广播电视总台原编务会议成员黄传芳一行到嵛山镇开展"跨越山海的交响"中国乡村诗会节目前期调研采访工作，宁德市、福鼎市宣传部门、嵛山镇相关领导陪同。

3月29日上午，辛亥老人朱腾芬微纪念馆开馆仪式在嵛山镇马祖村举办，宁德市委宣传部原副部长、《闽东日报》原总编辑、福建省乡村振兴促进会特约研究员王绍据，福鼎市政协原主席李宗廉，朱腾芬曾孙女朱玮和嵛山镇领导等人参与揭牌。